U0092145

看歐洲的家長如何面對不同觀念、作風、風氣的挑戰？如何融合或磨合？如何協助孩童挑選主流社會的教育設施與軌道？如何「西化」又不「忘本」？如何自覺地擔當多元化、全球化浪潮中的文化橋樑？……

東張西望

LOOK

看歐洲家庭教育

歐洲華文作家協會 · 著／謝盛友、穆紫荊 · 主編

他山之石

　　如果說：歐洲華文作家協會是目前海外華文文壇上，最活躍，也最能表現活動力的文學團體，相信無人能否認。原來二〇一一的三月，是〔歐華〕成立二十年的生日，為了紀念這個有意義的日子，他們頻頻施展大動作：在學術刊物〔華文文學〕上出論文專輯，五月間到世界文化發祥地之一的希臘，舉辦年會並慶祝，在愛琴海浪漫的海濤和陽光中，找尋文思靈感，而最令人不得不刮目相看的，是他們創建了《歐華作協文庫》：第一批就推出四本書，類別多樣化：《對窗六百八十格——歐洲華文作家微型小說選》、《歐洲不再是傳說》，和一本歐華作協二十華誕紀念文集《逍遙文林二十年》。這本屬名《東張西望看歐洲家庭教育》的教育文集，自然也是「文庫」內的重頭戲。

　　英國的大文豪蕭伯納（George Bernard Shaw, 1856~1950）說：「交換一個蘋果，不如交換一個想法。」意思也正是像我們中國的成語所言：他山之石，可以攻玉：參考別人的方式，改正自己的缺陷。蘋果很甜，味覺甚美，可惜吃完就完了。不同的想法卻能讓我們看清自身，檢討自己方式的長長短短。

　　中國有句俗話：養子不教父之過。有一套自己的教育方法。但把那套方法拿到西方來，能適合當地的做人標準和生存需求嗎？可能要做番調整吧！歐華的作家們都是長期生活在歐洲知識分子，歐洲的自然環境、地方風俗，人文思想，處世觀念等，都會影響到他們的思考動向和價值觀。使他們覺得有必要把中西方的家庭教育方式，當成一個問題攤開來討論。

也許有人要說：適合歐洲人的未必就適合我們，我們是中國人，自有更合乎我們國情的教育方法。如果你真這麼想，而不理會當地習俗，讓兒女僅依照你的認知方向發展人生，那就無異給你的孩子造了一個Chinatown，築建個圈圈把他的生命給局限起來了。因為你忽視了週遭的環境，和他生存的實際需要，結果會給這孩子造成許多困難，譬如打不進圈子，缺少朋友，自卑感等等。

　　普天之下的父母，愛兒女的情，不管哪洲哪國，本質是差不了多少的，不同的只是因國情各異，生活方式不同，孩子的成長過程也各有千秋而已。譬如中國人千百年來就說「萬般皆下品，唯有讀書高」，在教育孩子時最怕他書讀不好，每天就逼着用功，補習，作習題，出人頭地和學有所成一直就是追求的目標。而像瑞士那樣太平，「均富」做得相當好的國家，只要身懷一技，便能一世溫飽，過得平安快樂。做父母的根本沒有非叫兒女成龍成鳳的觀念，孩子們也不會因為沒有高學位而以為不如別人，多能活得健康快樂。

　　最近美國有本叫《虎媽戰歌－Battle Hymn of the Tiger Mother》的書暢銷爆紅。作者的父母原籍福建，在菲律賓長大。父親是麻省理工學院的博士，現任大學教授。她本人是出生在美國的華裔，身份為家中四個姐妹中的老大，畢業於哈佛大學法學院。她的大妹妹畢業於耶魯法學院，二妹妹畢業於哈佛醫學院，幼妹雖有唐氏綜合症，竟拿過兩次殘障奧林匹克運動會的游泳冠軍。換句話說，就是她的父母生了四個大鳳女。如今她的丈夫為猶太裔，他們生了兩個女兒。

　　《虎媽戰歌》寫的就是這位美籍華裔母親的育兒回憶錄。這本書讓講究自由主義的美國人驚異的發現：給孩子每天的作息表安排得如軍事訓練般，嚴厲的中國的父母，果然可教育出在課堂上考滿分，又能在卡內基音樂廳表演鋼琴的，才十三歲的女兒。在同樣時段同樣環境下，美國的本土母親卻養出一群沒心沒肺，只會嘻嘻

哈哈的小傻蛋。這到底是於何種原因？難道西方孩子生來就智商低嗎？當然不是。最後歸宗於文化，原因之一是出於傳統：從孔老夫子開始就重視學習、書讀得少乃傖俗之輩。

華裔母親之所以嚴格是為了保證孩子進入好大學，免得孩子一輩子都要受苦受累。西方父母很少想得這麼遠。那麼，這表示華裔父母在教育孩子方式上優於西方嗎？還是點明了中西文化衝突之所在？總之，捲起千堆雪，成為轟動一時的話題。《中國虎媽》成了流行符號，彷彿中國媽媽都是老虎。

一個華裔大學生說：「我根本沒有屬於自己的選擇，可我從來不與父母爭辯，他們說甚我就做甚。」這麼馴服的認命！西方孩子絕對做不到，也不肯做。一些輿論認為：這種純東方的教育方式，或許會培養出學歷很高的下一代，但同時也剝奪了他們的創造力、想像力，甚至可貴的童年。很多中國母親被訪問時都承認：純中國的教育方式，可能傷損了孩子童年的樂趣。壓力太大，孩子們並非不會反抗，已有些學生建立了反壓力組織：一個名為「所有的父母都是災難」的網站人氣就紅火而興旺。

我認為，中國的教育方向太著重「念書」、「用功」、「爭氣」、「光宗耀祖」之類。西方的孩子確實不負擔這麼多的責任。對西方的父母來說來說，每個孩子只是他們自己，一點也無需負責家族或父母的榮譽問題。甚至有這樣的理論：「孩子不是你的私產，他是因上帝太忙，照顧不過來那麼多人，才在人間製造了眾多父母，代他養育，他們一脫離母體就是獨立的人。」

這樣的說法叫做父母的聽了何其氣短。我們愛如寶貝的寧馨兒，跟我們的關係就是那麼單薄嗎？我想不是的。父母子女之間的愛是人間最經得起考驗，與生俱來，不攙任何利害關係的純愛。但最偉大的愛也需要經營，而這種「經營」就表現在給他們的教育方式上。

中國有句俗話：「天下無不是的父母。」這話錯了！父母不是神明，只是常人，一般人易犯的錯誤他都會犯，在教育孩子的過程中，最易犯的毛病是硬把自己的想法加在孩子身上，潛意識中要把他塑造成為你所想像的人，而忽略了他們本身的性向。很多父母子女之間的關係不和諧，皆起因於此。當孩子覺得父母不瞭解他時，父母的話就成了他厭煩的魔咒。西方人強調要跟孩子「交朋友」，雙方站在平等的地位對話，增進瞭解。中國的觀念乃講究長幼有序，嚴父慈母。其間差異足可看出在給孩子家庭教育這一點上，父母所站位置的差異。兩者其實都有道理，若能互相參酌，截長補短，在對於孩子成長的過程中，也許更能幫助我們做得成熟圓融。

在這本書裡，謝盛友有篇文章〈祖輩慣壞第三代？〉，內容說的是隔代看護孩子確有一些弊端，諸如「補償心理」等等。他分析得很有道理，但就算沒有這些道理，我也不主張隔代或別的甚麼人給「看護」孩子。一個女人既然做了母親，除非遇到不能抵抗的天災人禍，否則孩子一定要自己帶。母愛是宇宙之間無可代替的感情，一個享受過母愛和從不知母愛為何物而長大的人，心態絕對不同。誰也無權替一個幼童定奪，割捨他享受母愛的天然機會。

這本「教育文集」原是請我為之做序，介紹他們的大作，給吹噓一二，打打書，我卻夫子自道，發表了一大篇理論。主要因為我也是個母親，為了「怎樣才能讓兒女活得更健康幸福」，曾絞過腦汁，付過心力，看到這個題目便有感而發，不吐不快。

遍觀天下的父母，特別是母親，基於天性，都在有形無形的為兒女默默付出，也可說是奉獻，犧牲。但做父母的並非世界先知，也都是些血肉之軀的普通人，難免會有想不通看不明之處。在教育兒女的過程中，如果出現這樣那樣的錯誤，應是極正常的事。怎樣做個更好的父母，讓兒女能更為身心健康，好學成材，

有個幸福滿意的人生，是每一個父母的心願。不過這裡所說的幸福滿意，不是父母所認知的，而是兒女們自己感覺到的。這其間的差距可能不小。

生兒容易育兒難，教育是一本大書。不要以為只有孩子們需要學習，父母們也需要學習。一個把兒女當成物件來塑造的「虎媽」不值得鼓勵。社會上動輒選舉「模範母親」之類的活動更幼稚，惹人反感。情願交換想法而不交換蘋果的作風倒讓我感到明智，謙虛，務實，合乎需要。《東張西望》是生活在歐洲十二個國家的二十一位作者，寫出的親身經驗，或親眼目睹，理性感性兼具，都屬第一手資料，極有參考價值。已做父母或將做父母的人，都應一讀。

歐洲華文作家協會創會會長、永久榮譽會長

趙淑俠

【序二】

歐洲華人子弟的教與育

　　此題目雖然聽來具有一定專業性，實際上，即便在歐洲，多元文化教育仍然是個新課題。直到目前，儘管歐洲聯盟把「尊重多元文化」視為重點目標，許多國家的施政方針繼續強調「主流優先」，甚至拿「同化」頂替「融合」，並不接受「多元」概念。

　　一些歐洲國家為了促進融合與維護少數民族文化，以及為了輔助其獨特文化的延續與成長，也願對少數民族提供一定程度的物質與行政支援。然而歐洲華人群體囿於人口過於稀少，不足以跨越「少數民族」的人數門檻，因此華人家長與教育社團便無法依據該社會地位，向有關當局申請雙語教育補助或其他文化教育協助。

　　除此之外，儘管幾年來隨著中國綜合實力的提高，在國際上引起了學習漢語的興趣，但是無可諱言，就全球範圍來說，中國文化並不能夠像中國製造的商品一樣漂洋過海，深入每個角落。以至於無論是文學、電影、戲曲、傳媒或其他精緻文化成品，都依然處於「邊際文化」的地位（因此國內時而發出「文化走出去」的呼籲）。這意味著，華人父母當前所面對的孩童教育，實際上依然處於孤軍奮戰的寂寞環境。就此意義，我們每個人的經歷，均屬於探討多元文化教育的原始素材。換言之，當國內同胞接觸不到任何其他的正規研究資料時，我們的親身體驗與觀感，可能是他們唯一借鑒的泉源。

　　換個角度觀察，教育不只是個學習知識的過程，同樣重要的又是一個社會化過程。於是乎，海外華人子弟的教育無異於前沿陣

地的練兵，該經驗既對「文化走出去」有參考價值，對國際接軌而言，也屬於觀摩的第一課。

不言而喻，生活在歐洲不同的寄居國，其主流文化對我們的孩童舉足輕重。然而，就像一個人的體質要靠頭幾年的鞏固一樣；進入社會前的家庭薰陶，不論我們自覺與否，也對孩童的「教」與「育」起著關鍵作用。

我們如何說教？如何面對不同觀念、作風、風氣的挑戰？如何融合或磨合？如何協助孩童挑選主流社會的教育設施與軌道？如何「西化」又不「忘本」？如何自覺地擔當多元化、全球化浪潮中的文化橋樑？這一切，無論是顧慮、憂愁或心思，都流露於每篇文稿的字裏行間。

此文集的寫作班底無一稱得上教育專家，因此絕不做傳授經驗的奢想。我們彙編此文集的出發點僅僅在於拋磚引玉、促進討論，並企盼通過交流，把華人子弟教育由被動轉為主動；把文化接軌過程，由邊際地位轉移到自覺的行動。

歐洲華文作家協會會長

俞力工

2010年7月15日於維也納

主編的話

　　不清楚在中國為什麼我們只有生一個小孩的權利，這裏頭有自己的原因、他人的原因、還有社會的原因；很清楚的是，我們有養育小孩的義務。

　　八〇後獨生子女，在我們這些為人父母看來，是「草莓族」，看起來光鮮亮麗，但卻承受不了挫折，一碰即爛，問題多多。而如今，他們有些已經為人父母，有些即將為人父母，他們同樣要面對家庭教育的問題。家鄉人有一句老話「一代人過一代人日子」。這個道理誰都懂，但做起來卻很不容易。八〇後獨生子女，不可能像我們這代人一樣地生活；同理，他們的小孩也不可能像他們一樣地生活。

　　一直關注和書寫獨生子女問題的我，非常希望與國內的兄弟姐妹們分享一些想法，所以，有了這本集子。

　　依靠歐洲華文作家協會這個平臺，生活在歐洲十二個國家的二十一位作者，寫出自己的苦盡甘來，道出自己的無力無奈。我們都不是教育專家，更不是要以歐洲的「優勢和優越」去「教育」國內的家長，只是同樣懷著「可憐天下父母心」希望與國內朋友交換一些想法，僅僅而已。

　　在歐洲的我們，或多或少受到蕭伯納（George Bernard Shaw，1856～1950）的影響。中國有一個蘋果，歐洲也有一個蘋果，如果我們交換蘋果的話，我們還是只有一個蘋果。但是，當你和我各有一個想法，我們交換想法的話，我們至少有兩個想法。

一方水土養一方人。我們長期生活在歐洲，這裏的自然環境、生存方式、地理氣候、思想觀念、人文歷史、為人處世、文化特徵等都影響了我們的價值觀和人生態度，在養兒育女方面，我們東張西望。無奈，家庭教育不是一椿買賣，可以擇優而取。況且，歐洲人的想法和做法未必就是優良，它們可能合適我們一時，不一定合適我們一生，更不一定適合中國的國情。

歐洲人文給我們帶來最大益處的教育是，我們慢慢學會自我反省和自我調整。

「凡事豫則立，不豫則廢。」

如果不能改變全部，那麼，改變一點也好；如果不能改變一點，那麼，說出來也好；如果不能說出來，那麼，想一想也有益處。

人生的魅力在於，太多的未知因素在前面等待著，有自己的未知因素、也有他人的未知因素、還有社會的未知因素。

謹以《東張西望，看歐洲家庭教育》擁抱國內的家長和小孩，讓我們共同為愉快人生乾杯！

歐洲華文作家協會副會長

謝盛友

寫於2010年7月21日星期三，德國

編後語

　　一群在歐洲生養和哺育孩子的東方家長，其孩子雖然有著來自東方的血液，但是因著生活在西方，他們的成長，賦予了父母很多特殊的挑戰。可以說，陪伴著他們成長的一路，也是父母自己對東西方文化下，不同的教育方法和理念衝突不斷反省、學習、思考和克服的一路。

　　在他們中間，有的孩子已經成人放飛出巢了，也有的孩子還抱在懷中牽在手裏；有的是在國內出生，並接受了一段時間的中國文化後帶出國門的，也有的是在國外出生，從小便落入了西方文化之中的。這對於這些華人家長們來說，如何在教育孩子的過程中，既能夠讓他們適應和接受西方的人文環境，又能夠讓他們瞭解和保持東方的文化傳統，便是在陪伴他們的成長過程中，每日都會遇到的一個問號和難題。

　　此書所記錄和呈現的便是這一問號的產生和難題的解決過程。感謝本書的二十一位作者寫出了五十一篇包含了親身體驗和獨特角度的文章。它們不僅能讓我們瞭解到海外華人對子女教育的切身感受，同時也進一步加深了我們對於東西方不同文化環境下的教育方法的瞭解和認識。

　　作為本書的責任編輯，可以說成書的過程，也是我本人從這本書中學習和獲益的過程。每一篇文章，就如同是一個由作者心血集成的孩子。在給它們梳洗打扮穿著整齊的過程中，我發現它們一個個都是那樣的有個性有骨肉。在短短的一年時間裏，我不僅被它

們所感動所折服，深深地愛上了它們，同時也通過這一份對它們的愛，我藉此機會由衷地感謝將它們孕育出來的作家們。

　　並同時感謝秀威出版社蔡曉雯編輯為此書的出版所付出的辛勞，以及黃世宜和高麗娟二位為校對所作出的貢獻、感謝謝盛友主編自始至終的把關和督陣、感謝俞力工會長所給予的愛護和支持、更感謝趙淑俠大姐——本會的創會會長、永久榮譽會長所賦予的深切關心和矚目。

　　我誠摯地希望，我對於此書的喜歡和愛，也將成為讀者們的喜歡和愛。

責任編輯

穆紫荊

2010年8月於德國朗潤園

目　次

第一輯　東張西望看教育

第三輯　教育感想錄

第四輯　作者簡介

第一輯
東張西望看教育

東西方家庭教育及價值觀之我見

法國　楊翠屏

　　我在法國居住三十六年，有機會觀察、比較東西方家庭教育及價值觀之差別。

　　法國小孩從小就獨睡一房，極少與父母同房，養成他們獨立的習慣。西方較注重個人主義，東方則是團隊精神。前者是從文藝復興時代起，經過十八世紀啟蒙時期，才漸漸蔚成風氣。當今，除了西方國家，亞洲、中東、非洲皆以團體、家庭為優先考慮，個人為其次。例如我們可看到日本有些公司，及中國某些工廠，工作之前先來個集體體操。學校亦有升旗典禮、做體操，然後才開始上課。中國家庭教導小孩要服從、聽話、乖巧。

　　「萬般皆下品惟有讀書高」，中國父母縮衣節食、撙節開支，也要讓孩子受最好的教育。法國人也重視教育，但不像中國人那麼一貫。我認識兩位法國人，大學時代必須自己設法賺取生活費，因父母不是那麼熱衷支持，故須半工半讀。根據法國一項調查，下層階級較不注重教育投資。因父母本身教育程度不高，未能完全掌握、體會教育之重要，故對成績中下的後代，不敢冒然從事教育投資，因是長遠計劃，不知是否會學業成功，而寧願孩子較早投入職場，做技工或高職畢業即可。

　　法國小學星期三不必上課，中學是星期三下午。有些父母就會送孩子去學才藝：音樂、舞蹈。有的會去玩足球。我兒子五歲半每星期一次與私人老師學鋼琴。七歲時考入國立音樂學院（Conservatoire National de Région），課餘繼續學鋼琴與樂理。得到樂理文憑後，另外再修四年的和聲學（harmonie），學習作曲。二十歲時獲得里昂音樂學院鋼琴文憑。由於是公立學院，故學費不昂貴。我們居住的社區也有一所音樂學校，不過程度較低。

現代台灣父母若經濟許可，也會送小孩去學鋼琴、小提琴、英文、作文。我的外甥女小學時學鋼琴、中文作文；中學時去美國唸暑期英文班。

法國中學生須修第二外語（歐盟之故），高中時繼續修。有些學生會趁著復活節假期兩星期或暑期時，到英國、德國、西班牙作學習語言短期居留。我一法國女友因先生工作關係，曾在智利居住三年。回國後，三個孩子上巴黎西郊國際中學（以雙語教學），例如以西班牙文學習西班牙文學、歷史、地理。暑期時也會去西班牙停留三星期，加強語言能力。

法國人鼓勵小孩打工賺零用金。兒子大學時，去我們社區幼稚園和小學，監督、協助小孩吃午餐。暑期時在銀行當臨時職員。有的女同學則看顧小孩或照料老人。

亞裔學生在美國中學成績優越時有所聞，在著名大學比例越來越高。例如二〇〇六年開學之際，加州柏克萊大學亞洲學生佔百分之四十六，大四學生則佔百分之四十一；加州九所大學則是百分之三十七，而加州亞洲人口才佔百分之十二。麻省理工學院（MIT）不是被美化成Made in Taiwan嗎？這些亞裔學生很多是留學生的後代，他們從小耳濡目染中國傳統的價值觀：尊師重道、重視工作、法治，換句話說，崇尚優秀。

接受儒家思想的家庭教育，法國亞裔年輕人較易融入法國社會，很少惹事生非。我一位法國女友父親在警界服務二十年期間，從未盤查過亞裔青年或成年人。每次示威遊行之後，從郊區湧入巴黎趁機搶劫的暴徒，大多數是非裔、阿拉伯裔青年。他們的母親很

多不會講法文，無法督導孩子功課、與教師溝通，更遑論教育媽媽的角色。且她們在家中地位低微，很難以身作則，給孩子有利的影響，其中半數生活在一夫多妻的家庭。

「中國家庭一切為孩子」，為了讓孩子受到更好的西方教育，有些台灣媽媽陪伴子女到美國唸書，爸爸留在台灣賺錢，不惜夫妻分居兩地（在法國人眼中簡直不可思議），成了「太空家庭」。先生一個人在台難耐寂寞，有時會感情出軌，弄得家庭失和，嚴重的則以離婚收場。母親為子女做如此犧牲是否值得呢？

「重男輕女」的觀念及「養兒防老」的心態作祟，中國父母比較疼愛、甚至溺愛家中男孩。我個人認識四個個案：

案一 一位以車繡學號為生的女士告訴我，她不太喜歡這份工作，但沒辦法因只有小學文憑。我問當時怎麼沒想到多唸點書，她說家境小康，六十年代時以栽培男孩為優先考慮，家裡哥哥和弟弟皆唸到大學。

案二 母親特別寵愛家中唯一的男孩，為他張羅一切，從不讓他做家事。結果他的姊妹變得較能幹，他成了平庸的男人。

案三 父母斥資購買一棟樓房給大兒子，打算與兒媳一家人同住，共享天倫之樂與含飴弄孫之趣。未料兒子婚姻觸礁，偌大的樓房就空著關蚊子。二兒子要去大陸投資做生意，母親私下給他一筆錢。他買了房子過戶給大陸太太，不久卻離婚，結果人財兩空。

案四 也是父母購買一個公寓後，過戶給兒子，他們有兩位女兒分住美國與法國。兒子本來有一份記者工作，因與同事不和，就辭職在家，也沒積極再去覓職，漸漸成為宅男，靠

父親的退休金過日子。但自從母親中風之後，僱人照料及復健額外開銷，使家中收支不平衡。這位男士厚顏請在法國的姊姊按月寄一百五十歐元的生活費給他。他身體無重大疾病，卻寧願賴在家裡，母親與他希望兩位女兒（姊姊）放棄父母現居住房子的繼承權。

中國大陸「一胎化政策」之下，尤其在鄉間，獲悉胎兒性別之後去墮胎，弒嬰事件也層出不窮。殊不知二十幾年之後，男女婚姻市場成了不均衡狀況，被抹殺的女嬰成了缺席的妻子候選人。

對於照顧年邁雙親，女兒較有耐性、愛心、細心、一貫性。兒子較不會管家務事，媳婦是別人家的女兒，總不如親生女兒來得貼心。除非女兒與父母合不來，在法國，三代之間的親情互動是偏向女方的。

三代同堂在中國和台灣極普遍，在法國是一種經濟需要，而非一種偏好！雖然有些年輕夫婦與男方或女方的父母住過一段時期，前者難以忍受此種情況，後者亦擔憂這種生活型態。中國傳統的父系、父權社會、重男輕女的現象，媳婦角色特別突顯。三代同堂的居住環境，媳婦承擔最重的負荷，她需侍奉無血緣關係及養育之恩的公婆，對她是極不公平。

若經濟許可，三代同鄰不同堂是理想的居住安排。自發性的親密關係取代義務性的親密關係，大家不受壓力、約束，相聚時將是高高興興的場面。

法國人沒「養兒防老」的概念，社會福利及退休制度較完整與健全。法律規定父母的遺產子女平均分配繼承，無性別優惠。若父母生前曾出錢助一位孩子一臂之力，於父母一方過世辦理繼承手續時，這筆款額必須申報，以便在受惠者部份扣除。法國法律保障女權，他們的制度較公平。

芬蘭兒童音樂教育一瞥

芬蘭 秦大平

一九八五年耶誕節前夕，剛從西貝柳斯音樂學院師範班畢業不久的青年音樂教師杜拉熱情地邀請我參觀她所工作的幼稚園，聽聽她的音樂課，我欣然應允前往。

那天，雪下得特別大，我冒雪匆匆趕到了幼稚園。首先令我驚奇的是，那些天真可愛的芬蘭兒童並沒有因大雪和寒冷而躲在室內，大部分正在外面盡情地玩耍，接受大自然的「挑戰」。看到這情景，我似乎感到其中也有著一種「音樂」……

杜拉教的孩子一般在四至六歲之間，一個班有十個人左右。上課時，老師首先拿吉他帶孩子們唱一首聖誕歌曲。而後，便開始講音樂故事。開始，這些兒童看到我這麼個外國人坐在旁邊，不時地有些分散注意力，但隨著杜拉繪聲繪色的故事，他們漸漸地把我「忘掉」了。「一輛汽車，一輛汽車，它們滿載著聖誕禮品開過來了，聖誕老爺爺過幾天要給你們送去好多好多你們猜不到的禮物。火車重，汽車輕，小朋友，請排成一列。」這時，在老師鋼琴的伴奏下，這列「小火車」隨著音樂的節奏徐徐開動了。杜拉的鋼琴彈得很好，音樂雖簡單，但和聲配置嚴謹。先是模仿火車，樂曲在低音區渾厚有力，孩子們隨著音樂節奏邁著沉重的步伐……忽然，音樂一轉，輕快、明亮，老師告訴孩子，汽車過來了，他們馬上也隨之變化腳步，輕輕「駛向」遠方。

這樣交替了幾次以後，孩子們回到原座位，老師拿出畫有不同畫面的彩色小卡片，由一個孩子上來取其中一張，拿回去讓每個小朋友看清楚上面畫的是什麼。隨之音樂響了起來，孩子們唱起同那張卡片有聯繫的歌曲。例如畫的是聖誕樹，他們就知道接著該唱《聖誕樹歌》。這樣一個接一個唱了五、六首。其中有一首是在老師的指揮下，孩子們分別敲著小鼓和搖著銅鈴演唱，明顯地體現一種節奏感的訓練。最後，老師教唱一首新歌。

　　教唱時，不是一句一句地教，而是孩子們圍坐在老師身邊，杜拉用吉他輕聲地開始自彈自唱，音樂如雲似水，柔緩飄緲。她那富有樂感和動人的歌聲，那串串優美的音符，真是「流」進了人的心裏！小朋友這時也輕輕地跟著哼唱，音樂似乎把他們幼小的心靈帶到一個新的境界。芬蘭民族的那種樸實、含蓄、堅韌而又有些害羞的氣質，此時此刻我得到進一步的體驗。

　　下課後，杜拉把別的班的孩子都叫了進來，請我為他們演奏兩首中國樂曲。我當即彈了《夕陽簫鼓》片斷和《北風吹》。一曲結束，可愛的孩子們在杜拉的帶領下，齊聲用中文說道：「謝謝！」

　　訪問的尾聲，杜拉請我到餐廳喝咖啡，席間，我又進行了簡短的詢問。如這裏教不教五線譜？她說不教，一般是在上小學以後才學，若在音樂小學就學得更多。在幼稚園期間，主要培養孩子的音樂感，特別是節奏感，這對兒童今後的成長有著不可低估的作用。我問她們如何訓練？她說，除了剛才你看到的，我們的孩子們一起做遊戲時，以不同的節奏呼喚他們的名字，如切分、附點和正常節拍，並互相轉換等。兒童對自己的名字特別注意，因而很容易記下、學會當時的「節拍」。我還稱讚了這裏兒童歌曲很豐富，旋律也很優美、動聽，儘管芬蘭國家不大，民族單一。她很以為是，並說打算明年教唱一些五聲音階的歌曲。

臨告別時，她抱歉地說：「你的鋼琴彈得太好了，可惜我們的琴品質比較差。」我說：「是啊，彈時感到鍵盤不夠靈敏，但對於孩子來說，這架鋼琴已足夠了。」沒想到她馬上表示反對：「不！為孩子的東西，一切應該是最好的。」

英倫校園四季情

英國 俊雅

雙手捧著剛從學校寄來的畢業證書，久久凝視上面莊嚴的皇冠盾牌校徽，不禁感慨萬千，這一年多「兩耳不聞窗外事」的英倫校園生活直抵得上「苦寒」二字！涇渭分明的英文寫作要求、嚴格的引文使用規定、全新的授課系統以及壓得人喘不過氣的功課等等，都讓人無暇顧及大自然裡春花秋葉冬雪的風情。令我想起遙遠的中學時代時，那個澀澀的女孩狹隘地把自己四季的溫度緊緊懸繫於與老師的微妙關係中。如今還是那樣，我把這些風格各異的英國老師深深淺淺地印記在我嶄新的米黃證書上。

春

我所學的應用心理學專業好像是專為國際學生開設似的，全班共九位同學：有三位來自印度，兩位來自波蘭，兩位來自中國，還有一個賽普勒斯人和一個伊朗人。伊朗裔老師巴門是我們的班主任，儘管來英三十多年，還娶了英國太太，巴門的英語還是很有波斯特色——語速快且帶口音。可是這並不妨礙他如鄰家大叔般給我們這幫彷徨而脆弱的海外學生以耐心的引導和照顧。五十多歲的巴門沒有兒女，一心撲在傳道授業解惑上。難怪上屆學姐說前年巴門哮喘病發作休了兩三個月病假，班上的同學都如無主孤魂般不知所措。像巴門這樣和藹可親的英國老師可能是個異數，同學們在新環

境中受了委屈或者對哪個老師不滿都愛找他傾訴，到最後準備畢業論文階段，班上竟有一半同學從別的指導老師處紛紛向巴門投靠。因此他的課外輔導時間都被排得滿滿的。有一次給我做完輔導，他冷不丁冒出來一句：「我快死了！」我說：「你在開玩笑！」他的樣子不像在開玩笑，可是再沒下文。接著就打開他的電腦相冊，指著巴黎鐵塔下那個可愛的小男孩說那是他，他小時候經常跟隨身為工程師的父親到歐洲各地遊玩；他還給我看他的家鄉德黑蘭的標誌性建築——自由塔……

　　儘管巴門教的「心理統計學」生澀無味，可能因為同樣有過海外求學經歷的緣故（巴門上世紀七〇年代從伊朗來英上大學），他能令每一位學生注意力高度集中。巴門以亞洲人特有的「未雨綢繆」思維，提前一個星期公佈教授計畫和教案，課前明確要達到的學習目標。課上他往往先將要點深入淺出地進行講解，然後反覆做練習。我們九個人的名字隨時被掛在他嘴邊要麼被提問要麼被邀上台演習。記得有一次他下來看我們在自己電腦上做練習，發現我旁邊的波蘭女孩安娜幾分鐘之前回答問題還煞有介事的模樣，在操作上卻一團糟，他手撫額頭作痛心疾首狀說：「天哪，我暈了！」詼諧逗趣後，再不厭其煩地一步一步演示給她看。

　　畢業後我和巴門還經常聯繫。不久前接到他的來電，說學校正在做一個畢業生去向跟蹤調查，問我有沒有打算找工作，博士申請進展如何；還說今年所帶的十五名新生多了從美洲和非洲來的，顯得更像一個小小聯合國了。我說：「那可夠你忙的了！」放下電話，我能想像，此時他正帶著隨時掛在嘴角的那一抹春風般的微笑，步履匆匆地行走於教學樓與教師樓之間。

夏

　　英國的夏天（指的是七月底到八月底的那二十多天攝氏二十五度左右的豔陽天）很短暫，還沒等你把從箱底翻出來的清涼裙裝穿個遍，它就倏然溜走了。我的語言老師韋恩也一樣。

　　隨和開朗的韋恩是紐西蘭人，豐富的教學經驗和對講壇的熱愛使他處於退而不休的半退休狀態。上韋恩的課你不會感到乏味，即使對歐洲史一無所知，你也會對路易十四和凡爾塞宮印象深刻。韋恩會提醒你那衛生間數目有限的凡爾塞宮裡奢華的「千人宴」過後的如廁問題（很奇怪這不在十七世紀的建築設計師的考慮範圍內），讓我們別忘了一千多位衣冠楚楚的紳士淑女葡萄美酒鶯歌燕舞背後也有優雅不起來的時刻。說到得意處，韋恩甚至會像孩子似地跳上椅子手舞足蹈起來。因為有他，語言班上的所有人學習勁頭都很高。課間休息，同學們經常交換看韋恩的作業點評。我曾細心觀察，無論寫作水準高低，幾乎每個人臉上都寫滿了信心。如果說每週一篇一千字的作業做起來有點吃力，那韋恩對我們二十多篇作文逐字逐句的批改就更不輕鬆了。然而，他老人家的作業批註是我平生遇到最詳盡的：細到拼寫錯誤，大到語法甚至文章結構，他都一一指正；最後的點評最是經典：指出這次的不足，跟上篇相比哪裡有了進步，估計目前達到了大學要求的什麼水準等等。我畢業證上所顯示的不錯成績皆得益於這短短的一個多月。

　　課程快要結束時，韋恩和我們一樣都依依不捨，他專門用一節課的時間告訴我們，在英國去酒吧吃飯最便宜，味道還不錯；英國幾個必去的地方，包括劍橋、約克和巴斯一定不要錯過；專業老師不會給你改語法，可是語法會讓你丟分……

秋

　　我的畢業論文指導老師尼爾是一位英式英語說得很漂亮的威爾士人，他也是我見過的老師當中最講究衣著的一位。每次看到他要麼西裝筆挺，要麼就是一件簡單俐落的雪白襯衫配恰到好處的休閒西褲，袖扣與領帶或圍巾一絲不苟地呼應著，一頭齊肩捲髮看似隨意實則是經過精心打理的。最初選他為論文指導時，名字跟人還沒對上號。因為論文主題還沒確定，唯有以最原始的「點指兵兵」法，決定《學生手冊》裡介紹的研究領域為芳香減壓和幽默療法的尼爾應該有點意思。二〇〇九年一月，我開始和尼爾討論我的論文主題，我說我對群體之間的壓力差別感興趣，特別是英國人與中國人之間的。他建議我不妨把壓力與精神健康聯繫起來，我說：「文化差異可能是其原因之一。」這時，他才抬起一直漫不經心的藍色眼睛認真打量起我來，說：「這倒是挺有趣的！」儘管如此，我還是聽出了橫亙在我們之間的距離，就像晚秋時節島國午後的陽光明晃晃，卻沒有溫度可言。可能這就是古典小說中所描述的英國式的傲慢吧！

　　之後因為研究意向書和心理測試量表的事，陸續見了他三四次。在其中一次見面中，我提到想讀博，他很支持，說：「碩士學習等於是博士學習的迷你熱身，讀博很艱苦但也很值。你現在就可以著手申請了！」我正準備往外走時，聽到他洋洋自得地拋過來一句：「你會感激我的！」可是我並不能踏踏實實地感激他。一口答應做我博士申請推薦人的尼爾一轉身不知道把我的推薦表隨手扔哪了，一會兒說沒時間一會兒說找不著，三個月之後還是不了了之。他的處事作風令我對論文的前景不敢持樂觀態度，戰戰兢兢進入論文「攻堅月」——八月。待八月二十日前半部分理論論述的初稿一完成，即電郵給尼爾，希望能儘快在他的日程安排表上「掛個

號」。一個星期過去了，我的論文如石沉大海。我那個著急啊，一邊忙著整理後半部分實驗資料，一邊忙向親愛的巴門求救。眼看規定的初審時間八月三十號已經過了，九月二日，總算盼到了尼爾的回音，說他去法國度假耽擱了一些時間。一個星期後，從尼爾辦公室門上取下他用膠條封好的論文修改意見，心裡明白他和我之間的指導與被指導關係已畫上了句號。

冬

二○一○年三月，因為獎學金問題沒有落實，我終於痛苦地作了放棄攻讀博士的選擇，在英國的求學生涯算是告了一段落。除了自己對心理學的濃厚興趣，準博導羅伯這一年來對博士研究意向書的悉心指導，以及上個月作為錄取面試的正式談話中，他充滿期待的那一句「如果沒有獎學金，我們發錄取通知書給你，你會來嗎？」，都是我遲遲不做決定的原因。

嚴格意義上，羅伯還不是我的老師，他是倫敦大學貝伯克學院（Birkbeck，University of London）管理和組織心理學院教授兼院長。去年二月尚在攻讀應用心理學碩士的我鎖定了組織心理學作為未來研究方向，成為羅伯的門生自然是我的首選。第一次見面，年輕英俊的羅伯令我頗感意外（英國教授相當於學科帶頭人，一般一個專業只設一位，因此難得見教授，更別說年輕的了），他四十開外，身材挺拔，撇向右前額的薑色瀏海長及眼際，有一股滿腮鬍子也掩蓋不住的、貝克漢姆式的帥氣。羅伯一點架子都沒有，顯得還有點侷促，問了我三個問題：為什麼讀博？為什麼選擇組織心理學？（博士）畢業後打算幹什麼？我告訴他我對人種對工作積極性和績效的影響這個領域很感興趣，畢業後打算到高校任教。對我的回答，羅伯表示滿意。在英國，他們很注重學有所用，一般工作有

大學本科或碩士文憑足矣，學術研究與高校教學才用到博士人才。此後，儘管很忙，要帶博士生、寫學術文章、為專欄撰稿、開會等，羅伯還是不間斷地通過電子郵件和見面饒有興趣地關注我的研究計畫。好幾次將我召到學院會客室，把幾本歷屆的大部頭博士論文往我面前一攞，然後該開會就開會去，該忙就忙去了。事後卻不忘打趣道：「希望我的那些『大肥書』沒有讓你很無聊。」

眼看我的研究意向書即將完稿卻打「退堂鼓」，羅伯既無奈又失望，回信說：「我很希望你成為我的學生，儘管我理解你有困難。哪天改變主意了請告訴我，我的大門隨時為你打開。你要多留意各種獎學金的機會，我也會替你留意的。」他這一番真摯而溫暖的話，猶如窗外傲寒依然鮮活青蔥的處處綠茵，讓我儘管於漫長冬夜也斷絕不了對美好春天的無限念想。

＊　　　　　＊　　　　　＊

這些恩師們精心製作的電子教案或許會在歲月裡慢慢被遺忘，但他們無意譜寫的人性章節，熾熱也好寡淡也罷，將永遠伴隨每一位懷揣片片桃李情的學子邁向未來的路！

兒子親歷德國基礎教育

德國 謝盛友

我們這代人生來就挨餓，上學就停課；該讀書的時候，我們在修理地球；該出成果的時候，我們卻在嘗寒窗苦；該有作為的時候，我們必須養家糊口。

我來德國自費留學時已經三十歲，第二年兒子沒有報到就進入我們的家庭，成為家庭的第三成員。當時我太太也是自費留學生，我們輪流帶小孩輪流上課，輪流打工，這就是我們當時的邊工邊讀邊養的「三邊」政策。

環顧周圍的德國同學，他們當中的年齡一般比我們小十歲左右，但是，也有不少同學也已經有了小孩，有些同學已婚有些未婚，他們遇到和我們一樣的問題。後來，我們幾個要好的同學一起商量找辦法，結果我們決定創辦「大學托兒所」。只要有七個人成為會員，我們就可以創立協會，章程通過後在法院登記註冊，在稅務局審查通過後，所有開銷可以免稅。

校方非常支援我們，市政府青少年局也十分關懷。我們這些學生家長生活困難，青少年局給予補助，青少年局還出資給我們聘用一位專職幼兒教員（也是我們大學教育系的碩士畢業生），比較麻煩的是，這個位置的教員每年更換一次。下午我們這些沒有課的家長輪流值班，包括打掃衛生和做飯等。

小孩滿三歲以後，就可以進幼稚園了。幼稚園是免費的，每個組大約十五個小孩，一個幼師（必須是碩士畢業）一個助理。德國

那時的幼稚園一般只是到下午一點，我們這些學生家長特殊，可以讓小孩在幼稚園裏待到下午四點，多出來的費用，生活困難，經過申請審批，青少年局也給予補助。

我們這個城市百分之九十都是天主教，兒子出生滿月後，我就決定給他洗禮，當時只是出於這個考慮：我們是外國人，已經跟德國人不一樣了，我們在人家這裏生活，應該努力使我們跟人家一樣。至少小孩上學時，讀宗教課的內容一樣，不能讓他一個人去讀倫理道德，他一孤單，就會自卑，會覺得被德國人隔離似的。關於兒子洗禮信教對他成長的好處，以後慢慢敘述。

我兒子進的是天主教幼稚園，如果你是新教，應該進新教幼稚園。在德國，小孩滿六歲後可以進入小學。德國中小學教育體制在制度設計上與世界上多數國家存在著較大的差別。上小學，德國基本上不存在家長想方設法為孩子擇校的現象。

德國的小學（Grundschule）也叫「基礎學校」，學制一般為四年。由於沒有重點與非重點之分，孩子上學不存在選擇學校的問題，一般就近入學。無論是本地人、外地人、移民還是外國常駐德國工作人員的子女，只要達到上學年齡，憑兒科醫生測試證明就可申請進入附近小學讀書。小學當然是免費的，我們這些學生家長生活困難，青少年局給予適當的補助。

以上當然是一般情況，但是，一般情況下，德國人居住也是分區分塊的，醫生律師教師往往居住在同一個地區，土耳其人東歐移民往往集中在一塊。德國不存在選擇學校，但是，我選擇學校。根據我的觀察和考慮，醫生律師教師居住區附近的小學，生源比較好，我就想辦法讓我兒子擠進去。

我這個人一生是一個窮光蛋，但是，我每到一個地方，就會有很多知心朋友。我找醫生朋友幫忙，把我們的戶口安置在他家，這樣，我兒子滿六歲時就可以通過劃區劃地段，規劃到醫生律師教師

的後代比較集中的小學。果然有效，我兒子小學四年級畢業時，他全班進入高級文理中學（Gymnasium）。

我有很多德國同學畢業後從事教育工作，德國的教育從小學到大學，總的給我的感覺是：寬入嚴出。「寧願賠錢教育千萬個，絕對不讓一個諾貝爾獎潛在者漏網」。這就是德國教育給我的大概印象。

德國小學階段作業很少，下午沒有課，老師經常組織學生踢球、看電影、參觀博物館或到野外散步。學生通過這些活動，掌握了很多課本上學不到的知識。最讓我震撼的是，德國小學的地理課本是從家門口開始，我兒子不像我，先學習祖國的大好河山，而他先學習本地有哪些教堂，哪些河流，多少博物館，多少麵包店……寬鬆的教學方式並不等於放任自流，每個孩子的平時表現和成績都會被老師記錄在案。到學期結束時，家長會收到孩子的成績單，成績單裏除各科成績外，還有老師的評語。

我的總結：德國小學教育方針是，不要過多也不要過早開採和剝奪兒童的資源。這讓我想起在國內礦山工作時的情景。一個銅礦就這麼多資源，你早開採、剝奪，礦山資源也就早點枯竭。所以，德國的小學教育，盡量讓小孩享受童時的陽光和快樂。但是，我說過了，不是放任自流。

小學裏注重培養小孩的動手能力和注重開發小孩的想像力和創意，學校裏的老師經常會上這樣的課，我們中國人家長可能覺得無聊。老師通知家長，明天別忘記了給小孩帶來碗碟和餐具，以及做飯用料等，教育小孩如何做飯吃。手工課是德國小學最注重的，難怪德國的男人個個是「天生」的「工程師」，每家每戶的每個地下室裏，幾乎是一個小工廠，每個家庭男主人都是「天然」的電工、鉗工、汽車修理工。我兒子現在就是我家裏的電工和修理工。

讀二年級的時候，我們還沒有買房子，他可能看出我人到中年，做夢都想擁有自己的房子，那年父親節那天，他讓我先閉上眼

睛，然後在我眼前放置了一個精美的木製房子，那是他半年的業餘時間的投入。三年級的時候，母親節那天，他給他媽媽送「有價證券」：修理三次自行車。我們驚喜，問他為什麼這樣，他說，是老師教育的，小孩沒有錢，但是，可以幫助母親做一些自己力所能及的工作。

在德國的學校裏，非常講究家長和教師的互動，也因此，家長委員會便顯得十分的重要。這個家長委員會的頭頭，都是通過民主選舉產生的，都是幹那些吃力不討好的事，比如同學家庭的聯絡、課外活動（郊遊的安排）、假節日的安排、耶誕節給老師送什麼禮物等等。

當然，家長委員會的最根本的職能，還是監督學校的教學，監督老師教育的品質，有時候還會發起更大的活動，爭取更大的權益，比如參與推動聯邦州的教育改革，這樣的事往往都是由家長委員會出面，爭取連署，提案遞交給州教育廳。當然，教育廳不僅僅是聽家長委員會的意見，但是，畢竟也是一種參考意見。

我們這些大忙人家長遇到最大的麻煩是，德國中小學下午不上課。那麼我們的小孩下午幹什麼呢？這是最大的難題。諮詢了一些先進意見，得出的結論是，必須讓小孩的下午時間充實。所以，兒子三歲時我就開始動腦筋，讓他學習音樂。我說過，音樂和哲學，世界上沒有一個民族能超過德意志。身在德國，不學習音樂，不白白浪費？兒子三歲開始音樂啟蒙，私人音樂學校和市政府音樂學校都是要付費的。一般情況下，德國的小孩都懂兩門樂器，我兒子學習小提琴、電子琴和鋼琴，他上中學以後五年級開始，加入中學交響樂團，音樂課就免費。

另外，下午時間就是去教堂，參加禮儀培養、司儀培訓，參加教會的義務工作，培養他的紀律性、忍耐性、同情心等等。後來他長大以後，每年假期裏參加教會組織的活動，比如到羅馬尼

亞的貧困地區「扶貧」，協助建立學校，與當地紅十字會一起做社會義工。

在小學期間，我把兒子星期一到星期五的下午安排得滿滿的：音樂、教會、體育運動，不讓他有空動壞腦子。建議沒時間的父母，最好託付給別人教育，投入教會活動是最好的辦法。

德國學校採六分制，一分最好，六分最差，四分及格。小學階段的主科（德語、數學、常識）成績是選擇中學的關鍵，但學生日常提問、回答問題和與同學合作的情況及其反應能力和動手能力等同樣是決定他們所升中學的重要因素。

小學四年級畢業後，學生根據自己在小學階段的表現和成績，選擇進入不同類型的中學。在結束小學階段後進入此層級，主要分為三個類別：

職業預校Hauptschule、實科中學Realschule、高級文理中學Gymnasium。

在小學的一、二年級並沒有各科成績單，而是以老師的評論來作為學習成果的考量。

1.職業預校Hauptschule，五年制：

德語三分、數學三分、常識三分（或更差）只能上職業預校。

2.實科中學Realschule，六年制：

德語二分、數學三分、常識三分（或三、二、三或更好）可以上實科中學。

3.高級文理中學Gymnasium，九年制（現在改為八年制）：

德語二分、數學二分、常識二分（或更好）可以上高級文理中學。

4.特殊類型：

綜合中學Gesamtschule（只有北部部分地方有這類學校）。

德國的教育很靈活，在高級文理中學裏，成績變差了，會掉到其他學校；但是，哪怕在職業預校，成績變好了，也可以改進入實科中學或高級文理中學。

那麼，德國的天才是怎樣煉成的呢？

筆者只是以個人和兒子的親歷而平直地敘述德國教育的情況，再加上自己的一些感悟，絕對沒有故意貶低中國教育和歌頌德意志的意思。關於德國的地理教育，德國的確是從家門口開始，再延伸到祖國的大好河山，比如萊茵河。我當時看到了課本，的確是震撼，我沒有必要隱瞞我當時的內心感受，這與愛國和不愛國應該沒有什麼關係。

德國教育給我總的感覺是，從實際出發、從實效出發、盡可能挖掘學生的想像力和創造力。在德國長大的學生動手能力確實比國內的強。在這邊的小孩，學校和家長都教育他們，正確對待挫折。我的兒子，若他比賽失敗，他會感到心痛半天，但是，他絕對懂得往前看，他有自己獨立的人生觀，獨立的人生規劃和目標，這一點他絕對不會放棄。我個人的感悟是，教育小孩要跟兒子更多地做朋友，而盡可能少地做「父子」，也就是說，父子是平等的。兒子十八歲以後，他的決定我百分之百尊重。

關於德國的「危機教育」（危機意識導向教育），我的親歷是，德國的課本和學校的教育強調，德國地盤很小、資源缺乏，我們必須發奮努力，才能有競爭力。

這，我兒子與我接受的教育也不同，我們小時接受的教育是，中國地大物博，中國人民勤勞勇敢……

我看到了，同樣有震撼，這與愛國不愛國也應該沒有關係吧。我在廣州中山大學的同學，有不少在日本也是從事教育工作的，他們跟我說，日本也是「危機教育」。我就納悶：難怪日本德國資源

這麼缺乏的情況下，都成為戰爭發動者、都是戰敗國、都是世界上讀書量最大的國家、都是世界第二第三經濟大國。

這些，我都想不通。

關於德國小學四年級畢業，十歲就分流的利弊，幾十年來德國政界、媒體、學校、教育界、心理學界等年年討論辯論，最後還是堅持十歲分流。每次討論的結果：利大概是85％左右，弊大概是15％左右。國內的同行不要忽視了，德國到你成材之前均可以換跑道。我妹妹的女兒就是從職業預科換到實科中學，我鄰居很多的小孩都是從實科中學換到高級文理中學。

在高級文理中學的大學預科（Kollegstufe）的十二、十三年級裏，學生的學習任務非常重，除了體育以外，學生一般自己也放棄了音樂課和音樂訓練。我兒子是他中學交響樂團的第一小提琴手，到了十三年級，只有重大的演出他才參加。學校也願意這樣，可以讓更小的接班人進來。

但是體育課一定要上，畢業考試，體育不算入總分。十三年級裏，平時的考試成績算畢業成績的30％左右。德國的考試非常的人性化，考英語的時候，我兒子生病，不能參加，可憑醫生證明再補考。

平時考試成績占30％，那麼70％靠畢業考試。畢業考試由兩門主科、兩門基礎科、一門口試、一篇畢業論文（Facharbeit）組成。

一般情況下，每年的一月底必須交畢業論文，四月份開始考試，每個星期考一門，主科考試五個小時，基礎科三個小時，口試二十分鐘。我兒子主科是物理、數學，基礎科是德語、英語，口試是歷史。

考試成績為15分，主科加倍。但是換算成滿分是840分，再平均出結果：840=1.0；280=4.0。德國4分以下算及格，即可以畢業。

1.5以下的優秀學生到大學裏什麼專業都可以讀，德國現在還是醫學、心理學、法律對學生的要求最高。

我兒子考了總分1.2分，他不是很滿意，不過，他被選拔參加了二〇〇八年六月十七日的巴伐利亞州「天才基金會」考試。我兒子現在慕尼黑工業大學讀物理。

值得一提的是，德國教育部每年給中學生舉辦「青少年科研」（Jugend forscht）活動，類似國內的青少年科技發明獎。學生一般在老師的指導下完成自己的項目，經費全是西門子或寶馬這樣的大公司贊助。我兒子三次參加，兩次獲得巴伐利亞州地區物理組的冠軍。獲獎了以後大公司和名牌大學就注意上你，希望你與之「發生關係」。這可能跟國內的情況是一樣的。

差一分沒成為天才：

德國各個州都有「天才基金會」（Hochbegabten）。「天才學生」一般由學校推薦，每年在三四月左右，也就是在文理中學畢業考試之前，在畢業設計（論文）遞交之後。學校是根據學生的平時成績而鑒定和推薦的。

每年的六月中旬，「天才基金會」舉行考試，考試科目包括五門，每門都是口試，每門十二分鐘，每門口試後，休息八分鐘，然後接著考。我兒子選擇：德語、英語、數學、物理、歷史。這樣的考試目的已經不是考驗學生的讀書成績，主要是檢驗學生的反應能力和化解危機的能力，每一分鐘一個提問，答出答不出，考官（全部是中學畢業班的主科教師）照樣提問下去，最後由委員會評分評定。

「天才基金會」考試採用15分制，總分是75分，五門成績加總達到55分（任何一門都不能少於7分），即通過「天才」考試。成為天才的人，被送進「天才庫」，名牌大學、著名企業、著名研究所、獎學金基金會等，會自動到「天才庫」，找天才「發生關係」。

一句話：成為天才後，基金會找你。

我兒子考試結果：德語10分、英語9分、數學14分、物理11分、歷史10分。總分54分，差1分，所以沒有成為天才，他必須自己主動去尋找獎學金。經過學校推薦，他獲得德意志基金會的獎學金。

一句話：不是天才者，自己找基金會。

也就是說，每個州的教育部（廳）只是給「天才」一個鑒定和榮譽證書，具體你是否可以獲得獎學金，能否到名牌大學，能否到大公司，還是要看你自己的本事。不過，話說回來，你有了這塊敲門磚，很多機構會爭搶著與你「發生關係」。

以下是我與一位國際尖端物理學家朋友的對話：

我：在大庭廣眾我有些話不好說，我真的很難過。我兒子和我太太心態比我好，他們比我有出息。你的話令我思考：按照平常的成績，他歷史、德語、英語都比他的同學好，可是口試失敗，值得安慰的是，我兒子不灰心。跟他玩的特別好的兩個德國同學成了天才，成績平時跟他一樣，可能真的是外國人（白人）的關係，儘管兒子是在德國生長。我有一些尖端科技朋友，他們說白人畢竟還是比我們中國人聰明，對嗎？今後我兒子的物理路，還是很艱難的。

他：謝謝你的信任，把你的心裏話告訴我。可能你也注意到了，在各個大領域裏，領頭的精英幾乎都是老外（白人），而且他們是真正做得好，非常的優秀。很久以前我就開始想這個問題了。到底是否老外比中國人聰明呢？經過觀察思考，我的結論是：並不是老外比中國人聰明，而是中國人的教育（包括家教和學校教育）出了問題。

中國家庭裏，往往要求小孩努力學習，教育小孩聽話，循規蹈矩，而恰恰這點就限制了小孩的思想活躍和思維創造能力。在國外的小學、中學裏，中國孩子的成績往往在學校裏是名列前茅的，但是，這是有水份的。中國人的家庭重視學習，在家裏給小孩加了很

多的功課，單調的過多的課外作業剝奪了孩子對學習的興趣，他們學習只是為了考試的高分，為了滿足家長及自己的虛榮心。而老外家庭幾乎是放任，小孩愛學就學，不愛學就算。小孩子願意學習，那是真正的有興趣，他們帶著興趣去學，思想就活躍，就開放，因而如果學校裏外國小孩成績好的話，那是真正的好，以後到了大學，再到了更高的領域，中國人在尖端上的創造力就顯得不如老外。但有一點，中國人學得很快，反應很快。

　　你的小孩在德國生長，他沒有來自中國學校的思想僵化教育，他的思維一定相對的活躍，事實上，你兒子做得是相當好了，你兒子的分數吃虧在語言上，而正常情況下，語言對你兒子來說都不是問題，只是在那樣的考試下丟了分，所以說，你兒子已具備了天才的條件和素質，你不必擔心。當然，即使是天才，今後的路都會不好走，誰都是一樣。關鍵是要建立信心。我很高興聽到你兒子的心態還好，這就對了，就有希望了。你一定要把你難過的心情藏好，不要給兒子壓力，他現最需要的是鼓勵，尤其是來自你這個老爸的。

　　我：對！我一定要把難過的心情藏好。謝謝！為愉快人生乾杯！

我和兒子的語言矛盾

波蘭 林凱瑜

　　我家兩個孩子都是在波蘭華沙出生的，老大出生在一九八九年十一月，老二出生在一九九三年五月，兩個差了三歲半。就先來說說老大吧，畢竟對新做父母的人來說第一個孩子總是比較新鮮，特別，不是嗎？

　　老大的中文名字叫方吉，從他出生到牙牙學語時我就跟他說中文，所以，他最先開口說的話也是中文。雖然他爸爸是波蘭人，也跟他說波文，但在家的時間不多因此方吉聽與說都有問題。在他三歲時，我們送他去教會幼稚園，第一天他哭著說不要去，不要去，小方吉從小就不是黏著媽媽的孩子，他是一個很獨立的孩子，然而，他不要在那兒，是因他聽不懂修女說的話，聽不懂小朋友的話，所以，他怕死了，他難過極了，做媽的我看到他哭得一口氣都快喘不過來時，我的心真疼，想把他帶回家算了，不讓他上幼稚園了。但，老公很狠心地說得把他放在那兒，得讓他適應，不能事事順著孩子。就這樣小方吉在幼稚園裏待著。孩子學得很快沒幾個星期他就會說也會聽波文，也交了許多小朋友，每天去幼稚園帶他回家時，常常得等他一個一個地跟修女們及小朋友們擁抱說再見，一副很捨不得的樣子。其實，他們明天會再見面的。孩子真的很天真，也容易忘記不愉快的事，那時哭得像淚人兒似的，現在，又蹦又跳快樂得像個小天使。

小方吉的波文進步神速，常常要跟我說波文，我總是告訴他我聽不懂，那他就得動動腦翻譯成中文了。因此，他成了雙語專家。到了上小學二年級，有一天，他很不高興地說：「媽媽，我的朋友們都說波文，沒有一個說中文，為什麼我要說這種他們聽不懂的話呢？」小方吉要罷工——不說中文。要是我跟他說話，他就只回答我波文，他長大了，不像小時候那麼好對付，也很固執地拒說中文。這問題很大，我真不知該如何是好，他的爸爸是位科學家，研究大氣層裏的雨水什麼之類的種種，凡事都有板有眼，現在就一本正經地對八歲的孩子說：「你媽媽是中國人，我是波蘭人，你當然要學說這兩種話了。」八歲的方吉張著大眼睛，聽著，但，一臉都是問號。我想，跟他解釋太多也沒用，他還沒有世界觀念，最好的辦法是帶他回臺灣去。所以，那年暑假我們就全家回台探親，小方吉第一次看到，聽到這麼多人都說中文很讓他驚訝，更讓他高興的是；他能跟外公、外婆溝通，並且常常得到他想要的玩具，他嘗到了說中文的好處啦。從這時起，小方吉又開始高高興興地跟媽媽說中文了。一直到現在他上大學二年級了，我們還是用中文談話，當然，他弟弟方信也一樣了，哥哥怎麼做，弟弟總是跟進的。

　　其實，教孩子說中文最先是婆婆的意思，她說現在的社會能說越多的語言才越容易找到工作。一開始她就鼓勵我一定要跟孩子們說中文，當孩子跟我說中文時，婆婆很陶醉地聽著說雖然她聽不懂意思，但她很愛中文的調調，很美。我真的很幸運有這樣善解人意的外國婆婆。不像有一些波蘭婆婆很可怕，不讓中國媳婦跟孩子用中文說話，她們認為媳婦在她們的背後說壞話，規定在她們面前得用波文說話，且不能教孩子中文，不能給孩子聽中文歌兒，因太多語言會讓孩子變笨，真的很沒世界觀呢。

　　我發現這裏的學校老師對學生真是太好了，作業給得很少，我孩子常一回家就玩電腦，問他寫作業了嗎？總是回答寫了，可他才

剛回來啊，幾時寫的？在學校就做好了。記得我自己上學時的生活是天天一把眼淚一把鼻涕地寫作業寫到晚上十一、二點，他們這些外國小孩的學校生活真是太快活了，也沒什麼考試，我不必跟著他們背後查看功課，說實在的，我這個媽當得很輕鬆。孩子除了學校的功課外，有很多時間能去尋找出自己的喜好性向，我先生對孩子的教導很放牛制，只要孩子喜歡做的事他都讓他們去嘗試，讓孩子自己去發現自己的特長及愛好，我呢，雖然在此地住了二十年了，算來已是半個波蘭人，但我還是改不掉臺灣式的填鴨式的讀書方法，常很雞婆地跟在後面告訴孩子書該怎麼讀，字該怎麼寫才會漂亮，可人家這些外國人還是按照自己的方式去做。有時候我覺得自己在家很沒有地位，孩子們總是跟爸爸一國的，沒人站在我這邊，好孤單哦。我只好教育我家那頭獵犬，但，它聽了8年的中文課，還是聽不懂我說的中文，哎，連狗都站在他們那邊哩。孩子漸漸長大了，也離媽媽越來越遠了，雖然他們還是跟我說著中文，但，想法、做法，都不再跟媽媽有交集了。

也許是我們給他們極自由的學習環境吧，老大方吉從小就很有畫畫兒的天份，我們本想讓他進中學美術學校學習，但，他的小學美術老師建議不要那麼早送他去那兒，等他自己準備好了，他自然會提出的。這又讓我很驚訝，給孩子自己打算未來學習方向?!好像我小時候都是父母說什麼我就做什麼，找不到自己的興趣、喜好，更不知如何計畫未來，就算有自己的興趣、喜好，當時的父母也專制得不讓孩子走自己選的路。這些外國人真的很不一樣，非常尊重孩子的想法，就像方吉從小就喜歡畫畫兒，他老爸，奶奶，叔叔就給他買了一堆跟畫圖有關的書籍，方信喜歡探究人體、大腦，他就有一大堆這方面的書。此地的教育制度是到了高中聯考，就得選擇讀理科或文科的學校了，愛畫畫兒的方吉理所當然地進了有名的理科高中，三年後也考上了有名的科技大學的建築系。方信目前是高

中理科一年生，他也是男合唱團的男高音，他將來的希望是念華沙大學的醫學系。

　　讓孩子走向自己所選的人生方向才能讓他們盡情發揮自我的特長，而做父母的我們只能從旁幫助與支持，所以，我不逼著他們寫字認字，只要他們能很快樂地說著媽媽的話，就很感謝天地了。這是我在這兒生活所得到的最大的體驗，孩子們能在這教育與學習都很自由化的環境裏成長，我真的很為孩子們感到慶幸。

從西班牙看教育

西班牙　張琴

　　九歲的青青提著沉重的書包，回到家還未坐下休息一會，姥姥就叮囑道：「你媽媽說了，放學回來快去做作業。做完後練練書法。」青青雖是個懂事的乖孩子，嘴裏還喘著粗氣，心裏實在不高興，但是，他沒有對著姥姥抱怨，只是回到房間，把書包重重摔在床上嘀咕道：「我要是隻小狗就好了！」卻不知給姥姥聽見，問道：「好好地，怎麼要做起小狗來？」青青理直氣壯地回答說：「小狗不用做作業呀！」

　　說完又重重把房間的門碰的一下關了起來。姥姥聽見外孫一席話，心裏也不是滋味，自言自語起來：「是啊，這幾歲的孩子，每天面對那麼多書本，課外還得加餐，真是難為他了。」當今國內類似青青這樣的加餐「填鴨」教育方式，是應該提到日程上來好好解決一下了。面對學校和家庭的高壓政策，並非就能使孩子成才。學習是在潛移默化之後，通過消化進入思考才能達到最佳效果。就以西班牙的幼童教育制度來講吧，校方不但禁止給兒童發課外作業，還規定學童每天必須擁有一定的玩耍時間，以避免正在發育的幼小腦筋所受的負荷太沉重而影響未來的發展，不是說西方的教育就有多麼好，只不過，在教育策略上，我們是應該吸取國外優良的經驗，不要讓學生對老師唯唯是聽，一定要讓學生對所傳授的知識理智地主動思考，通過他們思考，主動發言表達自己的理解，如果在某些地方有疑問，敢於對老師說：

「對不起，您能再清晰地給講解一遍嗎？」因為老師講的不一定就是非常明確。根據留學海外學生的認定，他們認為國內教育與西方教育的確有很大差異：如果學生認為老師發下的作業負擔太重，可以向自己的班主任和學校提出意見，經過考察，如果確實難以完成，老師需要減免學生作業的負擔。而在中國的學校裏，老師規定的作業是學生的「本職任務」，沒有討價還價的餘地。想起留學英國的一位女生對中西教育說得很好：「國內中學教學像鑽井，國外教學像鋪沙。」國內的教育也有它的優勢，國內扎實的數學基礎，令中國留學生在國外的學習中遊刃有餘，西方學生在理科方面就大打折扣。國內教育注重培養學生的理科思維，理科的內容學得很扎實，主要是訓練學生思維靈活，學會尋找必要的條件能獲得必然的結論，這種能力令中國學生在國外具備很大的優勢。但是，國內對學生的形象思維開發得還不夠，尤其在創造力上還遠遠達不到西方學生的寬闊和獨到。尤其在藝術人文方面，中西學生間，就很容易發現他們的優劣勢，這也許是因為他們所處的學習環境不同，所以對他們的思維發生了很大的影響。來自國內一所重點大學美術教育系的本科女生，就她的資質而論，在國內非常優秀，可是兩年來申請藝術設計碩士學位，由於所學的知識層面和實際經驗達不到位，不符合校方的要求而被拒絕錄取就學。例如，在她申請馬德里貢不魯登塞大學美術學院碩士班時，被拒之門外的不僅是她，連北京中央美院的畢業生都一概被拒，理由是：「所學不符校方所求」。這就耐人尋思，是我國的高等藝文教學內容與歐洲有異？抑或不足？她本人又不願意接受一般中國留學生選擇的商業、旅遊等專業，她所選的學科相比之下要難得多。不過，生活在海外的第二代或是第三代的華人子女，在選擇人文藝術方面比較容易，因為他們土生土長，語言上基本沒有問題，更重要的是，他們所接觸到的知識層面，

要寬闊和豐富些。西方學校的孩子大多是在玩耍中受益良多，課餘生活異常豐富，例如：各種球類、演講、音樂、舞蹈、戲劇、合唱團、「手工」和社區服務……等等，都是他們喜愛的活動和消遣，這樣，在求知之餘，身心也獲得平均發展。一般情形下，是父母培養孩子的興趣才去學的，而不是強迫他們去參與。很多中國父母都以為他們的孩子是「全才」，在繁重的課外作業外，還付出重資通過讓他們去學畫，拉小提琴，彈鋼琴，跳民族舞蹈……來陶冶他們的性情，或是希望孩子在藝術的領域內有所成就，弄得那些娃娃們忙得不可開交苦不堪言。後來，當他們上大學後，把以前所學，一股腦兒拋到九霄雲外。害得雙親對他們成為藝術家的期望全成泡影。但是目前，中國父母對子女最大的期望是進大學，畢業後賺大錢，至於過去花幾個錢，能不能將孩子培養出有藝術情操的名士，那倒也不太計較了。

今天的中國家庭教育，乃至包括學校的教育，老師和家長們往往把自身的利益掛靠在學生和子女的身上。「望子成龍」、「學而優則仕」、「萬般皆下品，唯有讀書高」，這些傳統觀念的教育，已使孩子們的身心負重不堪。因為他們對學生和子女的期望太高，尤其是老師，似乎學生成績的好壞，就是驗證他們教育成績高低的籌碼。然而，他們想通過所受到的教育走向而獲得的成果，往往是適得其反，不少大學畢業生就職，學非所用，這樣人才浪費現象太嚴重，政府當鑒及這刻不容緩解決的問題，是否應該好好考慮一下，如何擬定改革教育的策劃？

好孩子

瑞士　黃世宜

有一回和中國媽媽聊天，交換大家彼此在歐洲育兒的經驗，她忍不住抱怨：「有沒有人稱讚你的孩子很聰明過？」

「沒有。」我努力回憶，還真的沒有，當然也不是不可能，誰讓自己的孩子不聰明嘛。

「也沒有人誇過我的孩子聰明喔！」這下問題可大了，朋友的孩子可是班上的全A生耶。在瑞士我們這一州，為了適性教育，很早就實施能力分班制度。就在小學畢業升國中那一年，根據大會考和平時成績，把主科表現分成ABC三個等級，所以三科全A，這孩子可是很優秀的！竟然還沒人讚美他？

「對啊！我也覺得奇怪，居然沒印象有人誇過我的孩子既聰明又會讀書，也沒人說我會教小孩。你想想，一個外國移民媽媽，能在這把孩子教得好可容易？」這個媽媽用非常哀怨的口氣訴苦道。

這個中國媽媽的觀點給我留下很深的印象，從此特別留心，看到底瑞士人是怎樣定義所謂的好孩子。沒錯，我常常聽到這裡人互相稱讚彼此的孩子，「哇！你家妹妹好可愛好漂亮喔！」「哇！你們家兒子上一回看到弟弟跌倒會主動扶他站好，真體貼人喔，你是怎樣教的？」瑞士家長聽到這樣的評語，深邃大眼可以笑瞇成一條縫。仔細想想，瑞士人還真絕少稱讚某聰明會讀書的小孩是「好孩子」。我記憶中竟只有一次，還是在一個瑞士媽媽們道人長短的場合上。

「克蘿埃，太要命了！」一個瑞士媽媽擠擠眼睛：「她媽媽簡直拿她沒辦法，上一週總算帶她上心理醫師那兒去了。」

「怎麼了？」克蘿埃我認識，一個金髮碧眼，伶俐聰明的瑞士小女孩。才六歲，識字數數兒統統會，聽這小姐說理可頭頭是道，怎麼看都像我們中國人眼中的資優兒童。難道是太聰明，媽媽和老師都教不了？

「不是喔，據說這孩子愛鬧脾氣，家裡生意忙，沒人管她，個性壞死了，學校沒朋友。人際關係上有問題，又自以為是，所以……」

「可惜啊……」瑞士媽媽們一片搖頭嘆息，只有我，非常好奇，像克蘿埃這樣的孩子，就我們中國人的標準可是拔尖子兒，這叫出人頭地，還不好嗎？沒想到我們眼中的優點竟是他們的缺點。

起初，在社交場合上如知道瑞士朋友的孩子功課好全A，甚至從頂尖大學畢業，我總是先稱讚或恭喜，然後呢，順便討教一下人家是怎樣教出這樣的孩子的？可是對方往往客氣地說聲謝謝，然後就明顯地把話題引開，似乎不願意在這點上打轉。我也只好知趣地打住。這可是跟中國人望子成龍，引以為榮的心態完全不同。聚會結束後，我們家瑞士爸爸還會私底下唸叨：

「以後不要再稱讚人家孩子怎樣聰明怎樣會讀書啦！我們不興這個。」

「那你們興哪個？」我當然好奇。

「我們這裡人覺得孩子的才智和教育是很私人的話題，你剛才還問人家怎麼教小孩的，我都不敢看那太太的臉色了！」

「奇怪！這是恭維她教子有方耶！有個體面又出息的好孩子。」

「拜託，你以為這裡是中國喔，大家才不管那個面子的啦，對方只會覺得你很不禮貌，想探隱私。」

哇，原來如此！

難怪，一位來自台灣的母親告訴我，她曾經滿腔熱誠地推薦幾本育兒書給她的瑞士朋友，但對方似乎一點也不領情。「我只是想幫她的忙。」台灣媽媽很懊惱，「他們家的瑞士小孩好乖又好聰明喔，不到五歲就會數到一百，而且最喜歡待在家看書喔，媽媽卻整天鼓勵孩子出去瘋玩耶。那個瑞士媽媽拿他們家的天才兒子沒輒，所以我把台灣關於怎樣教育資優兒的中文書籍整理一下做個文章摘要給她，想說幫她發掘孩子的優點，才不會錯過一個愛因斯坦啊！可是對方卻冷冷的。」

「你也太功夫了吧，還從中文書籍裡幫她做摘要？去本地書店買幾本相關的書送她還不一樣？」我說。

「這裡的書店？算了吧！書架上誰賣這種書?!」

這也倒是。因為東西方看待好孩子的出發點不同，我還真的鮮少在瑞士書店看過怎樣教出天才兒童之類的教育書籍。不管是給家長看的教養書刊也好，還是孩子愛看的圖畫書，故事繪本，漫畫雜誌等等，多以幫助孩子發展愉快的人際關係和和諧的社會經驗為主。這源於，在歐洲，人們眼中的好孩子，往往並不是出類拔萃的中國式神童，而是樂於助人，天真開朗的善良小紅帽。

世界上所有的父母都希望自己的孩子好，這一點東西方都沒有差別，差別的是，所謂東西方社會認可價值中的那個「好」，卻大有學問。我作為在西方環境下教育第二代的東方母親，時時刻刻處在文化浪潮互相衝擊的頂點。這個頂點，總是非常矛盾的，兩地的人總會七嘴八舌的提出不同的意見：比方說，西方媽媽看到我們家孩子攤在客廳裡的兒童故事書，往往會意有所指地暗示，「最近天氣那麼好，後面就是森林，應該多讓孩子出去散步吧？」又比方說，東方媽媽發現我們家孩子什麼課都沒有上──沒有學舞蹈，沒有學音樂，沒有學英文──會直接提出熱心的建議：「我們家的小

孩都會這個那個了喔，要帶孩子去上課，不要讓孩子輸在起跑點上喔。」看看，東西觀點是多麼天壤之別！

東張西望，起初我曾經猶疑矛盾，甚至害怕擔憂，不知道該怎麼教育孩子才是最「好」的。可是我漸漸發現，其實東西方教育理念都各有它們可取的優點，可以互相參酌，截長補短，更能幫助我們的孩子心智上多方面的成熟與圓融。東張西望，其實更能大幅度開拓我們的價值觀，把我們眼中所謂的「好」，和世界接軌，讓我們的下一代有更大的心胸氣度，來欣賞這個大千世界多元文化的多彩繽紛！

誰是未來的百萬富翁？

德國　黃雨欣

　　誰是未來的百萬富翁？這是德國一家電視台專題節目的名字。這個節目是以百科知識競賽為主要內容的，每星期播出一期，已連續了多年。由於該節目具有極強的知識性和趣味性，加之隨著競賽題目的深入，獎金也由個位數逐步上升到一百萬，吸引著不同層次的人士參與這個節目，越到後來競爭就越激烈。當然，眾多參與者的心態也是不盡相同，知識淺灘的嬉戲者往往只滿足於小魚小蝦的捕撈，答對一兩個題目拿到些許獎金見好就收；而那些具有深海探險魄力的人就會勇往直前一發不可收，結果是時而頃刻間腰纏萬貫，時而連答連錯血本無歸。每次節目播出時，許多家庭都圍坐在電視機前觀看，情緒隨著現場激烈緊張的氣氛跌宕起伏，很多觀眾甚至在節目播出幾天後仍津津樂道，為堅持到最後的人振奮，同時也為馬失前蹄的人惋惜。

　　當然，想獲得如此高額的獎金並不是一件輕而易舉的事情，自節目開播幾年來，雖然參賽者強手如林，可真正一路過關斬將堅持到最後的人，直到上個星期五才出現。這個最終的勝利者名叫哥哈得‧克拉馬，是一位知識淵博、舉止穩重的青年才子，在大學裏，他同時進修音樂和哲學兩個專業。

　　在以往的這台專題節目中，獲得高額獎金的不乏像哥哈得這樣知識全面的年輕人，我想這是和德國的教育機制密不可分的，聯邦政府主張在對青少年進行普遍教育的基礎上，全面廣泛地發展個人

教育，他們致力於公民盡可能早地接觸藝術和文化，提倡青少年全方位的素質教育和積累多方面的文化經驗。德國的孩子從幼稚園開始就參與社會活動，我女兒在小學低年級時還上過造紙、紡織、烹飪等課程，我家裏至今還保存著她三、四年前的「作業」——一個簡單的針線包、一塊發黃的草紙、一座四不像的石雕……當然這些特殊課程的課堂也因地制宜設在了造紙廠、地毯車間、採石場等地方，有時她會從學校裏帶回一塊又黑又硬的麵包要我品嚐，我就知道當天她在學校裏一定是上了家政課。

在德國，雖然孩子的教育首先是來自父母和學校，可國家政府在支持青少年個人融入社會中的發展上做了大量的工作，具體到制定青少年保護措施和各項福利制度、義務提供多種形式地自願參加文化活動和社會活動，以拓寬孩子的視野。這些妙趣橫生的活動在激發了孩子廣泛的興趣同時，也充分發掘了孩子尚不自知的潛力。就我身邊的德國朋友而言，物理研究所的所長搖身一變成了足壇猛將、醫學教授同時也是國際象棋大師、配眼鏡的師傅也舉辦了個人藝術作品展、按摩師失業後再找到的工作竟是電腦技術人員……所有這一切，都緣於他們啟蒙時興趣的開發和培養以及能自由發揮這種興趣的寬鬆環境。

誰是未來的百萬富翁？誰是這個競爭激烈的社會上不敗的立足者？不言而喻，最後的勝利永遠屬於那些知識技能全面、心理素質優異的人。

漫談歐美華人子弟的成績與前途

奧地利　俞力工

東亞人的智慧高於白種人？

　　一九九四年底，美國哈佛大學教授赫斯坦與摩瑞曾合著了一本暢銷書，其內容強調：美國的東亞裔（主要指華、日、韓）學生的智商與智力高於白種人，白種人則高於黑人。同時由於黑人的出生率遠高於白人，長此以往，全國人口素質將會降低，國家整體的競爭力也隨之下降。除此之外，他們還認為智商、智力係受遺傳影響，非為後天的政策措施所能改變，因此美國政府應當撤銷七十年代以來對黑人所提供的補助。

　　由於該書的立意明顯帶有削減黑人的社會福利的歧視性，同時又有挑撥少數民族之間關係的嫌疑，筆者便根據學理為文指出：智商僅能測驗後天學習的技能，而技能與智力（一種主觀界定的概念）之間並無必然關係。白人學童的智商高於黑人，至多表示白人從小比黑人受過更好的技能訓練，由此尚不能得出「白人智力優於黑人」的結論。至於東亞人的智商（或技能測驗成績）較高，雖然是個客觀的事實，筆者卻推測原因可能是「東亞移居美國的人口中的知識份子比率遠高於其他民族」（《談「智慧與性慾的反比關係論」》，載於美國《世界週刊》一九九四年十一月二十日）。

當前美國華人學童的智商、成績低於白種人

一九九七年年初，美國西岸若干學者再次為各少數民族的學齡兒童進行了調查。結果發現美國華人子弟的成績與智商與其他第三世界移民群體大同小異。換言之，其表現遠較過去的調查結果為差。究其原因，調查當局認為，大陸對外開放後，華人移民的組成與過去不同，過去華人移民中知識份子佔極大比例，如今則大多數為勞動階級。

應當嚴肅對待的問題

近二十年來，東亞移民的子弟在許多美國最高著名學府佔據三分之一學生名額的事實，使得美國的保守人士坐立不安。今後，東亞子弟繼續佔據重要比例的現象應當不致會有任何改變。原因無他，當前表現優異的知識份子理論上還會培養出成績優異的下一代。值得注意的是，在金字塔的底端，即大部分華人新移民的子弟與其他第三世界的子弟一道排行末座的新現象，似乎並沒有引起僑界人士的適當關注。非但如此，在華僑圈子裏甚至時可聽到「小孩書不念，以後一樣可以開飯店」的主張。

自從八十年代開始，大量中國移民遷居世界各地之後，一個顯著的變化便是使得各地區的中餐館呈「超飽和」狀態。不難想像，這批新移民的學齡子弟成人後，試圖在「更加超飽和」的餐館界謀生將是絕路一條。此外，隨著國際分工的進一步深化，今後勞動力密集工業向第三世界轉移的現象將更為普遍，因此發達國家的藍領階級也將更加供過於求。屆時任何人身無一技、學無所長，便完全可能淪為旅居社會的長期包袱。嚴重時，甚至可成為排外、仇外政策的犧牲對象。

海外僑胞勞動階層子女的特殊問題

勞動階層的子女在學習上無法與知識份子子女競爭其實是個社會普遍現象。就一般情況，勞動階層子女缺少安靜的學習環境，缺少模仿榜樣，家長疏於鼓勵，周遭無人啟發，大人輔導無方均是造成成績落後的不利因素。然而在海外，尤其是歐美，華人家庭還得面對文化認同、社會融合與種族歧視等特殊問題。

文化認同方面，據觀察，華人勞動階層子弟明顯存在著朝兩個極端發展的傾向：要麼固步自封，滯留在華人社會圈裡，形成一個與本地社會格格不入的「次文化圈」；要麼傾倒於居住國文化，同時又對家庭、中國文化持鄙視態度。之所以如此，原因在於前者無法突破外語及學習的障礙，無從瞭解和融合於居住國社會；後者在於父母親不具備介紹中國文化的能力。不言而喻，要求子女在兩種截然不同的文化中求得「平衡」與「和諧」，無論是對父母親或華人社團說來均是一項艱巨的文化任務。

就社會融合方面，傳統上，許多華僑均重視子女的中文教育，並積極支持興辦中文補習學校。這點，在加強原籍國的文化教育方面本是無可非議。然而，如果父母親明顯發現在學子女的成績不盡理想，魚與熊掌無法兼得，則似宜考慮暫時放棄中文教育，讓子女集中精力應付本地學校的課業。這是因為居住國語文、文化的掌握對子女的前途與社會融合起著更加關鍵的作用。就課業輔導而言，歐美社會負責當局多有為促進社會融合而設立的教育基金，華人社團大可逕直前往申請補助，以便為學習落後的子弟設立週末輔導班。

至於端正學習態度方面，中國社會自古以來便存在著「讀書報國」與「書中自有黃金屋」的優良傳統。勞動階層也一貫嘔心瀝血地培植子弟使之出人頭地和改變家庭逆境。在艱苦、樸素的環境之

下，孩童也多數能夠體諒父母親的艱辛，而不致對家庭的困境持鄙視態度。

近年來，隨著新移民經濟條件的相對大幅改善，許多父母親在躊躇滿志的心態下，反而對子女的學習與前途掉以輕心。該現象若不及時改變，華僑社會遲早得面臨的境況是：下一代文化低落的子弟將得長期與「最後聘用、最先解雇」的勞工大軍為伍，永遠受到主流社會的歧視。鑒於此，時下做父母親的，與其灌輸子女「不念書，照樣可開餐館」這種狹隘想法，不如未雨綢繆及早讓子女樹立「書念得好，學有一技之長，就不一定要開餐館」的觀念。

歐洲華人家庭教育與中國傳統文化

德國　黃鶴昇

　　歐洲華文作家協會要編輯一本關於「歐洲華人家庭教育」的書，目的是向華人世界推介歐洲華人家庭教育的經驗。正值編輯接近尾聲時，本人拙著《孔孟之道判釋》獲得臺灣僑聯總會文化基金會二〇〇九年的「人文科學論著獎」。會長俞力工先生來信說，以你對孔孟之道的認識，不如為我們這本書談談「歐洲華人家庭教育與中國儒家傳統文化的關係」。以我對「孔孟之道」的觀解以及有兒（兒子今年十二歲）正在進行教育，談談這個問題亦可說正切題意。鄙人不揣淺陋，就此問題談談個人的一點看法。

　　據德國一項對外國人家庭的調查，有華人家庭的孩子升讀大學的比例遠遠超過其他族群。這種現象用智商高低來說明是不足證的，德國人是智商最高的民族，而近年來它在世界的中學生「比薩」比賽中都名列倒數。以此來看，歐洲華人對孩子教育的成功，不單是智商的問題，而是有其文化背景的，與其傳統文化的教育是有很大的關係的。中國的傳統文化，在民間根深蒂固，特別是中國人的家庭教育方面，孔孟之道無不浸淫其中。歐洲華人的家庭教育，與孔孟之道是有很大關係的。我甚至認為，正是得益於儒家傳統文化的滋養，歐洲華人家庭教育才有如此驕人的成績。

　　中國的儒家傳統文化就是「禮教」。「禮」是儒家教育的中心。孔子說，「不知禮，無以立也。」（《論語‧堯曰》）儒家的道德說教，都要有禮才能立起來，沒有禮，做人就沒有立足點了，

按現代人的話說，就「不成體統」了。那麼禮是什麼呢？以今人的話來說，就是做人的規矩。下面，本人試就這個禮教，談談它對家庭教育的影響。

我們知道孔子曾說過「君君、臣臣、父父、子子」這樣的話，很多國人對孔子這句話很反感，認為他等級制度太嚴密了，致使中國人沒有民主和自由，而這個等級制度也使中國人墨守成規，沒有創造能力云云。這種看法也不是沒有道理，中國人至今沒有發展出「米奇老鼠、唐老鴨」這樣極具想像力的藝術作品，就是中國人太過於「古板」。其實，任何一個問題，物極必反。西方人太過於強調自由、平等，就使自由與平等泛濫成災了。歐洲人提倡讓孩子自由發展的思想，我認為就是一個矯枉過正的做法。孩子年紀小，就如一張白紙，他是不懂事的，你不給他一個規矩，讓他自由發展，當然他往輕鬆、愉快的方向發展，他就自然而然地貪玩、好動而不願做有壓力的事。

一個自由自在的孩子，沒有管教，沒有一點壓力，他能讀好書嗎？我認識一個德國人家庭，他的孩子小學畢業後升不上最好的「文理中學」，他不服氣，說他孩子那麼聰明，為什麼升不上好中學？他把他的孩子帶去驗IQ，智商高達一百三十。你不能說這孩子不聰明吧？可是為什麼升不上好的中學呢？究其原因，就是孩子懶，不用功去學習。這在我們中國人傳統的教育方法看來，就是「子不教，父之過」。

你父母親不去管教他，讓他所謂的「自由發展」，自由最後就變成這個樣子了。德國的青少年問題越來越嚴重。前段時間有報導，一個未成年的中學生，夥同他的朋友，把父母及姐姐謀殺了；還有一個中學生持槍在校園槍殺多人的事件；德國電視臺RTL經常播放一些孩子與父母不和的片子。這種種事件，正在突顯歐洲社會

對青少年教育的信任危機。具體事件當然有其具體原因，但我認為，這與其總體放任的「自由發展」是有很大關係的。

德國一些老人與我交談這個問題也承認，他們那一代，哪有這樣的自由；直呼父母姓名，一點點問題就找父母算帳。他們還對以前父母嚴加管教津津樂道，說以前同父母親及客人吃飯，離開座位要經父母親同意才能離開的。可見他們也有嚴格管教的傳統，不然就沒有所謂的「上流社會紳士風度」的美談了。

然而這種紳士精神正在被物質的富裕和放任自由的淺薄所衝擊。此時我們來談孔子的思想，這個傳統的禮教，在當今世界就很有意義了。其他的我們不說，單就家庭教育這個問題，其就很有積極的意義。我們知道儒家的「父子關係」是很嚴格的，嚴格有什麼好處呢？父親的話，做兒子的一定得聽從。這就奠定了家長對孩子教育的權威性。所謂的「教育」，是你教的對象要聽從你的教才成，他不聽你教，你教多少都沒有用。

孔子樹立這個「父父、子子」的關係，就為家長教育孩子打下一個堅實的基礎。歐洲人提倡人人平等，興行子女直呼父母姓名，說是親子關係，其實這是破壞父子關係。兒子與父母平起平坐，在中國人看來這成何體統？在孩子的幼小心靈中，你與他是平等的，頂多是個朋友關係，他怎麼會聽你的管教呢？小時候他不怕你，稍長大後他更不怕你了。所以說，威嚴是管教的基礎，沒有威嚴，聽從你的說教就大打折扣了。孔子這個「父父、子子」關係，就為教育孩子打下一個堅實的基礎。父母親的管教，至少孩子是能夠聽從的，所以才能起到教育的作用。很多居住在歐洲的華人家庭孩子，在父母親的嚴格督促下，還是認真讀書學習的。自由是少了點，但他所付出的精神勞動比其他同學多，他的學習成績當然也就好了。

中國傳統儒家文化與教育有密切關係的另一個禮教原理就是：「師道尊嚴」。儒家講「天、地、人、君、師」，對老師是非常敬重的。孔子有說「畏天命，畏大人，畏聖人之言」（《論語・季氏》）這樣的話。這個「大人」，無論是說比你年紀大的人，還是說比你有知識的人，你都得敬畏他，這就為輸送知識的管道暢通做出保證。沒有師道尊嚴，老師說的話就沒有權威性了，學生對老師沒有敬重的態度，你怎麼向老師學習？

一位上海來的朋友，她說她的德國鄰居女主人，每次孩子在家做功課時，她都當著孩子的面前大罵老師佈置的作業太多，使她的孩子壓力太重。她與我說到這件事時，感嘆地說：「這怎麼教育好孩子？孩子不太懂事，你大人都認為老師佈置的作業太多，他當然也認同。這樣就不知不覺在孩子心中產生對老師的一種抵制情緒，老師發下來的作業，他會認真地去做嗎？」上海朋友說完這句話後，說出一句話讓我回味不已。她說，「我們中國人是不會這樣埋怨老師的。」

是啊，按我們中國傳統的教育方法來說，老師佈置的作業多，是為了孩子好。我們做家長的，哪有埋怨老師的呢？《三字經》說的：「教不嚴，師之惰」嘛。然而，這種現象在歐洲的家庭教育中，並不是個別、特殊的案例，它具有普遍的趨勢。我們孩子上學的學校，每年召開一次家長會議，會上很多家長的投訴，都是批評老師對他的孩子過嚴，打擊了他孩子的積極性。其實，在我看來，老師的作為，不是太嚴了，而是太鬆了。「我們中國人是不會這樣埋怨老師的。」這位上海人的話，真正反映出中國傳統家庭教育的積極性。家長配合老師，維護師道尊嚴，才能有效地教育孩子。

父子之道沒有了，師道尊嚴消失了，這正是歐洲家庭教育面臨的兩大難題。當然，我們不能否定自由發展的好處，人文科學的突飛猛進，多得益於這個「自由發展」，它將人的個性、創造力發展

得淋漓盡致。可是在孩子沒有立起規矩前,你就讓他自由發展是在縱容他,害了他。他還認不清方向在哪裡,你就讓他自由了,他自由去哪裡呢?沒有禮而立,就失去發展的方向。

此外,歐洲華人家庭教育的成功,在我看來,還得益於孔子的「學而優則仕」價值觀。中國傳統文化對教育孩子的重視,在世界各民族國家中是罕見的。它的「萬般皆下品,唯有讀書高」價值觀念深入民心。中國人無論生活多麼貧困,都想方設法把孩子送去讀書、深造。孟母三遷的故事在民間廣為流傳至今。這就為華人家庭教育打下一個深深烙印:小孩能否上大學,是關係到光宗耀祖的問題,而且還關係到父母的面子問題。小孩能進入高等學府讀書,父母的面子是很光彩的,一人得道,全家光榮。孔子這個「學而優則仕」價值觀,造就華人向上進取的民族性格。這也是歐洲華人家庭教育成功的一個因素。

歐洲華人夾縫在歐洲自由的空間生活,其傳統的家庭教育,就顯得特別突出,稍為嚴一點,就有好成績。能入高等院校深造,品德兼優的華裔後代在歐洲大放異彩。在這光彩耀人的後面,不能不說它沒有一點中國傳統文化的因素。多多少少,它是與中國傳統的教育方式有關的。這種傳統的教育方式,正是孔孟之道的禮教傳統。「父子之道」與「師道尊嚴」立起來,兩者互相交融,再加上歐洲倡導的一點自由發展(有別於國內某些家庭對孩子打罵體罰等),孩子的教育很快就發展出來。

願本書能給你的家庭帶來幸福,兒躍龍門,女兒成鳳!

學生移民的問題和解決的辦法

捷克　老木

華人出國經商或生活，一旦穩定下來，就會接子女到身邊，這樣跟在成年移民後面，就有了學生移民。之所以把孩子們叫做學生移民，是比照成年人要適應國外生活、工作環境，孩子們要適應國外生活、學習環境而說的。

學生出國讀書分為成年和未成年兩部分。本文著重討論未成年學生移民。

很多在海外工作或生活的成年人，因為忙於生計，會忽視孩子們在適應國外教育過程中遇到的困難，不能及時有效地幫助他們，使他們在海外的學習因遇到不可克服的困難而難以堅持下去。並在這種挫折中得到不良的心理體驗，使他們在以後的成長中自尊和自信受到很大的傷害。

目前我國海外移民逐漸由最初的「討生活」向如今的「安居」階段過渡，很多孩子正在或計劃以學生移民的方式到父母身邊去讀書。因此探討和認識學生移民問題具有很迫切的現實意義。

一、學生移民的規律性與階段性

1.未成年學生轉學的利弊

　　未成年學生出國讀書利弊有雙重可能性。一方面，由於孩子們處在多重文化的交叉之中，他們比國內的學生接觸到更多的價值觀、文化傳統，增長了見識，變得更加聰明、豁達；另一方面，若是出國後一段時間內過不好語言關，後果就非常嚴重：或者丟了中文，成了會簡單聽說，而不懂讀寫的中文盲；或者白坐幾年外國中小學校的「車」，坐在教室裡，沒有學會知識，中途輟學或者難以繼續上進，成了文化層次低的勞動者。

2.未成年學生轉學的最佳時段

　　近幾年以來，「海外漢語教學」更多地關注外國學生學習中文，而忽略華裔和華僑學生。尤其是對於後一類——既耽誤了中文、又耽誤了西文，最終輟學的那部分中小學學生移民關注不夠。而事實上，他們的數量與只會外語、不會中文讀寫那部分孩子比起來，中文文盲率要高出很多。

　　我們的基礎教育按照一般的教育規律，把基礎知識大致分成了幾個部分——小學、中學和大學。全世界目前大都是這類區分辦法。這就客觀上形成了學生轉學的階段性。從教育效率上說，不變化語言的（國內）教育相對於變化語言的（國外）轉學教育，基礎知識積累的效率高，反之，變化語言的教育更容易提高學生的悟性。

　　我們若要顧及海外學生的中文程度，以保證他們達到比較順暢地聽、讀、說、寫中文，必須按照基礎知識的階段性規律安排轉學的時機，就是小學畢業或完成高中學業兩個階段。

我們知道學生在小學畢業時，基本掌握了聽、讀、說、寫最基本的中文基礎知識。小學沒有畢業的學生轉學到海外，常因為自然科學知識與中文對照的不完整，在以後的學習中往往在單詞的對位上出現困難，以至於慢慢淡漠沒有考試壓力的中文，淪落為中文盲。雖然他們會聽說中文，又說得一口流利的駐在國語言，但是，要掌握中文，必須重新花很多時間、很大精力學起。這在教育效率上是很不划算的。

上述所謂完成高中學業是指高二完成會考以後。這個階段的學生已經有了比較完整的基礎知識系統，有了基本完善的自我學習手段和經驗，中文已經撚熟於心，有了很牢固的基礎，只是要很好地掌握外文又有了一定的困難。

我們知道，一般公認學習外語有7、12、17歲這樣的階段性，過了17歲學外語，很難達到本土化水平。

這樣看來似乎形成了一個二難關係：小學之前轉學，難以鞏固中文；高中以後轉學難以學精外文。那麼初中轉學會怎樣呢？經驗顯示，初中學生轉學風險最大。

3.初中生轉學的問題

首先，自然科學基礎知識不完整，學生轉學要學外語、又要學自然科學，雙重壓力很難適應；其次，初中學生正處在人格形成的不穩定階段，既放棄了對於父母的依賴、又缺乏完全的自控能力。在這個階段，學生既沒有建立自己有效的自學方法，又不容易得到外界及時有效的幫助，並且自尊、敏感，一旦受到嚴重打擊，很容易走向放任、頹廢的極端。

二、不同階段學生移民的特點與對應措施

1.小學畢業學生移民的特點與對應方法

小學畢業學生移民的特點：

首先，相對於國外的小學生，中國的小學生在國內經過了高壓督學的訓練以後，無論在注意力的集中還是知識總量，都有較高的「學力」和「基礎」，但是知識結構不夠全面。比如：比國外同學的數學程度高、內容深，口算、心算、筆算速度都快很多，容易產生驕傲自滿情緒；另一方面，他們的自然、常識、手工（家政）課幾乎完全缺失，運動能力普遍低下，樂器、繪畫、舞蹈、計算機等業餘愛好普及程度不如外國的孩子，這又會讓他們自卑。

解決的辦法：家長必須努力幫助孩子儘早通過語言關。比如：預先家庭補習，班級語文老師補課，鄰居的老人幫助練習口語。

其次，相對於外國的小學生，移民小學生在國內時，在學習上對於老師、家長管理的依賴度高。由於在國內一直擔負著學校作業的重壓，養成了被動學習的習慣。雖然適應高壓力的學習環境，但是在學習上自我管理能力較低，如果家長忙於謀生、工作，沒有足夠的時間抓緊孩子的教育，就會讓他們懈怠起來，失去原有的競爭力。

解決的辦法：關心孩子的心理和學習、生活環境，幫助孩子結交對學習有幫助的小朋友或「老朋友」，鼓勵孩子勇敢地多參加同伴遊戲和集體社會活動。教孩子如何保護自己，建立自己的尊嚴和人格。

再次，新的學習環境、老師、同學，尤其是全新的語言環境會對小學生移民產生很大的壓力，甚至會因為語言、膚色歧視等原因，加上短時間內難過語言關所產生的與同學們的隔閡，移民學生很容易造成心理上的自卑，影響後來的學習進步。

解決的辦法除了家庭的鼓勵，更重要地是幫助孩子在業餘學習的過程中得到客觀（比如競賽和考核）的承認和成功。這是最容易調動移民學生積極性的手段。

最後，學生家庭和社交環境因為生存的需要，對生意的關注度較高，商業氣氛濃厚，而對於文化、再學習的關注度較低，家庭和社交環境中缺乏學習、讀書的氛圍與風氣。這樣的生活環境會無形中影響孩子的「注意力傾向」，分散他們學習的精力。

解決的辦法：盡量建立家庭與孩子周圍的學習氛圍和環境。

2.高中畢業學生移民的特點與對應方法

完成高中學業的學生移民的特點（這裡指高中二年已經學完全部高中課程，年終通過全國統考，準備復習、預考，來年考大學的高中學生）。

首先，高中移民學生已經基本建立了個性人格，有了相應的自我控制能力和自己的學習方法，但是，他們除了生活上、心理上對於家長的依賴之外，獨立思考能力、人格獨立性、生活上照顧自己的能力還不夠，意志、理性都還薄弱，容易受外界的影響。又因為國內孩子課程壓力過大，受家庭照顧過多，很多孩子自我意識強烈，養成了高度關注自己需要，不關心他人的不良習慣，這種突出的個性會影響其在新環境裏社交的正常開展，也會因此招致被人疏遠和歧視。

解決辦法：家長必須關注孩子的生活學習環境，根據孩子的性格特點，幫助他們交些進步努力的朋友。經常與孩子談心交流，並進行一些國學方面的補習，除了放開慣有的溺愛式照顧，鼓勵孩子多動手照顧自己外，還要鼓勵他們關心照顧家人和他人。

其次，高中移民學生已經過了最佳語言學習階段，通過語言關的困難較大，快速掌握語言，是後一階段繼續學習的關鍵，對於高中移民學生極為重要。因為一旦在一個時期內語言不能通過，孩子就會因為對困難的畏懼產生破罐破摔的自卑厭學情緒，混在學校裏，學不到知識，反而會沾染不良習氣。這對於孩子的成長和家庭的未來都是很危險的。很多海外留學生在外國滯留多年，學無所成，灰溜溜回國；或轉到要求較低的私人大學、職業學校，混個文憑畢業，關鍵就是最初的語言關沒有過好，而不能登上高等教育的階梯。這種情況在初中移民學生當中最為多見，所以筆者不主張讓初中階段的學生移民。

解決辦法：過語言關除了學生自己的努力之外，還需要適合的客觀條件。早期的家庭幫助；住在本地有語言環境的家庭中而不是華人學生合住；結交駐在國的外國同齡朋友；做老人院和孤兒院的義工；找簡單的多用語言工作的小時工……總之，注重在情境中學習語言。

其三，高中移民學生與外國學生相比，數理化方面的書本知識積累遠高於外國同類學生；但是知識面較窄、知識的活用能力和動手能力較弱。

解決辦法：指出孩子數理化方面對的長處，給孩子自信，也指出外國孩子的長處，鼓勵移民學生向人家學習。讓孩子從各有所長的基礎上，認識到各自的優勢都是可以變化的。鼓勵其保持優勢，在劣勢方面追趕同學，使孩子居於自信又謙虛努力地姿態，既不驕傲也不自卑。同時盡量建立家庭的學習氣氛和環境。

最後，高中移民學生的性問題。由於國內外在性的觀念上差異較大，家長應該主要以本地的價值尺度要求孩子，兼顧中國的傳統觀念，使得孩子的自我尺度與社會的尺度不會因為文化的原因差距太大而產生自我排斥感。家長應不壓抑、不引導，提醒孩子明確法律界限和對身體、學習的影響，適當疏導，聽其自然。

三、家庭、家長與社團、社會的責任

家長應該以身作則，做一個不斷學習、閱讀的典範。這樣才能在家庭中建立一個良好的學習氛圍和尊重知識的價值觀念。通過學習上的交流與互動，孩子會受到潛移默化的影響。這是間接幫助孩子學習的方式卻是最重要的方式。

家庭除了保障孩子的飽暖之外，還要關心摸索教育孩子的規律，不懂得的事情要請教專家，不能不顧孩子的前途，只按照自己生意或生活的需要「拖拉」著孩子跟自己跑。除了關心孩子的身體，還要關心孩子的心理需求，以平等的姿態經常與他們談心，幫助他們建立正確的價值體系。

海外社團應該把後代傳承中華文化看成與當下華人活動同等重要的事情。樹立學母語、愛祖國光榮的風氣、建立平面、網絡、舞臺等多層次的移民學生的母語活動平臺，讓他們可以通過中文的讀（朗誦）和寫作，及時得到積極的激勵，引發對中文的興趣和成就感，學好中文。

國家海外中文教育的社會資源應該向移民學生傾斜。因為他們有中國文化基礎、習俗情感的基礎、口語聽力的基礎。從資源利用率上說，教會一個外國人學會中文的資源，將會在移民學生那邊得到幾十倍的效益。試想：與其花數十倍的代價幫助移民學生的後

裔從頭學習中文，為何不現在先教會他們的父母，讓父母將來教會「一窩」呢？自然國家「漢辦」（註）會考慮這些問題。

四、個案比較

典型個案一、某男生，八歲二年級移民海外，插班一年級。十四歲小學畢業時，在校成績中等偏上，中文常用口語發音跑調，單詞很少，幾乎不能讀寫。中學後又送第三國學習外語，中文流失日益嚴重。三年大學專科畢業後，回國學習中文兩年，基本可以讀寫，水平較低。

這種學生移民的優點是自小沒有學習上的壓力，有一個輕鬆的童年。缺憾是學習效率低，三種語言沒有一種達到高級水平，孩子自信受挫，出現自卑感。

典型個案二、某女生，十二歲小學畢業移民國外，插到四年級學習語言，家長請求其語文老師有償補課（孩子的語文老師最瞭解孩子的語言缺憾，作為專業教育工作者，最懂得應該怎樣給學生補課），聯繫本班的優秀學生與孩子交朋友。一年後該女語言基本適應，跳級一級。因為年齡稍大，並且「學力」遠高於同班學生，之後一直處於班級成績的第一集團（三至五人）中。同時安排家庭的中文閱讀，及時給予中文網絡，補習中文知識。之後考上重點高中、考上歐洲著名大學著名的專業，如期獲得法學碩士學位。

這種學生移民的優點是具有駐在國語和中文的雙母語水準高級語言能力，兼通其他兩門外語。語言基礎紮實，綜合能力強。缺憾是損失了一年寶貴時間。

典型個案三、某女生，十四歲中學二年級移民國外，插班中學一年級讀書，因為除了數學、物理、化學三門學過的課程可以邊猜邊學之外，生物、自然、地理因為完全是不懂的單詞而跟不上課，

被老師歸入只上課不判分的一類。該學生家中父母離異，各自另有伴侶，生意緊張，無暇顧及孩子學習。兩年過後，因為所有課程都變成新內容。學習情況更加惡化，許多科目不及格，學生自尊、自信嚴重受損。遂開始逃學、結交不良少年，吸大麻、喝酒、徹夜不歸，然後懷孕、流產。成年後才勉強在一私立證書學校（相當於中專）畢業，給一家公司做雜務翻譯。

這種學生移民的方式沒有優點，完全是對於學生的不負責任和對其前途的摧殘。是一種費時、費錢、廢青春的教育模式。

典型個案四、某男生，十六歲高中二年級統考結業移民國外，學習一年（實際只有九個月）語言預科。其間安排了前期的家庭輔導（不定時間的見縫插針）、中期的養老院義工（老人孤獨，比口語老師更有講話的欲望，並且情境真切容易產生共鳴）、後期五個月住在本地人家中與本地青年同居室（有良好的語言環境）。結果第一年結束便考上本地的名牌大學，第一年該男生語言尚有困難時，家長聯繫其同班優秀學生抄作業、配備數碼相機、數碼錄音機、手提電腦，用聽課錄音、拍照板書、對照作業等輔助手段，在第二年結束時通過了語言關，三年後本科畢業、五年後如期獲得經濟學碩士學位。

這種學生移民的優點是學習效率高，比國內同學節省一到兩年時間得到碩士學位，具備中文母語水平，駐在國語言能力勝過國內此語言專業的碩士水平，還兼通另外兩門外語。缺憾是前期學習語言壓力大、風險高。讀書期間始終因語言所累，參加社會鍛鍊比較少。

結論：教育不是個人的事，也不是家庭的私事，是一項公益事業。家庭、社團、社會都應該擔負起自己的責任。大家都來按照規律對待華人子女的海外教育，用正確的方法確定各方面的關係、抓

住重點投放資源，選擇恰當的時機和積極的激勵機制，華人海外移民學生的教育才會效率更高。

註：漢辦：即「國家對外漢語教學領導小組辦公室」，是中國大陸推廣對外漢語教學的官方單位，簡稱漢辦。

法國的學制與教學方式

法國 楊翠屏

小學

法國的小學是五年制，一星期上課四天，星期三是休假日。四天緊湊上課，其餘三天則輕鬆下來。許多醫生不贊同這種規定，認為不利於孩童的生理節奏。揭發這完全是依家長需求：星期六上午不上課，讓他們可享有較長的週末、晏起。每天六小時、一年一百四十四天的課程，法國小學生每天上課時數，在歐洲國家中算是最沉重的。國會調查委員會針對此問題研究，獲得醫學科學院的首肯，二○一一年六月眾議員將投票決定是否縮短一天上課時數。

千禧年時九成四的學校，五年級時實施英語教學，私立小學則是七成九。二○○一年秋季開學時，四年級的學生全部學英文。我兒子四、五年級時學習英文。四、五年級法文成績優良的學生可進入國中雙語班就讀，他就順利進去。

在一個人的求學時期，小學生活給學生和家長留下美好、深刻的回憶。很久以來，家長相信法國小學教學成績斐然。幾項調查顯示，與國中、中學相較他們對小學持肯定形象。雖然數年來歷任政府增加教職數目，一班學生人數從以往的三十名減至二十二名。教師程度提高，工作時數減輕，但學生程度並不見得改善。根據教育委員會二○○七年八月下旬的報告：小學畢業之際，六成的學生有

資格上國中，兩成五基礎不穩，一成五的學生有困難或極大困難。此意味四成的學生幾乎確定國中無法順利畢業。可悲的是，小學似乎認命、安於現狀。

國中

國中是四年制。第一年（六年級）是適應時期：老師接見學生與家長，教導學生如何學習、安排時間，個別指導。年初有全國性學生能力評估。一學年分三學期。六年級起必修第一外語，四年級則是第二外語（西班牙文或德文）。五年級、四年級時，可依家長請求而留級。每個學期末舉行班級會議，各學科老師、校長、學生代表、家長代表皆參加。成績單上不列名次。雙語班成績不好的學生，下學期被分到普通班。普通班成績極差的學生則留級。學生人數從二十五名至三十名左右。五年級、四年級時，有依「個人性向、才能設計起草未來職業」講座。

全國性的國中畢業考需包括法文、數學、史地三科。除了史地外，三、四年級各科的成績皆計分在內。

目標是通才教育，教育民主化。一九七七年起實施的「統一國中」（Collège unique），三十三年之後，效果如何呢？根據一項調查，七成三的國中年輕教師認為「目前國中教學是不切實際的目標，它對學習困難的學生無助」。知識不但沒民主化，一部份學生反而被此體制壓輾。教師面對無學習興趣的學生感到痛苦與無奈。三萬五千至四萬名學生於十六歲（義務教育年齡）離開學校，約六萬名無一技之長。七萬五千名高一學生留級，一萬六千名則留級兩次。

高中一

兒子高中三年期間，我當過家長代表。第三學期的班級會議由校長或副校長主持，聽取各科教師的意見後，決定學生的升留級或需轉校去唸專科學校。留級生可在一個區域性的委員會提出異議，但不一定被接受。

高二時分成文組、社會、經濟組、理組及技術組。異於台灣高中畢業考，法國高中畢業考是全國性的，包括口試與筆試。成績在及格邊緣學生可以口試補考。畢業考的成功率每年逐漸提升，二○一○年約八成。

在法國，若班上學生超過三十名，常被認為會影響學習能力。我不認為如此，是由於教師工會操作之故？回想六十年代初期，我經過入學考的初中與高中：嘉義女中。初三班上人數六十一名，高三五十二名。其中五十名皆考上大學，那一年大專聯考錄取率是26%。不過那一年嘉義女中成績特優：出了乙組與丁組榜首。當然六○年代臺灣的升學讀書風氣，無法與千禧年之後的法國中學相比擬。後者缺乏學習動機，社會風氣也沒特別鼓勵孩童、青少年努力向學。

法國是個「文憑至上」的國家，「萬般皆下品，唯有讀書高」，崇尚文憑的法國社會文化，輕視勞力工作。尤其在一九八五年的教育部長出言「使八成的年輕人獲得高中文憑」的誘人口號下，職業技能訓練發展不足。在同一年齡層六成的學生有高中文憑，即每年約七十五萬名中有三十萬名（四成學生）沒高中文憑，其中約半數有初職文憑（CAP或BEP），剩下十五萬無任何文憑，他們成為被摒棄的族群。

高等教育

在「每個高中畢業生皆有權進入公立大學就讀」的口號下，歷任政府皆不敢設立不受歡迎的入學考試政策。一九八四年的法規禁止大學舉行入學考，一九八六年十二月右派當權時，因「入學考試方案」引起大規模學生示威遊行。大學入學考試及提高註冊費，在法國是禁忌的話題。若政府堅持，一定會爆發革命。

獲得高中畢業文憑後，原則上每個學生皆可在大學每個系註冊。進入大學民主化，問題是近五成的學生大一學期末過不了關。三成留級，一成六轉系，百分之六則放棄學業。以考試失敗做為淘汰素質差的學生，換句話說，法國大學入學考試是在大一時進行甄選的。

為設法彌補大規模的失敗，二〇〇八年春季政府撥款七億三千萬歐元，預計五年之內讓學士的失敗率減少五成。政策是積極指導高中畢業生，提供資訊，告訴他們何系將來有什麼出路。註冊前大學輔導員會看畢業考成績、平時在校成績及教師評語，之後建議學生選擇何系較有成功的機會。大學中普遍設立「指導教授」，大一上學期末必須與學生個別談話，以便及時轉系。增設新生輔導員，讓其適應大廳堂（l 'amphithéâtre）課程，教他們如何溫習功課及指導功課。效果如何呢？對於程度不太差的學生幫助甚大。但程度差的則不來接觸、求援。很多學生程度根本不夠。

巴黎第七大學精確科學系（指數學、物理學）系主任亦證實，高工技術組及高職文憑成功機會不大。此系一年級註冊生僅三成五過關。淘汰在最初幾星期進行，很用功、有學習動機的，成功機會大一點。在中學預備班（準備參加大學校的競爭考試）、兩年制的技術文憑（DUT）及高等技術文憑（BTS）沒被選上的學生，沒其他選擇，才來大學註冊。法國大學進去容易，出來難。法國大學生

的存活率則是五成五。根據一項報告，八成的英國、德國、荷蘭大學生可獲得文憑。

法國大學分兩年制的初級文憑（DEUG），第二級文憑包括學士（三年）、碩士（四年），第三級有博士班第一年文憑（DEA或DESS）及博士（八年）。

為了配合歐洲其他國家大學文憑，法國大學於二○○二年開學之際，逐步實施頒發學士、五年制碩士（Master）、博士等文憑。碩士有職業性及研究性，後者為博士班一年級前身（DEA）。文憑以累積學分方式獲得，歐洲式文憑方便及鼓勵學生到國外求學。三十年以來，英語系國家實行European Credit Transfer System，為交換學生的例子。履歷表寫上到國外唸書、實習的經驗，是求職王牌。

醫學院的淘汰率極厲害，因教育部規定每年醫學院依校的錄取分配名額。二○○九年、二○一○年、二○一一年，全國的配額是7400，一九九三年則3500。成功率在一成五至兩成之間。第一學期考試成績平均7～20（滿分是20）的學生，幾乎無法過關，縱使留級一年。法國高等教育部長期望此時把這些學生轉向大學理學院，讓他們不要浪費一年。我中國女友的女兒，是南錫（Nancy）大學醫學一九九八年一年級新生，當時人數是九百五十名，期末競爭考試醫科錄取一百三十八名，牙科是四十五名。

法國公立大學學費比起美國公立大學，有極大的差別。前者一年學費約一百五十五歐元左右，二十歲起加付一百八十歐元的學生社會保險。公立大學由國家負擔百分之八十六的經費，民間企業無贊助高等教育的傳統（只佔百分之四），學生家長負擔百分之七，地方行政單位則是百分之三。

台灣的大專聯考依照分數而配系，有時候考的系不是自己喜歡或符合興趣，轉系或轉校又不是那麼容易，這是其缺點。由於有入學考，留級人數不多。

大學生光學理論，沒機會到企業實習，高等教育與企業脫節。年輕人擔憂前途，這是「工作不穩定的世代」。持著每個人皆受同樣教育的理想與原則，事實上，卻實行「精英政策」的教育制度出了差錯，歷代政府試圖教改皆不奏效，法國是個「封閉的社會」（Une société bloquée）。

　　大學校（Grandes Ecoles）是法國高等教育獨一無二的特色，必須經過競爭激烈的入學考才能進去的高等學府。最著名的是巴黎綜合工科學校（L'Ecole Polytechnique）、巴黎師範學院（L'Ecole Normale Supérieure, ENS）、國立行政學校（L'Ecole Normale d'Administration, ENA）及商業學校（Hautes Etudes de Commerce, HEC）。大學校學生較不必憂愁職業，他們不罷課、也不遊行示威。

　　上述前三所大學校學生身份特殊，不僅不需繳學費，每月還可領薪水，不過須與學校簽合約，將來為國家服務數十年。至於私立商業學校學費介於五千歐元至七千歐元。

教學方式

　　法國的教學方式與台灣有何不同呢？前者較靈活，靠理解、不死背。不過年輕時記憶力強，應該多強記一些課程、章節，累積知識，作為日後批判精神的基礎。要養成獨立思想能力，須年輕時培養理解兼背誦雙管齊下，訓練記憶力，才能日後運用自如。這是我個人的看法與經驗。法國諺語：「擁有一個智慧的頭腦，比一個堆砌知識的頭腦更有用」（Avoir une tête bien faite plutôt qu' une tête bien pleine.）。

　　學校考試方式，讓學生自由發揮，而不像中國式、台灣式回答問題，把背誦的段落全盤道出（國文），不評論章節、不抒發己見。

我在台灣唸的是外交系，到法國唸現代文學與法國文學。初次考試時很不自在，題目是評論讀過小說的一個段落（le commentaire composé），或論述一個句子或一段引言（la dissertation），時間是四小時。通常我皆選擇第一項，雖然上過課，但尚未學到技巧，不僅法文寫的彆扭，總是寫簡單的句子，亦無文思，想像力遲鈍，像小學生在作文般。待後來教授於課堂討論，我數度怨歎：「怎麼有那麼多細節沒想到，唉！」拿到低落的成績，那晚心情沉落到谷底，在床上沉思許久，最後以現代文學教授說：「妳以外國學生與法國人一起上課，著實不易。」鼓勵自己而入睡。

　　上課時，我總坐在前幾排，比較能聚精會神。除了我的教授外，還去旁聽別的教授講解，同樣兩本小說，亦有多方位的詮釋。先說明來意，他們皆很歡迎勤奮向學的學生。如此課積月累，磨礪三年之後，終於能抒發出洋洋大觀的法文評論。真是皇天不負苦心人，有為者事竟成。

　　慶幸自己能負笈異鄉從師，擷取法國文化精髓。台灣應付考試、填鴨式的教育有一項優點，鍛鍊我們的記憶力，這是學習的基本工具。加上在法國現代文學課程（亦包括古典文學及拉丁文）的磨練，離林語堂博士的名言「兩腳踏東西文化，一心評宇宙文章」的意境是不遠了。

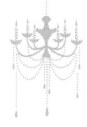

俄國的教育：保住福利與適應改革

俄國 白嗣宏

熟悉俄國文學的讀者，都為書中人物的知識淵博、溫文爾雅而驚豔。俄國貴族一向注重教育，不惜重金送子女去歐洲遊學，或者延聘外國家庭教師到俄國教授歐洲文化。然而，這就造成了一種假像，好像舊俄的教育很發達。其實不然。佔全國最大多數的人都是文盲。托爾斯泰和契訶夫教熱心在農村興辦農民學校，目的也就是減少文盲，讓農民俄機會識字。這些做法，是一種慈善啟蒙的階段，還沒有意識到與整個社會發展的關係。許多外國公眾並不瞭解俄國教育的全貌。

一九一七年的俄國革命，是由一批自由派知識分子領導的。他們彙集了各種思想，從社會主義到民粹主義都有。二月革命還是以自由民主為主題的。十月革命才轉為布爾什維克性質。十月革命後建立的新政權，極其缺乏幹部和普通工作人員。在灌輸布爾什維克意識形態的過程中，因為國民中文盲眾多，遇到許多困難。掃盲和提高民眾教育文化水平，成了新政權的緊迫任務。新政府的教育委員（部長）是著名的文化人盧那恰爾斯基，劇作家，戲劇翻譯家，是新政府裡最有學問的人之一。在他的主持下，新俄政府於一九一七年取得政府後的一個月，即十二月，立即在教育部下建立由列寧夫人克魯普斯卡婭領導的校外教育局，後來又建立全俄掃盲緊急委員會，成員有高爾基、馬雅科夫斯基和一批作家科學家。

當時俄國新政權的處境極其困難。國內有紅白兩軍的戰事；國際上有外國軍事干涉。但是要解決國家政治、社會、經濟、文化、意識形態的改造，必需動員大眾參加。下層人只有識字才能有意識地、自覺地參加各項政治和經濟活動，包括接收舊政權的遺產和建立各級政府機關。政府規定，凡是年滿八歲至五十歲的國民，都要參加掃盲識字班。同時為保證掃盲工作的普及，規定凡有十五名以上文盲的地方，均設立掃盲學校或者掃盲班。從政策方面也給予保證。如減少工時但保留工資。為了掃盲能順利進行，把中亞和俄境內的蒙古文改用拉丁字母，直到三十年代末才改用俄文字母。

　　經過多年掃盲工作，識字率在俄國有了很大的提高。據統計，一九一七至一九二七年，十年間，有一千萬人學會識字。一九三〇年蘇聯實行小學義務教育，到一九三六年，有四千萬人學會識字。一九四〇年代末，蘇聯基本消滅文盲。一九五〇年代初，蘇聯政府宣佈全國已經消滅文盲。一九七二年，蘇聯宣佈完成普及完全中學義務教育（十年制和十一年制）。這樣，一個完整的教育體系在蘇聯形成。從幼兒園到小學到中學，保證國民受到基本的教育。除了基本教育外，還建立了許多開發青少年專才的專業輔助學校。如聞名遐邇的音樂學校，培養了數不盡的音樂大師。校外的少年宮和青年宮，更是培養大量多門類的藝術人才。藝術教育在蘇聯教育系統中佔有特殊地位。既是培養藝術頂尖人才，又是提高全民文化藝術修養水平的重要措施。出於種種原因，包括個人的意願和國家的需求，並不需要人人都進入高等學校。一些專業職工只需要中等專門教育即可。蘇聯還設立了許多與高中平行的技術職業學校，以滿足國民經濟和個人就業的需要。至於中小學生的假期，更有各種夏令營供孩子們休息和接受必要的教育。這裡要說的是，以上所有費用都由國家和單位承擔。

高等教育在前蘇聯是免費的，所有名額都是。第二專業則需自費。蘇聯高校的招生辦法與中國不同。沒有全國統考一說。各個學校獨立招生。考生可以自由選擇並多校報考，一般在三個左右。考上之後，全部免費。學校提供宿舍，收取象徵性費用。普通獎學金名額較多，但是要求不能有三分（五分制）。另設有專項高額獎學金發給優秀生。當時有一項規定，凡是大學畢業生，完成學業後，要服從國家分配，在分配單位工作兩至三年，然後可以自由流動（蘇聯時期實行勞動合同制，職工可以自由流動）。

隨著蘇聯瓦解和經濟滑坡，俄國的教育事業遇到了極大困難。前蘇聯遺留下來的校舍和設備，急需改造和更新。但國家撥款大大減少，法治混亂，各級學校度過一個艱難的時期。教師工資菲薄，在經濟轉型時期，生活困難，師資流失，貪腐猖獗，變相收費，給國家的免費義務教育蒙上一層陰影。家長抱怨不斷。高等院校，各顯神通，大量增加收費名額，以維持學校正常運轉。進入新世紀，俄國開始全面整頓，教育成了全民關注的問題。一方面，保持前蘇聯在全民教育領域裡的社會福利因素；另一方面，改造教育使其適應經濟市場化的需求。

當代俄國教育系統裡的社會福利因素仍然很多。例如，全民完全中小學義務教育（十或十一年），除免收任何學雜費之外，國家向學生提供免費課本；向一到四年級小學生提供免費早餐；向多子女家庭和低收入家庭的子女增加提供免費午餐；每個學年開始前，向多子女家庭的每名學生提供五千盧布（約一百七十美元）的補助金，作為購買服裝、鞋、文具、練習本等的費用；國家免費提供學生到夏令營度假休息；為保護學生安全，學校設有保安人員，費用由國家承擔。許多中小學位於人口不多的地區。往往因學生名額達不到開辦學校的規定，常常不得不將學校合併，造成一些中小學生

上學遠的問題。在此，一些地方政府別出心裁，號召教師領養孤兒，生活費由國家承擔，湊足維持學校所必需的學生人數。

俄國政治經濟改革，深化到教育領域。教育市場化一直是社會爭論的焦點之一。開放的趨勢卻是阻擋不住的。與公立學校同時，出現了一批私立教育機構，從幼兒園到大學都有。由於收費昂貴，只有所謂「新俄羅斯人」的子女讀得起。這些「貴族」學校，高薪聘請優秀教師。新貴們把子女送到英美讀書。私立高校遍地開花，為那些考不上公立大學的人增加了就讀的機會。公立大學因為經費緊張，開始招收自費生和自行接受外國留學生，相應減少了公費生名額。一些平民家庭出身的優秀生入學機會減少，引起國人不安。社會各階層都要求政府保持公費名額，特別是一些名校。現在，公立大學已經保證五成名額作為公費生。前些年出租給外地人的大學生宿舍全部收回，以解決外地大學的住宿問題。近年來，國家不斷提高大學生的助學金，但仍然達不到最低生活標準。銀行發放教育貸款也是俄國教育市場化的成果之一。

前蘇聯七十年培養了一大批科學家和藝術家，不乏諾貝爾獎得主。當年蘇聯軍事強國的威力是在西方國家封鎖下依靠自己的科技和工業生產力量鑄造的。其中教育事業的貢獻是功不可沒的。這就使人想到，眼下前社會主義國家在政治現代化和經濟市場化的進程中，都面臨轉制的難題。如何保住已經積累下來的社會發展成就和適應市場經濟的發展規律，是最大的難題。解決這個難題的成敗，決定社會改革和經濟轉軌的命運，也決定這些國家的長治久安的問題。

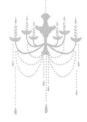

漫談比利時孩子的中文教育

比利時　郭鳳西

　　當我四十二年前來到比利時，甫出校門，衝勁十足，對於將來可能面對的情況，毫無概念。所幸有個凡事計劃周詳，籌謀遠慮，很少出錯的丈夫，十分安心地跟在後頭就對了，日子過得平靜而順暢，沒什麼可擔心的事。

　　然而等二個女兒先後來到世上，就開始不那麼單純了。小時只要吃飽穿暖，身體健康，學校功課應付得來，同學相處融洽，聽話不闖禍就安了，但長到比較大，其他問題就慢慢凸顯出來，我們就常討論研究用什麼方法來教導她們，既能保留中國傳統文化及習俗，又能配合西方人的做法，把差異減到最低。討論下來的結果是：中文一定得學，最好是能讀能寫。如果沒有一個中文基礎，很難讓她們了解中華文化傳統的精神。雖然年紀小的時候在家只有中文也一點問題也沒有，一旦上了比利時學校，全天法文不說，來往的也都是比國小朋友，中文是越用越少。雖然我們也送她們去上比利時的中山學校，且中文學校的同學都是我們朋友的子女，這些孩子從小一齊長大，彼此像一家人一樣。但他們在學校見面也只用法文，中文越來越不順暢，甚至到最後完全只有法文了。因此要努力注意中文的使用，便成了刻不容緩的事情。

　　直到今天，二個女兒和我能夠保持用國語來溝通和交談，是和我們當年在她們七、八歲時就開始中文教育分不開的。我們除了沒間斷的請老師到家裏來給她們補習中文之外，還加上了以唱中文流

行歌曲來學中文。用輕鬆愉快的方法，來達到對她們中文記憶力的增強。比如鄧麗君的唐詩專輯「淡淡幽情」全卷共有十幾首歌，她們至今沒忘，隨時可與我們一起全家大合唱。如此持續到大女兒衣玄回台升學，並且台大畢業了中文才算沒問題。後來她因中文程度好加上懂英法文，考進到世界金融業中頂尖的公司任職。至今工作非常好，這也不是當初我們逼她們學中文能料想的結果，所以，直到今天我還以大女兒的例子來鼓勵年青人為自己的前途學中文。

二女兒的性格脾氣和姐姐不一樣。她去台灣，在台中東海大學唸了一年建築系，就因吃不了苦而回來了。為此她爸爸一直耿耿於懷，直到她在比利時的La Cambre的建築系畢業找到工作，並且結婚安定下來，才釋然。

當然，在孩子們成長的過程中，也不乏出現過諸如兩代衝突、青春期的別扭以及由中西想法不同而引來的爭執。所幸也都平安渡過，只是沒想到大女兒因為中文十七歲離家回台升學，就這樣離開了我們身邊。在此後的二十多年中，台大念書五年，巴黎唸書三年、結婚、英國工作三年、香港十二年，和我們只能在假期短暫相聚。從這一點說，當初以為是最好的安排，沒想到變成這樣年青就得一個人闖天下，在我們身邊的日子太短，對我做媽的來說是個不可否認的遺憾。

相對的，歐洲式的家庭教育，和我們很不一樣，我們華僑家庭兒女比較孝順父母，但多少帶點容忍及憐憫的心態。因為外在環境使中國父母對付起來，比從小受這裡教育的兒女們弱些。同時在語言和認知上也存在難以避免的差異。也因此如果父母需要成年兒女的幫忙時，也會出現分歧與爭執。而我們小家庭在老公策劃，我輔助實行下，算是平穩順利。和女兒們的溝通相處也頗愉快，這和孩子們懂中文有很大關係。記得在我無意中所聽到的兩個女兒對話，有一段是這樣的：「姐，妳會不會覺得這件事，爸媽的反應有點奇

怪？」答：「不奇怪，這是中國人的反應。」原來以中外傳統習慣不同，來接受各自不同的反應，這成了她們多年來維持家庭融洽的法寶，如此也真不枉費了我們當年送她們回台升學的心意了。

校園內外

德國　麥勝梅

在德國上學是一件開心的事。開學的第一天，小一的新鮮人在家長陪同下高高興興走出家門，他們穿著整整齊齊的，背著最新最漂亮的書包走進了校園，對一年一度純真的新鮮人來說，校園簡直是一座充滿神秘感的殿堂。

為了這一天，學校特別安排了歡迎活動，把輕鬆又熱鬧的氛圍帶到大禮堂裡，新鮮人手抱著包裝得五彩繽紛的圓錐形大糖果袋，發亮的雙眼閃爍著好奇和興奮。左看右看，可怎麼也找不出一張畏縮驚怕的小臉孔緊緊握住著家長的手不放的孩子。

小一新鮮人入學的四週內，通常先要適應新環境，例如學習端坐聽課、先舉手後發言等，在此階段中相對來說不大注重讀和寫，因為德國老師不贊成一開始就給孩子壓力，啟蒙老師首先應和學生建立良好的關係，避免讓他們對學校生畏和學習不感興趣。過了四週後，新鮮人學會了專注聽老師講解，學習的進度也逐漸加快，他們不但會讀和寫簡單的句子，也會自己走路上學和回家，不必家長接送。

小學一二年級的學生基本上沒有壓力，學期終沒有計分的成績單，只有老師的評語。三四年級的學生，已經知道要努力學習才有好成績單，然而當中也許會有些孩子偶而「忘」了做家課，或者裝病不去上課，也有些孩子調皮不聽話，讓老師生氣家長煩惱，可是大致上都沒有什麼大問題。

四年小學通過後就直升中學，即五年級。功課壓力逐漸增加，隨伴著很多問題糾纏，家長也更傷腦筋，德國是一個聯邦國家，每邦的教育制度和課程略有差異，大多數的聯邦實施傳授知識的人文中學，另一些卻提倡兼顧生活體驗的實驗中學，前者只收優秀學生，後者統收然後分班，入了人文中學的學生大多會直升高中，而在實驗中學的五到七年級，好的、欠佳的學生混合在一起上課，只有英文及數學列為重要科目，按著三種不同程度授課，甲組是優班，乙組是良班，丙組是欠佳班，老師對甲組學生要求較嚴，因為甲組學生是和升學主義的人文中學的學生有相同的資格，到八年級往往有三分之一的學生能留在甲組裡，除英文、數學外，德文及自然科學課程亦列為重要課程。

　　在黑森邦裡，只有少數的大市鎮設有人文中學，有些家長不惜遙遠路途，把子女送上人文中學就學，然而絕大部份的家長，還是讓子女留在本鎮的實驗中學上課。

　　在實驗中學任教的加寒勒老師說：「參差不齊的學生程度常帶來很多教學問題，一樣的教材，就有三分之一的學生跟不上，而三分之一的學生覺得太容易，要把學生程度弄得均平，實在太難了。」她又抱怨學生不知禮貌是何物，九〇年代的學生根本不講尊師重道。她舉例說某位老師在下課時聽見學生用粗話罵他，使他十分憤怒。在不得使用體罰之下，老師變得毫無威嚴。處罰學生的方式，不外是責備、抄書、留堂、打掃校園和投訴家長。不久之前，有個學生用催淚彈噴射入一位老師眼睛內，據說這位老師用棍子打他。該校要處理這件事，非常困難，要開除該生呢？還是要記老師的過？

　　一個叫許郁華的華人小孩，就在離家不到半公里的中學上課。一天，興沖沖地回家告訴他母親說：「媽，下星期有校際比賽，體育老師說我可以入校隊！」

隔天，只見他氣急敗壞地對母親說：「出賽的事無望了！」原來一個叫阿里的土耳其學生也要爭打校隊，可是老師選上了許郁華，而阿里沒選上，所以阿里就恐嚇他，若不乖乖退出就叫人揍他。打架生事對阿里來說是家常便飯，年幼的同學個個都怕他，他還經常威脅他們偷竊百貨公司的貨物給他。中國孩子惹不起他，想著那只不過一場球賽，只好退讓了。結果那天比賽，他們那隊落得慘敗。

　　珍妮在辦公時間打電話找她先生溫尼說：「你可知道，我剛才在兒子的抽屜裡找到一把擦得發亮的真槍呢？」

　　珍妮和溫尼有兩個兒子，占美是小兒子，是一個長得斯斯文文的十三歲德國男孩，功課不怎麼好，打定主意要學手藝，不要升高中。平時在那個年紀的小男孩會偷偷藏著一把小刀，他竟私自藏了一把真槍，難怪珍妮十分驚愕。

　　阿添是占美的哥哥，比占美大三歲，功課好，但是喜歡和老師爭論，他是一個自我意識很強的男生。

　　有一天，阿添和他趣味相投的同學湯姆去閒逛。市中心的百貨公司櫥櫃，每週不斷推陳出新，不管是時裝，電子器材或電腦遊戲都吸引小夥子觀看。這次他倆又到一家電器公司的櫥窗去看新貨了。忽然有人在身後拍他倆肩膀說：「喂！有啥好看的？」他們回頭一看，是兩個陌生的土耳其少年；湯姆一向對他們沒有好感，眼光不由流露著厭惡之意來，把手一揮說：「那不關你們的事！」那知對方一語不發就一拳打出，正中阿添頭部，他當場暈倒……

　　阿添住院兩天才回家去，知道他父親溫尼已報了警，而且很快找到那個出手打人的土耳其少年，但是警方認為該少年無意傷害阿添，因為湯姆先出手，所以勸溫尼要和解和撤銷對該少年惡意傷人的控訴。

溫尼夫婦難以平息心中的怒火，總認為兒子吃了大虧，而打人的壞蛋沒有受到懲罰，這口氣說怎麼也難以嚥下來；湯姆更是耿耿於懷，為了替阿添復仇，他號召了卅個納粹青少年，心想要修理那兩個土耳其少年，只有他們才能幫他。

　　春初的一個下午，熙來攘往的威茲拉小城火車站給人的感覺是旅遊季節。從法蘭克福開來的火車已緩緩到了，只見一群奇裝異服的青少年，浩浩蕩蕩下了火車，一面走一面吶喊：「外國人滾！」，「土耳其小子狗屎！」火車站周遭馬上喧嚷不已。市中心街頭也聚合一群黑頭髮的土耳其幫，每個都武裝打扮，如臨大敵。眼看一場搏鬥是難免的了，從火車站到市中心不需要五分鐘，路上市民不禁緊張起來，究竟會發生什麼事呢？一個敏感的小市民立刻打電話去警局，不久警車和警員已趕到維持秩序，愛湊「熱鬧」街頭青少年只好解散，而納粹幫的也不得已收回成命，打道回府。

　　一場街頭搏鬥雖然避免了，可是總會有下一次的，青少年一旦捲入街頭鬧事事件，以後每分鐘都要提防「敵方」的攻擊，安寧的日子就不多了。所以做父母的要特別警惕，怎樣保護子女牽涉到這些鬧事圈子去，要怎樣幫助他們解決他們的問題是當前重要事務；願天下為人父母者皆有信心和耐力，循循善誘，讓每個青少年都能走上正道，願陽光普照校園！

注重社會需求的荷蘭教育

丘彥明

　　居住荷蘭二十年，雖然沒有養兒育女，我和丈夫卻很關注荷蘭的教育方式，以及教育制度所形成的社會影響，時常拿來與我們出生成長的台灣、中國大陸相互比較。

　　荷蘭兒童從五歲開始（但幾乎所有孩童四歲即入學）到滿十六歲，接受十二年全時義務教育。之後，所有學生參加「靈活時間」（part-time）教育直到十八歲為止。

　　義務教育中，兒童五至十二歲接受的是國小教育，十三至十四歲時進入國訂課程第一階段的中學教育（共同科目的學習。目的是讓學生與家長能夠有比較充裕的時間，考慮與選擇未來的教育方向）。然後，教育進入「分流的方式」，按照學生「導引測驗」（Guide test）的成績和學校導師的建議，決定選讀「大學預備教育」（VWO，十四至十八歲）、「高級中學」（HAVO，十四至十八歲）、或「初級預備職業中學」（相當於高職、五專，VMBO，十四至十六歲）。完成這階段教育之後，「大學預備教育」學生依成績與性向，可自由申請就讀「大學」（WO，十八至二十二歲）或「高等專業教育學校」（即高等技術學校，HBO，十八至二十一歲）；「高級中學」及「初級預備職業中學」畢業生則進入「中等職業教育」學校（MBO，十六至二十歲）就讀。「中等職業教育」學校畢業生，如成績優秀，而屆時對「高等專業教育」有興趣的話，仍可申請進入「高等專業教育學校」就讀。

荷蘭教育很早就分流為升普通高中或升技職學校兩類途徑，與台灣和大陸教育大不相同。

雖說選讀高中或職技學校，教師的建議佔很大的份量，荷蘭孩童在13-14歲的年紀，就得做出影響人生方向的教育選擇，是否過早？丈夫與我起先十分懷疑，尤其我們知道女孩子成熟較早，但不少男孩子在這個年齡仍然智商未開，卻得做出抉擇，是不是不公平？

縱然荷蘭學校的中級教育，全部都是綜合高中的形式，一所學校中同時包括：「大學預備教育」、「高級中學」、「初級預備職業中學」，在這種體系之下，升學展現出多重路徑和選擇；學生可以有彈性地依自己的能力學習，轉換學程；但是，轉換的例子並不普遍。當然，由於教育的靈活性與尊重性，如果孩子被導師建議分配至初級預備職業中學受教育，家長可以不接受，堅持讓孩子接受「大學預備教育」、或「高級中學」教育；可是，學校對學生學習的評鑑系統非常嚴格，跟不上學習進度仍然會被淘汰下來。

等我們在荷蘭居住十多年之後，卻發現這種早早的學習分流制度呈現非常正面的意義。荷蘭社會能夠穩固，教育方式功不可沒。這樣的教育劃分方式，固然不是人人滿意，但正因如此，為整個國家培育出了大量的技術、職業人才，而大學畢業生僅佔少數，於是社會上的人力分配，形成金字塔形的穩健結構。

我們的荷蘭朋友中，不乏丈夫或妻子一直是受最高層教育，及至獲得博士學位；而他們的配偶則是一路接受最低的職業教育至畢業；但教育方式的差距，並不影響家庭生活。

我丈夫公司裡的工人，聊天中偶爾會惋惜，當年家人沒有鼓勵學習，否則說不定會選擇讀大學預備教育，或高級中學；可是他們並沒有抱怨，工作態度總是正面而且認真負責，尊重職業道德。

我們在荷蘭的一個中國朋友曾說，她女兒準備導引測驗前的半年，她們夫婦找導師談話，要求多出些練習題給孩子，這樣可以考

出好成績。導師立刻拒絕了請求，而且很不客氣的回答：「這是絕對不可以做的事。考試是為了測驗學生的能力，多做題就考不出正確的能力，對於其他學生而言不公平。」

另一則完全相反的真實故事則是：一個荷蘭小學生學習跟不上進度，老師主動利用下課時間為他補課。家長會時，老師跟孩子的荷蘭母親說明情況，這位婦人當場號啕大哭，非但不感謝教師的熱忱，反道：「哦！我的孩子太可憐了，下課別的孩子都在玩耍，就他沒得玩，怎麼辦?!」

荷蘭的教育政策，不特別鼓勵菁英教育，著重具動手能力的職業教育。教育體制的設計，受人文精神的影響很大，具有長遠的歷史。從十七世紀中期，就開始以人為本、尊重學生的選擇，為人道主義紮根。至今教育內容仍依循此傳統，以教導學生如何自我完善，與社會融合為第一課題，同時著重養成課外讀物的閱讀習慣、藝術與手工藝的薰陶和訓練，極力培育人道主義關懷、幽默，以及邏輯推理。普遍而言，荷蘭教育出來的工作者，基本上比較有全局觀，對人對事保持尊重、不懼權威、敢於承擔、公私分明而且動手能力特別強。

我們的荷蘭朋友，從工人、農民、家庭主婦、小職員、中小企業商人、普通教師、研究人員、藝術家，至大學教授、大公司老闆都有。我們發現有個共通性，每個人都很平等，沒有什麼等級觀念，而且不論什麼人，除了工作之外，在生活上都擁有自己特殊的嗜好，且將嗜好研究至專精，說起來頭頭是道。

當然，能夠如此，也是社會福利好，工作、生活有保障，相輔相成的結果。

說老實話，台灣和大陸的社會，階級觀念根深蒂固，百行各業唯有讀書高。所以，即令科舉制度隨著帝王時代的結束而廢除，但至今的升學考試，其實是中國歷史上科舉制度的變型罷了！認為只

有讀好書才可出人頭地，每個人都爭著上高中，擠破頭讀大學、唸研究所。

台灣、大陸的教育形式，基本上一次考試成績，決定了學生能上好高中或進入差的高中；待高中畢業，又再次依大學聯合招生考試成績的高低，決定學生就讀的大學和科系。結果，為社會造就出一大批沒有專門技術的通才，社會變成倒金字塔型的人力結構，基礎不穩固。同時，過度注重考試分數，不論學校和家長，大多數對孩子普通知識的吸收、人格的養成以及社交能力的培育，都忽略不管了；因此，整個社會的價值觀變得混淆錯亂，實在是教育資源的嚴重浪費。

丈夫與我討論荷蘭與台灣、大陸教育產生結果最大的不同，應該是：荷蘭的教育方式，乍看似乎有些「宿命論」，其實反而貼合「現實生活」，使得三百六十行，行行出狀元；每一行每一業都培養出了成功的人才，學生畢業後，一就業馬上就能得心應手。而台灣、中國的教育方式，則培養出一大堆失敗的人；學生畢業後工作高不成低不就，即使找到工作，常常非自己興趣或專業，大多數無法立即挑起工作上的責任，感到挫折與失落。

不可否認，荷蘭的教育，使得荷蘭人在各行各業的工作崗位上，難免常常過於沾沾自喜。但，工作態度上的驕傲感總比工作態度上的失敗感，對社會較有正面的效果，對不?!

我想，不論台灣或大陸，普遍百姓若真希望讓社會達到人文層次高的境界，教育觀念的改變應該是非常重要的一環吧！

差異在哪裡？

奧地利　方麗娜

　　來奧地利定居的第二年，我和先生為了更換房子，四處考察行情。有一天，我們應約來到維也納郊外一棟打算出讓的別墅跟前，凝視著周圍宜人的風光伸手摁響了這家的門鈴。開門迎接我們的是一對溫和的中年夫婦，令人頗感意外的是，這對夫婦背後齊刷刷站著三個小人兒——他們的三胞胎孩子——兩男一女，四五歲的樣子。一臉純真的三個小人兒，規規矩矩地伸出小手和我們握手致意。主人熱情地引領我們參觀了他們的房子，三個小人兒也各盡其責，帶我們觀賞他們居住的小臥室和他們經常玩耍的大花園。在我們離開的時候，三個小人兒也再次跟他們的父母站在一起，和顏悅色地和我們一一握手道別。

　　雖然最終，我們並沒有選擇他們的房子，可那溫馨和諧的一幕，卻始終鐫刻在我的記憶裏，成為心中一道抹之不去的景致。

　　儘管我們知道，西方人教育孩子特別注重孩子的天性，強調順其自然的教育法則，從不約束和強迫孩子去做他們不願做的事情；但他們在對待孩子的行為規範上，卻是毫不含糊的。出國前，我和許多中國人一樣，以為西方人對小孩子放任自流，聽之任之；到了這裏，實際接觸到歐洲的孩子之後才明白：其實，在最初的教育引導方面，他們對孩子的要求遠比中國家長嚴格得多。比如，孩子很小的時候就懂得：吃飯姿勢要端正，嘴裏嚼東西時要閉上嘴巴不得出聲；出門購物或乘車時要自覺排隊，在公共場合講話須放低聲音

而不要妨礙他人等等。因此，我們眼中的西方人通常是：不隨地吐痰，不亂扔垃圾，尊老攜幼，體貼女性等等。這些令人愉悅的良好習慣，絕不是生而知之的，全是得益於最初的嚴格教育。

長期生活在海外的中國人，尤其是中國女人，幾乎有著一個共同的疑惑：這些金髮碧眼的小孩子，似乎都不大愛哭，無論在家裏還是在陽光下的公共場所。他們總是裹著一個塑膠奶嘴兒，氣定神閒，自得其樂。我們也從沒見到過哪個外國孩子的爹媽或者爺爺奶奶，哭著喊著追著他們的孩子餵飯的情景。我曾就此問過一個家長，她告訴我說：「孩子只要不願意吃了，就說明他不餓了，為什麼還要再餵呢？」於是，孩子自己漸漸感悟到：餓了就吃，吃飽了就乖乖地玩兒，不會絞盡腦汁地跟父母鬥心眼兒。我們今天所見到的許多老外，那幅憨態和實誠，甚至有幾分木訥，大概就是從這個時候開始的。

無論哪一個孩子，生下來就如一張白紙，或一塊柔軟的泥巴，單純而無知──任由自己的父母和老師來描繪和塑造。因為上帝創造人的時候並無偏心，賦予每個人的生理結構也大同小異，無論東方還是西方；而最終是變成儒雅坦蕩的紳士，還是淪為卑劣畏縮之徒，自然取決於後天的教育和所處的環境。

在西方，即使是非常富有的家庭，也不大溺愛孩子。孩子大了遲早要離開父母，獨闖天地，與其讓他們面對挫折惶恐無助，不如從小就摔摔打打，「撞」出直面人生的勇氣和本領。西方人膽子大，愛冒險，恐怕也是打小「撞」出來的。我發現，這裏的幼稚園總有大片活動場地，孩子們在室外活動的膽子很大，爬高上低一點都不含糊。老師們站在遠處觀察，也不怎麼干涉。大冬天，孩子通常穿著單薄，精力旺盛，活動量很大，穿多了反而容易感冒，臃腫的衣服會影響他們的靈活性。這點讓我想起了日本的素質教育。據說日本人對孩子的教育近乎殘酷，大冬天讓他們

到戶外穿著單薄的衣服接受嚴格的身體訓練，背著包長途跋涉，並且必須保持秩序井然，不許掉隊。我們所瞭解的日本人意志堅強，富有團隊精神，無論走到哪都規規矩矩，這跟他們的初期教育一定是有關係的。

再看西方國家的課堂，自然也是另外一番景象。他們的課堂上絕沒有大量的填鴨式灌輸，而是想方設法啟發孩子的靈感，並把他們的目光引向校外那個無邊無際的知識海洋。我問過一些小學生，他們每天至少都有兩個小時的玩耍時間，不到下午四點就放學了；最讓人不可想像的是，他們幾乎從來也沒有過家庭作業。一個生活在美國的中國家長這樣描述他的孩子：每天輕輕鬆鬆地回家，一年過去了，除了英語有所長進，不知道他學了什麼。問孩子美國學校給他最深的印象是什麼，他自信地回答：「自由」。後來發現，孩子放學不直接回家而是常去圖書館。有一次，孩子回來背回一摞書，說是查資料做作業。一個十歲的孩子面對《中國的昨天和今天》《我怎麼看人類文化》這樣大的題目，竟無所畏懼。因為他學會了去圖書館查資料，學會了運用電腦搜索資訊，隨心所欲地展開想像，用自己獨到的眼光做出圖文並茂的作品，儘管稚嫩，但實在令人刮目相看。

對中國的小學生來說，這大概是不可想像的。在中國，從小學一年級開始，書包就沉甸甸的，年歲一年一年地增加，書包一年比一年沉重，似乎「知識」的重量也在增加。我們的中小學課堂上，教室裏往往鴉雀無聲，老師聲色俱厲地講，學生目不轉睛地聽，兩者涇渭分明。學生在課堂是被動地接受，主動發揮的餘地很小。而歐洲小學的課堂上，孩子們無需舉手便可直接提問，學生與老師之間毫無界限，課堂秩序顯得散漫，似乎沒有尊師之道。但他們真實坦白直截了當地闡述自己的觀點，與老師之間形成良性互動，是一種坦率平等的交流方式。在和老師一問一答的過程中，孩子們學會了思考，學會了探索，也學會了關注人類的命運，汲取的是一種人道主義的價值觀。

回顧自己遙遠的中學時代，我們那個時候的老師全是照本宣科，學生們統統死記硬背；每次考試都劃定範圍，學生於考試前起早貪黑地照著標準答案背誦，而後，輕而易舉地獲得自欺欺人的所謂高分。這種方式的結果，使我們只習慣於在一個劃定的框子裏施展拳腳，一旦失去了常規的參照，感到的往往不是自由，而是恐慌和茫然。而我們那種畸形的高考制度，更是延誤了一代又一代的學子，使得無數青春妙齡陷入泥潭而不可自拔。為了應付高考，中國呈現出一派多姿多彩的流動景象：河北的孩子可以一夜之間變成新疆子弟，出現在新疆高考的教室裏；河南的考生也能輕而易舉地跨進成都的應試考場，依此類推，山東的孩子也可飛到海南甚至西藏去答卷——只為躲避當地的高分狀態，去鑽分數線較低的少數民族的空子。一切都是為了高考，一切都是為了給孩子營造一個所謂光明的前途。

可以想見，堂而皇之的高考背後不知隱含著怎樣觸目驚心的權錢交易，金錢的運作和效應，又會在孩子的心目中樹起一座怎樣萬能的「豐碑」！

家長的用心，總是良苦的。孩子在高考前的漫長歲月裏，家長們一樣嘔心瀝血，寸步不離。為了孩子的前途，所有的家長都不惜一切代價。孩子來北京求學，家長跟著北上；孩子到廣州讀書，家長陪著南下。時下流行的少年出國風，迫使許多家長孤注一擲地紛紛送孩子出國深造，經濟條件許可的家長甚至飄洋過海，跟著孩子或東渡或西行，在所不惜。不少家長把所有的賭注都壓在了一個孩子身上，孩子取得一點成績，他們欣喜若狂；成績跌落，他們則痛不欲生，甚至歇斯底里。由此，孩子們的壓力可想而知。一方面，厭學情緒逆反心理在孩子身上潛滋暗長；另一方面，又覺得從內心裏愧對自己的父母。所以，孩子們因為壓力過大而走上絕路的悲劇屢屢發生。

而西方孩子的家長們，望子成龍的心思卻淡泊得多。孩子要當律師，他們會全力以赴支持孩子讀法律，等到孩子學成之後發現律師並不真正適合自己，反而願意去農場，他們也不會覺得遺憾，更不會一廂情願地認為當農夫就一定比當律師低賤。在他們看來，孩子大了，有權力自己選擇未來的道路，家長們應該尊重孩子的意志。一個深入中國西部山村從事義務教育的德國青年盧安克，經過數年的中國孩子的教育工作，向中國家長發出呼籲：一個人的生存，如果只為了迎合別人的理念，就永遠找不到自我的力量。父母不應干涉孩子選擇自己的生活方式。當然，西方國家有良好的社會保障體系，無需養孩子防老，至於孩子長大自立以後是否回報父母，是孩子們自己的事。

　　與東方的孩子相比，西方孩子較少依賴他人的意識。如德國人從小就培養孩子相對獨立的習慣，不少孩子在中學階段就有打工掙錢的經歷，儘管他們大多是相當富裕的家庭。父母們在家教中十分注意孩子成長關鍵時期的指導。孩子出生後，便給孩子開一個銀行帳戶，讓孩子從小就學習管理自己的錢財，以便日後有計劃支配自己的零花錢和打工錢。孩子在成長過程中會有許多問題和煩惱，父母們首先樂意做孩子的知心朋友，既道出自己的觀點，又儘量去理解孩子。此外，西方的家長十分關注自己的形象，重視德行，與人為善；對孩子言而有信，是孩子心目中值得信賴的朋友。

　　久而久之，孩子會順理成章地認為：規規矩矩辦事，踏踏實實做人，是天經地義的。

　　當然，西方教育也絕不是完美無缺的，更不是放之四海而皆準的法則。但是，既然整個社會可以呈現出一派謙恭禮讓、秩序井然的人和狀態，那麼他們的教育方式，他們的理念，是否值得我們研究和借鑒呢？

「是你幫我挽回了我們的孩子」

德國　穆紫荊

事情發生在阿琴的兒子六歲的時候。

有一天晚餐的時候，阿琴的丈夫為一件事責怪孩子，（現在已不記得是具體怎樣的事）總之孩子覺得父親十分的不對。他從桌邊哭著站起來說：「我不要在你們這裏了，我要出去。」說著便開始穿衣穿鞋。這是夫婦倆都沒有想到的。六歲的孩子要離家出走？他們頓時呆掉了。

由於事情是出於父子之間，所以阿琴不能貿然介入，只能先等丈夫的反應。

只見做丈夫的馬上站起來說：「現在天都黑了，你要去哪裡？」

兒子說：「我不要在這裡了！我要出去！到外面去！」

丈夫說：「我陪你去，可以嗎？你生我的氣對不對？」

兒子說：「我不要你陪。我要出去，要一個人出去。」

父子兩個在走廊裏繼續爭執。一個要走，一個要跟。最後阿琴的丈夫無計可施，就滿面憂愁地進來。對阿琴說：「你去試試吧？」

阿琴在他們開始爭執的時候就在心裏不住地禱告。現在得到丈夫准許插手的命令，當然恨不得可以一把把兒子拉回來。可是怎麼拉呢？眼看兒子倔成這樣，連丈夫也失敗了。她能成功麼？阿琴實在沒有把握。她只好暗暗向耶穌求助。給她智慧。

當阿琴把孩子摟在懷裡的時候，孩子一邊哭著一邊要掙脫阿琴的懷抱。她知道這時候說什麼孩子都聽不進去了。就只好說：「孩子，媽媽要告訴你一個秘密，請你聽我說。」孩子果然不再掙扎。於是她說：「孩子，我知道你對爸爸不滿意。媽媽只想告訴你，爸爸媽媽管你，可是爸爸媽媽也是有人管的。那個人就是我們的神主耶穌。耶穌最愛小孩子了，所以我覺得你不要出去，出去沒有用。你記得小二的故事嗎？（那是錄音帶睡夢鄉裡浪子回頭的故事）所以我覺得你應該去禱告，把你的話都告訴主耶穌，叫主耶穌去管教爸爸媽媽。知道嗎？這才是有用的。孩子，你知道主耶穌的能力大過一切。他一定會幫你的。」

　　孩子漸漸地不再掙扎，最後他安靜下來，點點頭。於是阿琴拉著他的手說：「媽媽送你回房間。」

　　孩子說：「我要到你們的床上。」

　　阿琴說：「可以。」

　　於是阿琴和孩子一起上樓。把孩子送到他們的床上。說：「寶貝，把你的話都告訴主耶穌。」

　　孩子說：「好的。但是媽媽我也要在上面吃飯，我不要在下面。」

　　阿琴說：「可以。我去拿。你好好地禱告。」

　　孩子點點頭。於是阿琴就下樓去了。

　　當阿琴端了食盤再度上樓的時候，孩子安靜地坐著。阿琴問：「禱告好了？」

　　孩子說：「好了。」

　　阿琴說：「那麼現在吃吧。」

　　孩子說：「爸爸呢？」

　　阿琴說：「爸爸在下面。他很難過，因為他不要你出去。他很愛你的。」

孩子說：「嗯，我也愛他。」

阿琴問：「那麼吃完是不是可以和爸爸和好呢？」

孩子說：「可以。」

吃完以後，孩子就下樓了。阿琴看著他撲進父親的懷裡說：「爸爸，對不起。」

阿琴的丈夫把孩子抱住說：「孩子，謝謝你。我是很愛你的。哦，我要更愛你。」

阿琴在心裏對耶穌說：「主啊，謝謝你！是你幫我挽回了我們的孩子。沒有你，我們都不知今天該怎麼做。哦，主！我感謝讚美你！」

第二輯
　　育兒陪子記

學好中文

德國　麥勝梅

　　旅居海外的華人，打從心底有一種想法，希望下一代既能掌握僑居地語文，母語又能琅琅上口，更期盼他們生活在主流社會中可以得心應手，光宗耀祖。

　　本著這樣的夢，各地僑界熱心人士興辦中文學校，提供華人子弟學習中文的機會，以造就英才。此外，每年舉辦夏令營活動，不遺餘力地推廣中華文化。

　　整體來說，不僅學子們正襟危坐地學習中文，身為學生家長更是不斷做熱身動作，隨時隨地加入馬拉松教育長跑。

誰來學中文

　　在大家眼裡，孩子學中文，這是很自然的事。可是，有些外籍家長們也開始送他們小孩去中文學校，甚至在一些中學裡設立了中文課程。

　　隨著二十一世紀的來臨，全世界面臨經濟成長率下降，失業率上揚，一向被譽為工業先進的國家也不例外，公司還是照樣倒閉，在職的人無不戰戰兢兢。然而，中國市場帶給人們一個新希望，學會中文逐漸便成為競爭能力的一種趨勢。

　　話說我一個德國同事，每次遇見我時，總用中文「您好！」向我打招呼，讓我感到好親切，到了春節時，我拿了一些精美的

祝賀春聯送給他，他非常喜歡這份禮物，以後每次見到我總是噓寒問暖的。

有一次他請求我把「所有的中文字母」寫給他，讓他貼在牆壁上，我一聽，連忙解釋中文字並不是像德文一般由三十個字母組成的，而是由兩百一十三個部首組成的。一時之間要我寫，恐怕三十個都寫不來呢！我說，中文字有簡易的，但也有多筆劃的，有些字看起來很相似，往往一筆之異，卻就差之千里了。

他聽了，面露為難之色，說中文原來這麼難的！他本來想要在現時才二歲的兒子房間裡，貼上一些中文字，讓他朝夕看著有趣的方塊字，希望以後他可以學中文。經他一說，我倒十分敬佩這位善良憨厚的好父親，一心一意要「給孩子最好的」，也許他曾經讀過「十年樹木，百年樹人」這名句吧？

學中文要有恆心

很顯然，家庭教育對於長年旅居國外的家長來說，是一個重要課題。特別是如何輔導孩子們學好中文，家長同時扮演了教師的角色。家長們從小就透過親子關係傳授母語，這一步能否走好與孩子們學習的興趣和成長發展有密切關係。

在海外生長的孩子學中文的話題，和在國內學生學英文有相似的情況，在學習中缺乏學以致用的大環境。一般來說，家長們就得在家裡營造一個學習環境，如果在幼兒期時不斷有很多機會聽講純正的國語，相信以後在學習時，比其他孩子在家說其他方言來得容易。

有些母親抱怨，上學後的孩子對學中文不感興趣，擔心他們會逐漸和祖國文化脫節，孩子雖然風雨無阻到中文學校去上課，但是，總讓人感覺到孩子常常不是專心學習，他們總抱著敷衍了事的

態度，上課下課，學了一、兩年不見有什麼長進，不免心灰意冷。處在這種狀況下，家長應該和老師談話，瞭解孩子的困難和意願，才能慢慢引導他回到書本上。孩子略有長進，千萬不要忘記讚美他。孩子的成長，還得要依靠家長的積極樂觀態度，和老師不折不扣地履行自己的職責。

我們要求孩子讀書，不妨讓他們知道，為什麼要學？不要只是說：「你是華人，所以要學好中文！」；不要誇大讀中文的重要性：「只要學好中文，就有美好的未來等著你！」。

倒不如說：「華語是我們的母語，學會中文可以和很多人交談！」，或者說：「將來長大了找工作，機會比別人來得好，因為你們多會一種語文！」要讓他們知道文字和語言，都是幫助人們溝通、瞭解的工具，讓他們開開心心地學習中文。

在學中文的歷程中，我建議，除了陪讀外，還可以分享孩子每一天在學校裡發生的事情。同時也讓孩子懂得要努力才會成功的道理，許多人都是靠著勤奮、自我磨練和自律自制來學好中文。

用愛心準備教材

作為一位老師，每一節課都要用心準備教學內容，隨著經驗增長也就更會活用教材。我個人認為，學中文的教材越生活化學生吸收越快，教材越生動學生印象越深刻。

但是，中文字難寫又難記，聰明的小朋友練幾次就記得了，而一些練習了老半天而還記不得的孩子，老師就應該給他們指導，或者講解一些字源故事幫助他們記憶，有了這些提示，相信孩子們便能把要學的生字都牢記了。

記得我大二那年當家教的經歷，是一段挺難忘的經歷。

那天傍晚，我第一次踏入學生家門，屋中不時傳出家長斥罵聲。沒多久，孩子哭叫不停，雜聲震耳，讓我坐立不安。良久，帶著滿臉淚痕的男孩來到我面前，然後，很委屈地靠近書桌；隔了幾分鐘，四個年齡約七、八歲的女孩們也來上課了。

我開始上課了。我們坐在一個不能算是客廳的小房間裡，因為，不時有帶著濃濃汗味的大人們穿過房間，走來走去。要知道這是一個「勞力」的家庭，這兒既是住所也是小型工廠。

我在應徵時，女家長問我會不會講台語，我說我會聽台語但講得不好，幸好她對於我的學歷是教育系的大學生很滿意，對我很有信心，聘任我為家教老師，希望我為孩子打好英文基礎。

面對著五個帶著無奈又委屈、但又略有敵意的臉孔，我覺得我首先應該做的是，和小學生們有個良好的溝通，取得他們的信任，再來才考慮如何啟發他們讀英文的興趣。

在第一節的英文課中，我們既沒啥書本也沒用上簿子或筆。學英文嘛，當然要先學英文字母，所以我們一塊唱起英文字母歌：「a、b、c、d、e、f、g……」

歌聲由柔弱緩慢逐漸高昂響亮起來。我們還在空中用手比劃英文字母，劃錯了不要緊，再來一次……就這樣慢慢地，學生的笑聲散播全屋，走來走去的大人們也露出笑容來。以後，學生們總是早早站在巷口等著我這位年輕的家教老師來。

事經多年，孩子的笑容一直留在我腦海中，我深信教學不朽的詮釋是用愛心準備教材！

看孩子的語言學習

瑞士 黃世宜

　　世界上很難找到像瑞士這樣一個國家，小小的幅員，卻有著那麼多官方語言。瑞士人有個綽號，就叫做「多舌鳥」，一般人都能侃上幾句歐洲主要語言，法語、德語、義大利語刮溜地道，每每我被唬得瞪大眼睛張口結舌說不出話來，這一些瑞士人還會很客氣地說，沒什麼，歐洲語言嘛，法國德國義大利都是鄰國，從小接觸習慣嘛，所以閉著眼睛也能瞎謅，不像你中國人，你光會說個中文就通通把我們從小自然學會的這些歐洲語言抵過了。中文我們的舌頭是怎麼都繞不過來的……等等；謙虛和善的瑞士人總是會這樣安慰我，可是我確實為瑞士人的語言天賦折服。進入日內瓦大學文學院比較文學專業讀研究生期間，更帶給我莫大的震撼。入學第一天填寫表格，上面明白寫著，至少要通曉三種語言才能進入學系就讀，我汗顏地勉強湊上三個，結果一看鄰座，才發現同學們隨便填填都至少有五種語言。而且都是說寫流利能分析文學作品的程度。自此，我不只一次尋找瑞士人多語言的祕鑰，畢竟實在不可思議！這裡並沒有國內常見的那些滿街招牌廣告的語言補習班，瑞士父母也沒有國內望子成龍的心態，我常常看到的就是孩子無憂無慮嬉戲玩耍，難道瑞士人天生個個有語言天賦基因不成？

　　觀察許多例子，我漸漸體會了，瑞士人語言天賦的關鍵所在，竟然出乎意料地平凡自然，不外乎是包容心和平常心。

我本身是鎮上親子團體的義工，得以近距離觀察本地家長教養孩子的模式。親子團體主要接待家中有幼兒的家庭，我注意到這個團體本身，家庭成員就來自不同語種文化，父母親不全都是瑞士人，有俄語、英語、土耳其語、南斯拉夫語等等，非常豐富多元。大家都對彼此的母語教育採取尊重不干涉的態度；即使我和自家孩子在大庭廣眾下互相用中文溝通，也從來沒有其他瑞士家長用諸如「您如果只跟孩子講母語，孩子以後在本地上學校學習，跟得上法文課嗎？」或者「這位媽媽你應該講法語，不然我們都聽不懂你們母子在說什麼？」等等或好奇或不滿的問題來質疑和審視我們，相反地，大家都對我們的母語互動模式給予讚許並肯定。也正是對多重語言文化的包容心，我這個東方媽媽可以從小就跟自家孩子說中文而不用顧慮他人的眼光，也正是這種包容心，瑞士才能成為一個多語言的國家而不致封閉，容許多重語言在瑞士的土地代代相傳。

　　除了對不同語言充滿包容心外，我還發現瑞士人另一個學習語言的祕鑰就是：保持平常心。這一份平常心包括了：不對學習熱門語種過度狂熱，尊重孩子學習興趣，順其自然。話說我們親子團裡來了一個美國媽媽，我特意觀察其他瑞士媽媽是怎樣對待這一位媽媽的。現在英語學習全球流行，在瑞士的中學也算是一堂重點課。我本來預期在這種情況下，或許瑞士家長會跟東方家長一樣熱心地安排美國媽媽趁機弄個「全美語親子幼幼班」吧？結果出乎意外地，瑞士家長們極其地冷靜，並不把這一位媽媽當作是「外語老師」來看待，她就像其他的外籍家長們一樣。反而是這一位美國媽媽最後自己沉不住氣了，說什麼有開班授徒收費的計畫。然而其他家長的態度還是一如往常，竟然很明確地不約而同表示，孩子太小了，不適合關在課堂上學語言，應該要多去外面運動，多多遊戲！學英語的事兒順其自然，到中學裏有正式的英文課時再說吧。當我聽到這裡時，不免想起以前在國內的情景，凡是有英美人士露臉的場合，往往大家都搶著練習英

文，甚至請該英美人士利用機會給大家上上課補補習來加強英文能力。更不要說那些滿街的英文補習班了，現在國內還流行越小開始補英語效果越好呢！這些瑞士人的想法，就我們老中來說，簡直就是太「不識時務」和太「不識抬舉」了。

東西方對於下一代語言教育的態度相差竟然這麼大嗎？好奇之餘，我鍥而不捨地向瑞士媽媽追問道：「很多語言教育理論都證明，越早學習外語，越容易呀，如果有美國媽媽願意開兒童班，也不見得是壞事。」然而這些瑞士媽媽們又不約而同地睜大眼睛看著我，我才突然意識到，我又拿東方父母的書袋論嚇著這些瑞士媽媽們了。沒錯，這裡的家長從不抱著參考書教自己的孩子，他們一切都喜歡崇尚自然！

但所謂的自然又是什麼呢？

我從瑞士家長們的各種教育細節來觀察他們所謂的「順其自然」語言教育法。發現這種自然，說穿了就是順應人類的本性去學習。他們認為，與其強迫孩子計畫性學習某種語言，還不如提供和生活週遭自然多元所接觸的機會，來引發其孩子自動學習該語言的動機。

比方說，我所認識的一位英語流利目前擔任著名跨國企業行銷主管的瑞士人，他自從中學時代迷上了美式搖滾嬉皮後，便自己決定要努力去學英語。我好奇地問他，那當年你的父母看你打扮頹廢不會操一把心嗎？這位眼前已有著穩定的家庭，並且舉止平和的他笑著說，還好感謝父母當年一切都尊重他，讓他自主，不然他就不會在那麼有趣的環境自發學英文了。又比如我認識的一名藥劑師，父母都說法語，家裡沒有任何義大利人，也從來沒上過義大利語的補習班，但卻說得一口流暢的義大利文。我請教這位藥劑師學習語言的秘訣，她偏著頭想一想說，就是因為每年都去義大利的海邊度假，喜歡那裡的陽光海水和美食，自己想多

認識點當地文化和語言，如此而已。至於她的父母倒是一點意見都沒有過，只要她高興就好。而她就這樣年復一年的，說著說著竟然把義大利文自學學上了。

再舉個有趣的例子，身為中文教師的我，仔細觀察班上的瑞士學生，十之八九都表示學中文完全是出於喜歡自願。除了少數是公司機關送來密集中文訓練將來外派中國的（這一類中文學習成效也往往遠不如自發者好），絕大多數都是清一色自己想學。我問：「是為了中國的經濟實力和市場才想學中文嗎？」他們說倒也未必。其中有一個主修經濟的大學男生的回答，讓我印象深刻。他說，「如果是有企圖要去中國發展談生意的話，英文就夠了。賺錢要講速度，幹嘛要特地慢慢花時間學中文呢？所以說到底，就是因為我高興才會想學中文呀！」

是的，只要孩子高興就好。

瑞士人很怕強制孩子學語言，就是怕孩子會不高興。怕過早或過度施壓，壞了孩子的胃口，以後就更不想學了。這樣的思維很該供國人借鏡。在瑞士，德文和法文都是官方語言。不管是升學或工作，德法雙聲帶都有決定性的優勢。但即便是如此，我也從未聽說過哪個瑞士爸媽從小把小孩送去有計畫地加強補習的。相反地，我倒是常常聽說有心的瑞士爸媽，會安排孩子用輕鬆自然的管道認識法語或德語。比方說旅遊訪友，比方說到歐洲各國打工。用融入生活的方式去學，而不是窩在教室裡拼語言考試合格的方式去學外語。我發現瑞士人的語言文法考試雖然不見得能像我們老中那樣創造出驚人的成績，但是在生活上溝通絕對是沒問題的。瑞士人總是很敢說也很會說，一付十足多舌鳥的形象，自由自在隨心所欲地轉換語言，多高興！

包容不同的語言文化，保持一顆平常心；順其自然，做一個快樂的多舌鳥，就是這麼來的。

我在德國辦學校

德國　黃雨欣

　　從小就對文學懷有濃厚興趣的我在德國生活十年來，從未中斷過筆耕。最初僅僅是出於對身在他鄉的一種精神寄託和情感的宣洩，久而久之，竟然不知不覺地走上了文學創作的道路。即使如此，我心中一直以來仍有個殷殷的心願，就是在德國辦個具有自己特色的中文學校，既能發揮自己的語言特長又能傳播中國文化，還能自食其力在他鄉立足生存，真可謂一舉多得。許多生長在海外的華僑子弟，雖然長著黑眼珠黃皮膚，卻是滿口的洋腔調，說起中文來更是怪調百出，有的在思維上乾脆就和母語文化斷層了，看到這些，更有一種強烈的弘揚祖國文化的使命感。

　　確切地說，我的第一個學生應該是我女兒。雖然我沒有為她定時定點刻意地安排中文課，但在日常生活中卻是利用一切機會不動聲色地向她灌輸，久而久之，這種潛移默化的影響使她在不知不覺中自然而然地對學習中文產生了濃厚的興趣。在她讀中文書籍或看中文節目時，隨時會提出一些問題，有些帶有文化背景和歷史淵源的問題，我也盡量不厭其煩地解釋。長此以往，使她學到的不僅僅是中國的語言，對中國文化也有了初步的認識。在去年《人民日報海外版》、中央電視臺等一些媒體聯合舉辦的世界華人小學生中文大賽中，她還憑藉作文「我有妹妹了」獲得了一等獎。女兒取得的成績使我有了信心，推己及人，便滋生一個強烈的願望：在異國他鄉辦一所自己的中文學校，當一名特殊的教育者，專門向渴望瞭

解中國的國際友人和在特殊語言環境下生長的孩子們傳播中國的文化知識。為了達到這個目標，夏天，我還專程飛回中國，整整一個月，每天在酷熱煩悶的桑拿天裡早早啟程，融入熙熙攘攘的車水馬龍裏，趕赴北京語言大學如饑似渴地進修對外漢語教學課程。經過一百多小時的苦讀，一路過關斬將，終於修成正果，以優異的成績順利通過結業考試，證書是北語的副校長——資深語言學家石定國教授親自頒發的。當時，我手捧著這本沉甸甸的證書，真是有萬千感慨，它不僅是我一個月揮汗苦讀的證明，更是對我多年來通過勤奮筆耕積累文化知識牢固語言基礎的肯定。

進修結束後，我剛剛飛回柏林，還未等角色轉換過來，就接到一個熟人的電話，這是一位原在柏林華人界頗負盛名的商界女能人，既有成功經商的經驗又具備萬方儀態，同時還是一位望子成龍的母親。在電話裡，她急切地問我：「聽說你進修漢語教學回來了，何時開課呀？我準備把我的兩個兒子和一位朋友的女兒都送到你那裡學習。」我說：「學校正在籌備中，何時正式開學尚未確定，還得聯繫教室呢。」她快言快語：「三個孩子已經能組成一個小班了，還籌畫什麼？你的書房不是有足夠的空間嗎？就在那裡上課好了，這週末我就把孩子送過去，你訂個學費的標準吧。每週一次課，每週六上兩小時，早晨頭腦清醒，就從早上9：00到11：00，行不行？」我沒想到，學校還未正式掛牌，學生就主動上門了，為了有個良好的開端，更不願委屈了我這頭三名學生，剩下的幾天裏，我一邊忙著翻資料備課，一邊馬不停蹄地跑傢俱店，辦齊了課桌課椅等教學設施，還特意買來一塊大寫字板掛在書房的牆壁上，如此一來，我的書房儼然就是一間非常正規的教室了。因為平時對這三個孩子比較瞭解，我參考了大量的教學資料，結合他們的日常生活，專為他們量身定制了一套教學方案，為加強孩子們的參與意識，甚至連對話練習都是我用他們的名字以他們的口氣逐字逐句輸

進電腦裡，然後又一頁一頁列印出來的。為了這次只有三個學生的中文課，我可謂煞費苦心地傾注了滿腔的熱情。為了課堂的氣氛更加活躍，在開課的頭一天晚上，我又積極動員我的女兒參加這個學習小組，女兒說明天中午已經約了同學去參觀博物館，經我一再向她保證11：00準時下課，誤不了她的約會，中文程度已經很好的她才勉強答應捧場。

　　第二天週六，我很早就起床把教室整理一番，早晨氣溫低又擔心凍著孩子，便早早打開暖氣，備好早餐，把女兒從週末一貫的懶覺中喚醒，硬著心腸對她極不情願的表情視而不見。用過早餐收拾停當，時針已經指向了8：50，我把女兒帶到書房，翻出一套國內小學不同年級的語文課本，一邊檢驗她讀課文的流利度和對辭彙的掌握程度，一邊等那幾名學生。直到女兒把從四年級到六年級有難度的課文都通讀了一遍，他們仍然沒來。此時掛鐘上的指標已經毫不留情地指向了11：00，正是我答應女兒的下課時間，我只好打電話過去詢問，那位母親連聲抱歉道：「兒子們還未起床，我又不敢催他們，怕有逆反心理，從此不學母語了，要不下午學吧。」因為下午我已約了採訪，只好回絕：「我下午沒時間，要麼馬上來，要麼就只好取消。」她忙說：「我馬上叫他們起床就到你家，你給我20分鐘。」我女兒一旁聽到了我們的談話，帶著哭腔說：「還要20分鐘？我還有事呢，今天可不可以不學了？你讓我先走吧！」萬般無奈，我只好給她放行。

　　這邊剛答應放走女兒，那邊他們也終於姍姍來遲。這堂課的第一個小時是母親陪著兒子上的，期間還不時地提醒我：「別太嚴厲了，對他們不能要求過高，得哄著來，要不他們就又罷學了。」可憐天下父母心，她說的是有一定的道理的，這是從小生長在海外的孩子學中文的普遍難點，我也只好循循善誘地哄著這幾位個頭比我還高的半大少年學習母語。課上到一半時，只聽媽媽溫和地詢問兒

子：「媽媽今天就不陪你們了，你們想和這位阿姨學就留下，不想學就和媽媽回家。」少年竟然表示要繼續留下，當母親的終於鬆了一口氣。

中秋前夕，孩子們還特地跑到我這裡，問我住在月亮上的那個仙女是怎麼回事，我借機給他們講了嫦娥奔月的故事，還教他們念了一首李商隱的七言絕句《嫦娥》：雲母屏風燭影深，長河漸落曉星沉。嫦娥應悔偷靈藥，碧海青天夜夜心。孩子們反復吟誦著，一副若有所思的樣子。

如今，以我名字命名的雨欣柏林中文學校已初具規模，我的學生們在歷屆作文大賽中都取得了可喜的成績，他們那一雙雙渴求母語文化的目光，堅定了我在海外辦學傳播祖國文化的信心。

南西的童年

英國 林奇梅

　　南西是我家附近的一個英國小女孩，她今年五歲，長得漂亮伶俐，她有一個弟弟名為約翰，約翰今年三歲，活潑可愛，姐弟倆真討人喜歡。

　　南西每天早上上學，是媽媽帶著她和弟弟約翰一起到學校，南西進了學校的大門，就與媽媽親親臉說聲再見，而後進入學校的教室。

　　南西的媽媽就是茱麗，茱麗是我家隔壁莉莎的女兒，茱麗自己的房子離母親莉莎的家不遠，莎莉頂喜歡這個孫女，於是女兒一有空就帶著南西來看外婆，南西喜歡聽外婆講故事，她自己也喜歡講故事給外婆聽，有時候還會哼哼地唱起兒歌來，這些兒歌都是帶有韻文的詩，所以南西很受外婆的寵愛。

　　南西並不懂得這些韻文歌的意思，可是當她唱起歌或是聽起音樂來時，手腳也跟著歌的韻律跳了起來，她並沒有學過芭蕾或是特別的爵士舞蹈，所以手腳的舞動是自然的動作，她的動作並沒有規律或是一致性，也並不整齊劃一，而是聽到音樂，手兒隨便晃一晃，而腳也跟著隨便地跳一跳，身體也跟著前後搖擺著。比如莉莎喜歡爵士樂，說也奇怪，南西一聽到音樂聲響，她就舉起手自然地扭起腰來了，有時看見她的天真和可愛，可真逗得我們幾個大人開心而大笑了起來。

　　對於南西為甚麼喜歡舞蹈和音樂，南西媽媽茱麗曾經對我說過，她說這是受到學校裡一門韻律課的影響，每當上韻律課時，老

師並不作解說，老師只是放一首熱門音樂的歌曲給小朋友欣賞，老師並沒有一步一步地教導孩子如何跳舞，而只是讓學生們一聽到了音樂就主動地跟著跳，老師也沒有要求學生們整齊劃一的動作，而是讓小孩子一聽到音樂，他們的手腳也跟著音樂自然而然地舞動，這是給予孩子自由與發展空間的時候，這是順應著自然和諧的道理，讓小孩子有了純真與美的表現，經荼麗的一番解說後，於是我了解為什麼南西喜歡唱歌和跳舞。

　　荼麗平常在學校裡是非常地忙碌，但是，星期六是她與小孩最為親近的時刻，她時常帶著南西和約翰到超級市場購物，同時也到附近的圖書館借書和還書。

　　荼麗在圖書館裡，總是花了大半天時間陪著孩子們閱讀，選擇書本來閱讀，並不是全都由荼麗本人，而大多數是由南西和約翰自己挑選，她們挑選了書後，由媽媽來閱讀給孩子們聽，母子母女情深地在一起閱讀和看故事，無形中也增進了家庭的和諧和歡樂。在外國的家庭裡，扮演說故事的這個角色時常是夫妻倆互相取代的。

　　所以當你到英國來觀光旅遊時，在英國倫敦的地鐵上，你一定會看見人人手上抱著一本書或是一本雜誌在閱讀，這是英國人特有的好習慣，因為他們從小時，父母就時常帶著他們到住家附近的圖書館裡借書和看書，陪著他們來閱讀，而且小孩子們在睡覺前也都由家長說故事，所以長大後他們就養成隨時喜歡閱讀的這一個好習慣。這是西方教育，是歐洲家庭父母對於子女的尊重和開放，從小就培養小孩的獨立性和愛好。

　　有一天，南西學校校慶，學校的家長會委員會發出邀請函，邀請附近的居民來參觀和看熱鬧，學校的校慶其實並不是在星期六，然而，為了配合當地居民一起歡心同樂，也就將慶祝的活動安排在星期六來舉行，活動的項目有很多種類，比如學生成績和作品的展

示，運動場上的足球賽，大廳堂裡的跳舞和舞台劇的表演，每一種表演都非常地吸引人，而學校的周圍到處可以聽到掌聲連連。

這一些活動中，讓我印象最為深刻的莫過於幼兒園的繪畫比賽，為了避免小孩子們的衣服沾上了油彩，每一個參加的小孩都可以有一條圍兜，彩繪的畫筆和紙以及顏料，都依序地放在那兒，牆壁上貼著人、動物、自然、花鳥、魚、天空、太陽和飛機、船、車子等等。老師並不需要向各位小朋友說今天所畫的題材是什麼，而就讓小孩子們可以隨心所欲地自己塗塗抹抹和發揮，老師並不刻意地教授繪畫的方法，也不限制他們的隨意塗抹，完全以自然的教學方式，讓學生們有自由自在的空間與機會，和發揮自然創造的潛能。

老師對於每一位孩子的塗抹，也不給予嚴厲的置評，相反的，給予更多的讚美，在繪畫的教學領域裡，與其說是教畫畫，不如說是他們在培養孩子們的創造能力，在繪畫老師的眼裡，繪畫的能力應該不是刻板而是創造，不是抹煞孩子的天份而是激發孩子的天份和創造潛能，等到學習的時機成熟時，自然而然地能表現孩子的天份和技能。

南西在學校裡參加各種的課外活動，他們一星期在學校裡的活動就有很多種類，在一個學期開學前，學校已經預先將課程安排就緒，學校有體育課，體育課裡替足球和游泳課安排了最多的時間。

五、六歲開始就有科學、歷史和地理課，科學課就會安排到博物館、科學館和歷史博物館、藝術館和自然博物館參觀。帶領要去博物館的人除了老師以外，還要有熱心的家長陪伴，倘若不能參加的家長們就作了一些奉獻，老師家長和小孩子們可以一起使用免費而可以自由觸摸和動手的新技術照相機等的操作，也可以使用電腦來欣賞古時候祖先們如何佩帶粗重的武器和騎著馬的戰術技能等等。

英國是地處緯度較高的國家，對於熱帶雨林的宣導可以說不遺餘力，上地理課時，學校會安排學生們來英國倫敦最為著名的公園，名為「丘花園」，參觀溫室內熱帶雨林的植物，在那兒學生們接受熱帶雨林的保護教育，溫室內的植物種類多，是教育和學習的最好場所。

　　丘花園的溫室很受英國大人和小孩子們的歡迎和喜愛，小孩子們來到這裡，除了可以看見裡面所收集和展示的熱帶植物外，還可以看見很多不同而珍奇的昆蟲以及鳥類。例如讓小孩子們看一看蝴蝶的美艷和蛹，這一些教育性濃厚的實材都是從熱帶國家引進而來，學生參觀前先畫出他們心目中的熱帶雨林和鮮豔的蝴蝶和鳥兒，等參觀完後，與自己在參觀前的想法有什麼不同，從此驗證實際與想像有何差異。從而教育孩子從小就懂得愛護環境，降低石化能源的使用，推廣使用木屑燃燒熱能。

　　英國政府時常說，教師是最為偉大的職業，倍受尊敬，然而老師和學生的學習必須無止境，所以教師必須時常接受課外的教學訓練，學校要為社會擔起提供各種能才的責任，就必須要有好的教師，培養學生的學習能力，是教學的核心重點，然而啟發學生的學習興趣才是最重要的教育方法。

　　英國家庭的父母和學校的老師都非常尊重孩子的意見和選擇，她們以富有的愛心來關愛孩子，培養孩子有廣泛的興趣，同時他們都有一致性的主張，那就是遵從「每一位孩子都重要」的原理原則下來教育孩子。

　　南西的童年生活是快樂的，是倍受父母的疼愛和關心的，她在這一個溫馨的環境裡長大，她的身心非常健全和平衡地發展。

滴水映藍天

德國 高蓓明

縱觀德國人和中國人對孩子的態度，有著明顯的差異：德國家長是要他們的孩子自由獨立，而中國的家長對孩子事事操心，不敢放手；德國人對孩子的學業是讓他們有自己的選擇，尊重他們的意願，中國家長卻一味地逼孩子讀書，非考上重點名牌大學不可；德國人鼓勵孩子全面發展，而中國家長只要一件事——讀書，其它的都可以放一邊，有時還會拔苗助長，反而損壞了小樹苗。在這些表象的背後，實質體現的是兩國人民價值觀的不同。中國人歷來有「學而優則仕」的傳統，從古至今，從城市到農村，彷彿這世上僅有一條路可走。為什麼我們不能改變一下想法，為什麼要去傷害自己的孩子？其實，這裡面還有成年人的虛榮心和面子在作怪。

我丈夫爺爺的爺爺，在一八二〇年時帶著一家老小來到WUP-PER河邊的一個村莊，利用得天獨厚的水利資源，建立了三個打鐵作坊，同幾個兒子辛勤勞作，後來有了初具規模的企業，傳到他時已經是第五代了，可惜的是，公司在九〇年代時，因親戚之間意見不同，轉賣出售了。這位老人家的創業史被載入了我們這個城市工業發展的歷史，所以丈夫身上流著濃濃的鐵匠之血。在他很小的時候，就硬求他的父親給他打造一把小鐵鎚和一個小鐵砧，一個小小孩，可以連續幾小時在上面作無謂的敲打，對他來講其樂無窮。當他中學畢業時，他的成績不錯，可他不想繼續升學，執意要當一名現代的鍛造工。他的父母開始不贊成，主要是我丈夫的身體不適合

幹重體力活，可丈夫換了三次學徒單位，仍然轉回到了他心愛的工作崗位上，並且以最好的成績提前一年滿師，這在當時是少有的。記得當時我丈夫聽到有個同學講起，一個熟人當上了鍛造工學徒，他一方面回家去向他的父母抱怨，一方面又趕緊想方設法找到那個人，瞭解情況。在他面試的時候，錄用單位的負責人對他說，我們不能錄用你，因為你的醫生證明通不過；他又跑去家庭醫生處懇求，讓醫生修改身體狀況證明，最後醫生被他的真情所打動，開了綠燈，我丈夫的心願終於如願以償。說實在這根本不是他的性格，到處去求人，實在是他的理想催逼著他不得不這樣做。他父母當時對他的訓言是：既然你選擇了這條路，就要幹好，不能叫苦。果真他一生持守了這條訓言，沒有退卻。他的雙臂被火星濺得滿是傷疤，兩條大腿脛被拉斷，必須去醫院動手術，兩個耳朵聽力明顯減退，這些都是打鐵匠避免不了的。

　　丈夫十四歲時在教堂接受了「堅信禮」，這個儀式對德國人來講很重要，它的原意是宗教性質的，其社會意義卻等於是對親戚朋友和全社會宣告，家有小兒初長成。這些少男少女到時不但會得到眾人的祝賀，還能得到一筆數目較大的錢。我丈夫就用這筆錢買了一架舊鋼琴，因為當時德國人戰後普遍較窮，他的父母沒錢給孩子買鋼琴。丈夫就以這樣的方式實現了兒時的夢想，開始學起了鋼琴。不久他的鋼琴老師找到他的媽媽，對她講，雖然他的兒子起步晚，但仍然是一塊好材，可以深造，他的媽媽很為自己的兒子自豪，可我丈夫的心志不改，立志要當打鐵匠。我丈夫常常對我說，他這一生最大的幸福就是他選擇了自己喜歡做的事。我想，正因為他選擇了這一門比較冷門的職業，又加上一份熱情和執著敬業的精神，才成就了他以後的事業。我原來也不理解他，若是在中國，只要有可能，我們會一直讀書讀下去，直到再也讀不上去為止，他的機會很好，為何不利用呢？我想這事若發生在中國，家長一定會施

加壓力，要孩子繼續讀書，考名校，將來當醫生、教授、科學家，光宗耀祖，自己臉上也有光彩。可是德國的家長並不這樣做，他們會尊重孩子的決定。所以很少聽到孩子們會為學業的壓力自殺，可是在我們亞洲，這樣的事常常聽到，莫不是都受到漢文化的侵蝕？為何東方和西方的價值觀有這樣大的反差？西方人並沒有因為他們的思維與我們不同，而把社會搞得一團糟。

德國人無論做什麼都覺得光榮，只要是工作都有價值，都是社會不可缺少的配件，即使他們給人當褓母，在麵包店裡賣麵包，都會毫不猶豫地告訴你，沒有什麼可羞愧的。中國的父母就不一樣，如果自己的孩子考不上大學，沒有一份好的工作，就會覺得連頭都抬不起來，門都不想出，不想見人。德國民族是一個樸實的民族，是就說是，不是就說不是。中國人就不行，只願講好聽的，怕被別人問到弱處，問到了就躲躲閃閃，不敢回答。其實上帝給人的恩賜各不相同，每個人的能力有大有小，你只要盡了力，都是有價值的。在一個社會中上層者畢竟是少數，絕大多數人還是當他的平民百姓。一滴小水珠也能映照出藍天的美好，任何一個不起眼的工作都是社會所需要的，你為別人付出的同時，也能得到別人的服務，沒有什麼高低之分，大家分工合作，形成一個和諧社會。

有人會認為，有錢有名就是幸福，看看那些名人和有錢人就知道答案不對。名人上不了街，行動處處受限制，連普通人所有的自由他們都享受不到；有錢人活得提心吊膽，怕被人綁架，出門要用保鏢，晚上睡不好覺。有的名人希望自己能夠過上像普通人的日子，遺憾自己沒有快樂的童年。說實在，讓自己身心愉快發展，健健康康地活著，全家人一起享受天倫之樂，就是幸福，錢的尺度是無邊的，夠用就好。當家長的如果真愛你們的孩子，就應該給他們這樣的童年，讓孩子和自己都輕鬆愉快地活著。

暑假的荷蘭兒童「木工營」

荷蘭　丘彥明

四年前弟弟去德國柏林參加國際醫學會議，一家人跟隨前來荷蘭度假。那年，他的大兒子宇仁十歲，二兒子宇心五歲，小女兒宇方即將周歲。

整個暑假，除了帶弟弟一家人在荷蘭境內遊玩，特別安排了兩個小男孩去參加荷蘭的兒童「木工營」。

知道兒童木工營是通過呂玉萍的介紹。陶國橋、呂玉萍夫婦住在離家十五公里的奈梅根市杜根伯賀區（Nijmegen-Dukenburg），他們有兩個女兒一達和一明，均出生於荷蘭，年齡與弟弟的兩個兒子正好相仿。

陶家夫婦第一回把女兒送到社區主辦的兒童木工營之後，每年暑假一到，孩子就主動向父母要求報名參加。

兒童木工營為期五天。早晨按規定我交給了宇仁、宇心各一把鐵槌，八點三十分把兄弟倆送到營地，與一達、一明會合。門口已經湧到了幾百個五至十二歲的男孩、女孩，每個人都手持一把鐵槌，嘻嘻哈哈地非常愉快。

把孩子們送進鐵欄杆圍起的大門後，家長們就各自離開了。我好奇地繞著營區外圍轉了一圈，從鐵欄杆的空隙向裡觀望。這是個有草坪及小樹林的空地，草地上支起一個非常大的帳篷，裡面放置許多桌椅。草地上還有一排簡易的化學廁所（就是不用下水道，而是用化學物來分解糞便的廁所）、一個小小的緊急醫療站、一間小

圖書室，架上裝滿了書籍讓孩子借閱、另擺置一些讓孩子們嬉戲的簡單玩具。小樹林旁堆著成山的廢棄木板、木架，孩子們可以自由取用這些木料來搭蓋房子。空間很大，目測草地區大約有一千平方公尺，小樹林區比草地區還要略大一些。

　　木工營，目的就是讓孩子學習動手、學習合作。五天，每天從上午八點三十至下午四點三十分，報名費每個人僅七歐元，但是在營區內，每日中午提供給每個孩子一個夾肉或乳酪的麵包，一杯牛奶。另外還有一小份薯條或霜淇淋做點心，無限制地供給飲用水。不足的經費由政府補貼。

　　孩子每人脖子上吊掛一張卡片，每日以卡片打洞來發放鐵釘和領取食物。

　　第一天進木工營，孩子們必須自己選擇合作的小組夥伴，共同商討，然後在五天之內搭蓋出共同設計的房屋。宇仁和宇心僅能說中文，不懂荷蘭語，但在一達、一明的協助下，很快地和其他荷蘭小孩玩在一起了，果然兒童的世界語言不會構成障礙。

　　一星期的木工營活動，宇仁和宇心覺得不論搭蓋房子，或和其他小朋友玩耍，都新鮮有趣，玩得非常開心，而照顧及協助孩童的義工們，也都親切友善。

　　最後一天下午，營區開放供家長及親友參觀，並評選搭建得最好的前三名頒獎。我、弟弟、弟媳和玉萍一起前往參與盛會。

　　發現，雖然利用的只是廢棄的木料，但是孩子們很有想像力、創造性和動手的能力。有的小組，觀察並使用地利，運用大樹較低的樹枝來支撐房屋，或用來間隔一、二層樓。孩子們有的蓋出了獨幢的平房，上覆三角形屋頂。有的搭出兩層樓，還真釘出了樓梯上下。不少房屋連房間都略做了佈置，拿野花、野草或樹木的枝葉來裝點。房屋的造型各異，有正方型、長方型、梯型、三角型，還有傾斜的……屋子縱然簡陋，卻可以看出孩子非常用心的差別和思路的不同。

宇仁、宇心和一達、一明，以及其他三個荷蘭小孩，他們搭蓋了一間平房，但屋頂是平坦的，可以爬上去當做陽台使用。陽臺上插了代表荷蘭、中國大陸與台灣的旗幟。國旗是他們向工作人員索取紙張及顏料畫出來，黏貼在細木條上做成的。孩子們的國家意識還挺強的，做大人的不由會心一笑。

　　我仔細觀察，孩子們的房子還真釘得極牢固，七個小孩全爬上了他們搭成的陽台，陽台居然承載住且一點也不搖晃。從設計建築物、搬運木料、釘鎚房屋，孩子們毫不含糊。他們很興奮地向我們大人解釋每一處細節，孩子們是真用了心思與力氣；我聽著、看著，實在感動。

　　配合建房成果參觀，木工營的組織者在草地上還安排了魔術表演、講故事、益智遊戲、唱歌等活動，讓孩子們盡興地跑、跳、叫、唱，熱鬧有趣。

　　木工營完滿結束之後，很快地，小朋友建築的房子重新被推倒，成山的廢木料迅速被運走，草地及小樹林恢復了空曠和安靜。

　　因為安排宇仁、宇心參加暑假兒童木工營，才瞭解到荷蘭各大城、小鎮都有這樣的夏令營，全是一批熱心的志願者按年策畫組織。

　　我丈夫同事的妻子凱薩琳就是一位有心的志願者，我們居家的考克地區也辦有暑假兒童木工營，凱薩琳是最重要的主事人。凱薩琳組織的暑假兒童木工營分兩梯次，兩個年齡段：一是6～11歲，活動節目與宇仁、宇心參加的形式無異；另一則是12～15歲，參加這個木工營的孩子，除了白天一起分工合作建屋，晚上還一起露營，度過一周完全在野外的團體生活。

　　我非常佩服凱薩琳的熱情與能量，能年復一年地以這種形式，來協助兒童健康、有意義地成長。

　　荷蘭人不論男、女樂於動手，喜歡佈置、整建自己的家園，與從小耳濡目染及訓練有很大的關係。

台灣、大陸的父母對孩子的成長教育非常注重，但是，我所知道的，暑假多安排去參加英語補習、學作文、繪畫、樂器、棋藝或一些球類、游泳、拳擊、擊劍運動等的學習。總之，都是一些增補智識，或是陶冶高雅心性、紳士淑女類的健身活動。中國父母只要孩子學習好，捨不得孩子動手家務，更不用說去敲敲釘釘（還怕皮肉受傷呢）。所以，孩子成長之後，動手能力非常的差，往往連個電燈泡也不會換。

　　我多麼希望：類似荷蘭暑假兒童木工營的夏令營，能在大陸、台灣推展起來。我多麼希望：中國的小孩不單只會讀書、彈琴、繪畫、唱歌、舞蹈，還能是擁有動手生活能力的完全人。

青春期的紅玫瑰

德國　穆紫荊

1

　　紅玫瑰做情人的大使，歷來久矣。然而，紅玫瑰以大使的身份走進中學，對荷兒來說卻還是件新鮮事。兒子所在的中學，學生們可以在情人節前通過學校為自己的心儀者秘密預定一枝紅玫瑰，而這枝紅玫瑰將由學校在情人節那天派高年級的學生代表以匿名的方式替學生們到各班送給對方。

　　於是那天放學回家，兒子便從書包裏拿出一支紅玫瑰來給荷兒。雖然他們都不知道是誰送的，然而他們卻知道它當然是一個女孩送的！兒子剛進中學兩年，便已有女孩向他表示喜歡。這對做母親的荷兒來說，是頗覺驕傲的事情。然而，兒子卻沉著如常，把那在書包裏被壓得有點發悶的紅玫瑰，給荷兒後，便自顧自地上樓做功課去了。反而是荷兒這年近半百的母親激動地手捧了這第一枝屬於兒子的紅玫瑰，慌裡慌張地找花瓶，小心翼翼地加養料，雙手舉了一步步向兒子的房間裡送。然而兒子卻說，不要放進他的房間。於是便只好留在客廳的桌上向大家展覽。

　　這枝匿名的紅玫瑰，無聲地在荷兒家的客廳裡綻放著。每次路過看到，都似看見一顆朦朧的心在那裏七上八下地跳著。猶如夏夜無法入眠而輕盈飛舞的小小螢火蟲們，一個出自某少女的一絲絲甜

蜜心意，正藉著這枝紅玫瑰在活潑地向人們閃爍。兒時的憧憬不由得便也浮上了荷兒的眼前。

那時候的年輕人，白襯衫配藍褲子，就是一身少女最美麗的裝束。連脖子上的紅領巾，也成了裝飾品的標誌。對於那些領巾髒兮兮甚至破爛成筋筋條條的男孩們，女孩子們往往是不屑一顧的。領巾的熨貼模樣和色澤的乾淨鮮豔，隱藏著一個少女對生活的要求和標準。理想之中作為一個女孩所可能會去喜歡的男孩子，是那些穿著乾淨，功課好而臉上又沒有痘痘的那種。當然，那樣的男孩卻也都自然不會和女孩子有任何絲毫的瓜葛。無論是男是女，但凡有了一絲絲對異性青澀而微甜的心意，都不能也無從表達，只能在上下學的腳步交替中被默默地碾碎。

本以為默默碾碎是一件理所當然的事情。然而到了荷兒的兒子這裡，紅玫瑰卻堂而皇之地出任了少年心意的大使。匿名的方式給還青澀的感情提供了一個安全的保護，而情人節的紅玫瑰又給那青澀下已漸泛起甜蜜的心意提供了一個理想的歸宿。在還不需要承諾和表達的年紀，心意的歸宿便是少年靈魂最大的滿足了。雖然自兒子一出生，兒子將來的媳婦甚至兒子將來的孩子們，都立刻在家族的腦海裏預留了位置。然而，這位置卻一直以來都還是個靜止而虛無的影子。只有當這第一枝紅玫瑰出現的時候，荷兒才察覺，那自以為還靜止而虛無的影子，卻是不知不覺之中已經悄悄地在暗中向他們閃眼了。

荷兒每天替兒子精心照顧著這一枝匿名的紅玫瑰，每天都換水剪枝添養料。只為了讓這一點將來可能無從再拾起的心意，能夠留存得長一點，再長一點。而這一切都因為她也是個過來人，在過來人的耳朵中永遠都聽得出一聲只屬於過去的微微嘆息。

2

今天兒子從學校回來一進門，做母親的棠兒便看見他的兩條手臂上塗滿了鋼筆的字畫。手臂變得青青花花的。於是她問：「是誰給你畫的？」兒子說：「是瑪麗和蘇菲。」瑪麗和蘇菲是兒子班上的兩個好朋友。瑪麗是從外校轉來的。來的那天，教室裏面正好只有兒子課桌邊上的位子是空著的。於是瑪麗便坐到了兒子的邊上。並從此兩個人出入成雙，形影不離。這樣的說法，當然也只是指在學校課間休息的時候。有一次，棠兒去學校辦事，正逢課間半小時大休息。茫茫學子中，只看見兒子和瑪麗兩個一起從教學樓裏走出來。瑪麗比兒子大兩歲，可是個頭卻十分嬌小。和兒子在一起，連棠兒看了都覺得好。當然這只是做媽媽的眼光。似乎就怕自己的兒子沒女孩喜歡，或者就怕自己的兒子喜歡上了男孩，只要看見他是和女孩在一起，便什麼都放心，什麼都OK了。

蘇菲住在隔壁的村子裏。棠兒認識她，是因為去火車站接隨班外出參觀的兒子。當時兒子卻問棠兒說可不可以再帶一個人？她說：「可以。」事實上，兒子的要求對做媽媽的棠兒來說幾乎從來都是說可以的。那多半也是因為兒子每次都很有禮貌地問其母親的緣故。可是帶誰呢？棠兒的眼睛盯著兒子的背影。只見兒子急急地奔向公車站，把在那裡獨自等車的蘇菲一同叫上了車。棠兒發現兒子的心像自己，柔軟而樂於助人，不禁暗自喜歡。

又過了兩週，兒子和瑪麗去參加學校的舞會。會後，棠兒送瑪麗回家。那天，天突然下起了大雨，兒子的頭上戴了一頂帽子。到了瑪麗家門口山下的樓梯前時，棠兒驚訝地通過後車鏡發現兒子把帽子戴到了瑪麗的頭上，並且說：「媽媽，請你等我一下，我要送她到家門口。」棠兒趕緊說：「沒問題！不過，兒子！後車廂裏有把傘，你可以用！」看著兒子舉了傘，陪伴了頭上戴著帽子的瑪麗

一路上山，棠兒趴在方向盤上偷偷地笑著自己，心想，兒子啊，你知道嗎？你捨不得瑪麗淋雨，媽可是捨不得你淋雨哦！

而這兩個女孩子，終於一起進入了棠兒的眼眶。那是在兒子的堅信禮上。兒子請了班裏的兩個同學來觀禮和吃飯，而這兩個同學一個是瑪麗，另一個就是蘇菲。棠兒看她們一起坐在家屬席的最邊上，興致勃勃地一起觀賞著自己的兒子。棠兒心裏最純潔的一處感情，禁不住悠悠地顯露在早已泛黃的腦海中的一張底片裡。

那時候，在棠兒和女伴們的眼睛裡，誰也不承認各自藏著某個男孩子的身影。相信，在那些男孩子的眼睛裡，也同樣藏著各自所喜歡的女孩子的身影吧！只是那時候的孩子們，男女界限劃得比三八線還要清楚，但凡面對面走過，不要說說話，連頭都不敢抬。哪裡敢像這兩個女孩此時此刻：大大方方、旁若無人地對了一個男孩目不轉睛。

所以，今天兒子回來，棠兒見光天白日，眾目睽睽之下，她們抓了自己所喜歡的男孩的手臂一陣亂畫，不免便又感歎有加。那要在棠兒的青春年代裡，如果被老師或者家長看到，將會是一場大禍臨頭呢。而眼下，她真想告訴兒子說：「兒子啊，你知道自己有多幸福嗎？」當棠兒看到兒子的兩條手臂在同一天，同一時被兩個女孩子塗滿了青花的時候，她似乎看見了自己那張泛黃的底片上，那些僵死的青春之花也都重又顯出了其從未開放過的生氣。

棠兒拿了兒子的手臂想仔細看，不料做兒子的此時卻害羞了，死活不肯。於是棠兒只依稀看到了一隻小雞在吃米，和幾句愛得模糊不清的話語。有的圖案還畫得很大。不過看不出來畫的是什麼。兒子不肯秀臂，棠兒便也只好算了。因為這畢竟是屬於兒子自己的快樂。而讓棠兒在心裡久久不能揮開的鏡頭就是，秋陽下，學校裡，兒子任由兩個女孩一左一右地抓了手臂在上面用筆嬉戲著。豈不知在那聲聲柔軟的輕聲笑語裡，在那點滴癢癢而又涼涼的筆觸

下，兒子和他的女孩子們，會是如何的一付甜蜜而瘋狂的心情。而那纖纖的女孩手指和那壯壯的男孩手臂，在藍藍的天下，柔柔的風裡，又是如何的一幅優美而細膩的畫面。

面對了自己所可心的人兒，讓心情在陽光下曬著，把還不能用話語來表達的情愫自由自在地刻畫在墨裡。這一刻，棠兒覺得不能不說是青春之花開得最純最美最享受的一刻。

3

很早就聽說孩子到了青春期便會變得很難弄。面對青春期孩子的父母就如同面對一場人生的考驗。秋兒有一男一女兩個孩子，雖然她自己也是從孩子走過來的，可是不知為何總是覺得自己在當時像什麼問題都沒有過似的。為何到了自己的孩子漸漸大時，便會開始緊張呢？那是因為秋兒看多聽多了來自周圍鄰居父母們的抱怨。有的說，他們的孩子常常在週末便有各種的派對。弄到半夜一點多，派對才散，一個電話打來，做父母的不得不從被窩裡爬起來去接。有的說，自己的孩子懶散得不肯打掃房間，越催越擰，最後發展到整整兩年不打掃房間，以至於房間裡最後出了蟲子。更多的是並不說具體的如何如何，而只是告訴你四個字，叫「恐怖極了」。究竟如何個恐怖極了，便任由你自己去想像了。

秋兒生孩子生得晚。隨著孩子的漸長，秋兒的體力卻顯得漸衰，於是每天的睡覺品質對秋兒來說便變得很是重要。對她來說睡眠若要被打斷，這一天的疲勞便不知如何才能夠恢復了。因此，聽了鄰居的例子說半夜三更要爬起來去接孩子，秋兒便深感害怕，直對著還沒到青春期的孩子們打預防針說，到時候可千萬不能讓你們的父母半夜裡爬起來哦！記得要麼給我提前回家，要麼就在人家那

裡過夜呀。孩子們聽了當時嘻嘻地笑，莫名其妙加無辜地對秋兒說：「媽媽，我們不會的。」

難道真的不會嗎？隨著孩子們漸漸長大，秋兒首先發現，他們變得開始不怎麼聽話了。凡是秋兒要他們去做的事情，都要重複說上好幾遍後，他們才會去做。而更多的時候卻是最後還是忘記。吃剩的麵包盒到過了一個暑假，裡面都發霉長毛了才從書包裏拿出來給她。晚上很晚了房間裏的燈還亮著在看書並保證說第二天早起沒問題的，到了第二天早晨卻睡眼朦朧地說爬不起來。兒子開始留長髮，女兒開始露肩膀。做媽媽的買回來的衣服，他們變得不再喜歡，寧可繼續穿破衣也不肯上身。一個季度之內，便讓秋兒學會了當孩子們不在場時，不可再給他們買任何衣服。再然後，便是發現他們在很多地方變得看不慣媽媽了。坐火車進城購物，車內很熱，秋兒開始脫衣服。孩子們便會說：「媽媽！」意思是多難為情啊！你怎麼可以這樣！無形之中，讓秋兒覺得自己已不知不覺置身於考場之中。

如此，便到了秋兒的兒子十五歲那年的生日派對。那一天兒子一早起來自己打掃和整理了整棟房子不說，還參與了採購食品和製作沙拉，可以說是忙了整整一天。然後便是小朋友們來了。這個小朋友三個字，也只有秋兒能夠自己用。孩子們可是早就向她提出過無數次的抗議啦，在他們面前是絕對不能再用的了。

話說那一天的派對，小朋友們來了在樓下吃喝玩樂倒也太太平平。秋兒這樣形容，是因為也曾有過鄰居對秋兒說過，當他們夫婦倆外出度假，而其兒子在家中開過派對後回來發現，家中的地毯和牆紙全都有不同程度的損壞。所以在秋兒的眼裏那天的派對顯得太太平平是有道理的。秋兒對自己的孩子還是很信任的。到了晚上，有一個小男孩被家長接走了。秋兒一邊在廚房收拾著東西一邊和女兒閒聊。她說：「那個被接走的男孩，長髮披肩，戴了頂鴨舌帽，

看上去很酷哦。」比哥哥小兩歲的秋兒女兒卻壞笑著說：「媽媽，你知道他為什麼被接走嗎？」接著女兒便告訴秋兒說，因為那個男孩和派對裡的另一個女孩在學校裡面是一對兒。所以他們的家長怕他們派對到最後不回家了便睡在了一起，就把男孩給接走了，而讓女孩留下來。秋兒聽了，吃吃地笑著說：「這樣啊?!」心想，還看不出這些家長都很會防範啊！又佩服這做妹妹的怎麼哥哥身邊的事情她全都知道。

那一天晚上，秋兒估摸著孩子們的派對在樓下不到半夜一二點鐘是不會甘休的。於是到了就寢的時間，她便自己上樓睡覺去了。半夜裡面，朦朧之中，只聽見似乎有人聲上樓似乎又沒有。一覺睡到天大亮後，突然聽見有一男一女兩個人的聲音在說話，且聽上去那對話聲是從兒子的房間裡面傳出來的。嚇得秋兒一下子完全醒了，心想要命啊，忘記兒子和其中的一個女孩在學校裡面也是一對兒呢！難道昨天晚上他倆睡在一起了？雖然在德國，小學裡便給孩子們上了有關受孕和避孕的性知識課。並且配合上課的這個話題在家裡也早就公開地討論過好幾次了。當秋兒去學校參加活動時，看見兒子和他的小對子在課間休息時，出雙入對的，還覺得蠻好玩的呢。而現在突然聽著那安靜之中隱隱約約，肯定是從兒子的床上傳過來的說話聲兒，秋兒還是呆掉了。一對小鴛鴦從學校裡游啊游啊游到家裡來了！

於是，秋兒起床後便先向女兒的房間走去，遠遠地瞥見兒子的房間門是開著的。所以說話的聲音都傳了出來。進入女兒的房間後，她發現女兒也已經在穿衣服了。秋兒便悄悄地對女兒指了隔壁的房間輕聲說：「你哥哥昨天晚上和那個那個誰睡在一起了?!」女兒笑著點點頭。秋兒做了一個快要瘋掉的手勢。然後問：「其他孩子呢？」女兒說：「其他人全都一起睡在下面的客房裡。」說完後女兒還笑著對了秋兒做了一個傻瓜的手勢。並說：「媽媽！」便下

樓去了。秋兒聽見她在經過哥哥的房間時，對了裡面不動聲色地說了聲：「哈囉！早安！」

女兒的鎮定自若，給了秋兒這個還愣在原地有點不知所措的母親一個啟發。是啊，沒看見房門是開著的嗎？這有什麼可大驚小怪的？兒子的床大，所以招待一個人睡而已嘛。秋兒的腦海裡，出現了自己當年十五歲時在家裡的一幕：一個男孩於週六的下午來家裏找秋兒，他們一起在秋兒的小房間裡吃著蛋糕，有說有笑的。兩個半小時後，男孩告辭。而秋兒卻接到母親的宣告說：「這個男孩以後不許再到家裡來！」秋兒不解地問：「為什麼？」母親的臉對了鏡子在梳妝著自己，並不直接回答秋兒的問題，只是又重複了一遍：「我說不許來就不許來！」那可是對秋兒來說，感覺母親最不講道理、最莫名其妙的一次。往事真的會如煙嗎？此時此刻，秋兒又想到了那早已忘懷的一幕。

秋兒的心一下穩住了。她像那房間裡本來就住著自己的兩個孩子似的，走過兒子的房間，並學著女兒的樣子，輕描淡寫地對裡面說了聲「哈囉！早安！」就下樓去了。秋兒相信，此時此刻，這才是她能夠給自己和別人的孩子的最好的禮物。

對還在青春期裡的孩子們來說，還有什麼比一份尊重和信任更值得他們去向家長們索求呢？秋兒慶幸自己在女兒的幫助下，糊裡糊塗地通過了兒子和他的小對子所給她的一場無言的考試。

寸草春暉

德國　黃雨欣

「慈母手中線,遊子身上衣。臨行密密縫,意恐遲遲歸。誰言寸草心,報得三春暉。」唐代詩人孟郊這首膾炙人口的《遊子吟》,雖寥寥數語,卻抒發了多少母子相依的美好情懷。但是,在地球的另一端,我卻聽到了一個個與這首詩不甚和諧的音符。

那年年末,我們一家三口結束了希臘之旅,又返回德國。當時正值耶誕節。這是德國最冷的季節,寒風刺骨,冷氣逼人。雖然滿街的聖誕花樹和聖誕彩燈在教堂的聖樂和鐘聲中雀躍著,也並未阻止乘機肆虐的兒童流感病毒把一個又一個孩子送進醫院,我那兩歲的女兒也未能倖免。當時,望著女兒那燒得通紅的小臉,我心疼得直落淚,真恨不能代替女兒生這場病。孩子爸爸更是坐立不安,幸好在另一個城市裡做博士後的大哥聞訊趕來了,見到親人,我們心裏才踏實一些。連日來,三個大人輪流陪伴著女兒,寸步不離寢食難安。護士小姐多次勸我們說:「放心吧,很快就會好起來的,比她病得嚴重的孩子多著呢,你們可以都回去,把她交給我們好了。」我們當然不同意,孩子病成這樣,家人不在身邊怎麼行?絕不能在這個關鍵時刻讓孩子失去安全感。見說服不了我們,護士嘆道:「好吧,隨便你們,中國的父母對孩子真是太好了,換了我們德國人,讓他陪在這裡他都不肯。」經她一說,我才注意到,別的病房裡除了醫護人員穿梭往來外,很少見到家長。過了一會兒,我女兒的病房裡又來了兩個孩子,一個是比她稍大的男孩,母親把

他安頓下來就走了，他一個人坐在小床裡不時地衝我們做鬼臉，非常可愛，緊接著就是一陣陣大咳，我端給他一杯水，他喝下去緩和了一些，隨後向我綻開一個感激和信賴的笑容。當時，我真不知該讚賞這個小娃娃的獨立還是該同情他這份無助。另一個小女孩看上去還不到一歲，路還走不穩呢，只見她躺在小床裡，懶懶地閉著眼睛，長長的睫毛像兩把小刷子似的覆蓋在眼瞼上，偶爾睜開那雙美麗的大眼睛在病房中尋覓一圈，口中沙啞地呼喚著：「媽咪，我要媽咪……」可她那位環珮叮噹風姿綽約的媽咪在她昏睡的時候就離開了。這女孩病得可是真不輕，喘氣時胸腔裡像裝個小風箱，「呼——呼——」的聲音伴著高一聲低一聲對媽咪的呼喚，聽得我心裡很不是滋味，並由此生出許多感慨。

可見，西方孩子對父母的依賴性很低，其獨立生活能力不知比中國孩子強多少倍，那都是被父母打小給鍛鍊出來的！德國的小孩剛一降生就獨居一室，除了吃奶換尿布等固定時間由大人關照外，很多時間都是自娛自樂地玩耍，有時明明看見他們踉踉蹌蹌地摔倒在地，父母遠遠看見也裝作不以為意，孩子只好自己爬起來繼續踉蹌前行。所以，德國孩子過早地就養成了不哭不鬧、凡力所能及的事絕不依賴大人的習慣。難怪西方人都比中國人活得瀟灑自在，他們心目中沒有那麼多牽絆。無論是父母、配偶還是子女，分別時，他們都能果斷地做到揮揮手，不帶走一片雲彩的瀟脫，無所牽掛超然前行，沒有所謂責任的束縛和良心的不安，有的只是獨立和自由。不管你是羨慕還是困惑，這樣瀟脫的生活觀念和育兒方法我們中國人是窮其一生都學不來的，正像西方人也同樣不理解中國父母在子女面前「俯首甘為孺子牛」、「衣帶漸寬終不悔，為伊消得人憔悴」一樣。在這種典型的西方文化氛圍裏，我的靈魂經歷了一次又一次的觀念衝撞。

每當我把哭鬧的女兒送進幼稚園後，久久徘徊在門外，或是女兒受委屈時，我像個護崽的母狼一樣挺身而出時，都不能如在國內一樣心安理得。儘管這種純東方式的母愛曾被他們取笑不解，我還是迷途難返，因為我覺得，在弱小的孩子無力抵禦這個世界上的淒風冷雨的時候，身為父母的我們有責任盡自己的微薄之力為他們營造一片遮蔽風雨的綠蔭，用我們滿腔的愛，為他們建築一個溫暖的小巢。就像我們幼時父母善待我們一樣，我們也要用我們的愛心來為我們的孩子梳理柔軟的羽毛，直到他們的羽翼豐滿，帶著我們深切的祝福與希望直衝雲天。那時，鬢髮斑白的我們就會欣慰地說：「我們的孩子，終於長大了！」而不是向西方人一樣，嘴裡時刻誇張地表達著：「孩子我們愛你！」然後就是咄咄地親吻，而真的需要他們付出愛的代價時，便對社會一推了之。縱使他們的社會福利再優越，又怎能比得上深沉的父母之愛？孩子就像是一隻小小鳥，為什麼要讓這些弱小的鳥兒們過早地經受世上的風霜雨雪呢？鍛鍊出獨立性的同時，也學會了自私和冷漠。常見西方人出外就餐，父子同桌用餐卻掏各自的腰包，母女同居一個城市卻很少往來。這種現象在西方社會早就不足為怪了，生活中若缺少我們中國人視為珍寶的骨肉親情，他們的獨立和灑脫不就是寂寞和空虛的代名詞嗎？

　　在醫生的及時診治和我們的悉心照料下，女兒很快就痊癒出院了，她回家的時候，那兩個同室的小病友還孤獨地躺在醫院裡。看到他們小小年紀就知道乖乖地和醫生配合，這點真是讓我那一看見穿白大褂的就尖聲哭鬧的女兒望塵莫及。由此，我更加體會到，我們作父母的對孩子多盡一份責任，多操一份心，我們的孩子心中就會多一份溫暖、少走一段彎路。正是這樣一代又一代無私奉獻的父母雙親，才繁榮輝煌了我們古老民族仁義孝道的文化倫理觀。而此時的某些西方發達國家，卻正紛紛為嚴重的人口老齡化問題而一籌

莫展，不惜以重金懸賞的方式鼓勵多生多育，甚至在人道主義的名義下積極提倡自己的公民收養戰爭或貧困國家的孤兒，借此給日趨老齡化的社會注入一絲生機。

縱使財富能讓灑脫自由的西方人領略海濱渡假的風情與浪漫，能讓他們擁有豪華轎車和富麗堂皇的別墅，卻偏偏換不來那些身為「一代新享樂主義」的父母們對兒女那份從血裡心裡流出來的關愛。如此，西方國家的年輕人沒有贍養父母的意識就不足為奇了。因為，責任和義務是互相依存的，既然幼小的孩子在最需要父母的時候沒有得到那份關懷，那麼，在他長大之後就很難從心底生出對父母的熱愛。所以，在這一代西方青年的頭腦中，根本就不存在反哺的概念。都說西方社會是年輕人的天堂，是老人的地獄，我卻覺得，他們在年輕時所享受的每一分天堂般的自由和快樂，就將以老年時地獄裡的淒涼和痛苦作代價，他們就這樣一代一代地輪迴著自掘墳墓的無奈與淒涼。

相比之下，我們國家的老年父母是何等的幸福，也許他們並不富有，卻享受著社會的尊重兒女的孝敬，在他們心裡，沒有西方老人的那些不安與孤獨，因為他們為兒女的成長操勞一生，拼盡心力，如今面對自食其力的兒女們，內心被釋然的幸福充實著。雖然他們在為兒女付出所有的時候並未想過日後的回報，但哪一個有良知的兒女會忘記父母們那雙勤勞的雙手，會忘記父母那一顆拳拳的愛子之心呢？父母是孩子最初的啟蒙者，他們對老人和子女的愛，將深深銘刻在孩子幼小的心靈上，並將伴隨他的一生。孟子曾云：「老吾老以及人之老，幼吾幼以及人之幼，天下可運於掌。」由此看來，「尊老愛幼」不光是一種責任、一種義務，更是一種觀念、一種精神，正是這種觀念這種精神的代代相傳，才奠定了中華文明生生不息的牢固根基，也道出了五千年文化源遠流長的底蘊；正是這種觀念和精神，牢牢繫住了我們這些海外遊子的心，使我們無論

漂向何方,心都留在了生我養我的那片熱土,那裡有我們割捨不斷的至愛親情……

快樂的安妮

英國　林奇梅

　　安妮是一位聰明又伶俐的中國女孩子，由於父母親是經商的，所以她在小學五年級時就跟著父母親來到英國，剛來英國時，她感覺英語的學習和溝通很是困難，除了數學較能勝任外，在學校的頭幾週裡，由於語言的障礙，總是哭哭啼啼地回家向父母訴苦，自己交不到朋友，此時她的父母能給予的就是更多的鼓勵，安慰和愛心。

　　英國老師知道安妮初從國外來此學習，所以老師非常地有耐心，安妮在學校接受老師的諄諄教導，班上同學也很熱情的幫助，又加上她曾在中國接受良好的基礎教育，和有了良好的學習態度，來到英國後，仍然保持原有的努力和認真，安妮的英語也日益的進步，於是與新同學的隔閡也漸漸地減少了，她每天快快樂樂地去學校學習。經過幾個月後，她的學習進步得非常快，又每次遇到困難時，同學總是會幫忙，安妮也交到了朋友，同學的熱心和老師的愛心給予安妮增加了不少的信心。

　　隨著歲月的過去，雖然她是華人的子弟，如今，在英國學習有多年，也可以算是在英國長大的小孩，至今已經有了很多的英國朋友，英語已經成為她在日常生活上的使用語言，所以與外國朋友的相處，溝通上並不覺得困難。

　　安妮已經學完高中，也參加英國的高中會考了，她希望能進入英國的好大學就讀，大學生活將會是多采多姿的，學生在大學裡

學習的態度和精神確實與高中生不同，況且也與東方國家更有所不同，安妮多麼盼望沐浴在大學的羅曼蒂克的學習生涯裡。

安妮兢兢業業地努力，終於順利地通過了高中會考，進入了英國中部的一所好大學。她可以回去北京，拜訪親戚朋友而輕輕鬆鬆地過一個暑假的假期。

學校開學了，安妮繳完了學費後，她高興地提著行李，住進學校的宿舍裡，她在大學裡愉快地念了一學期，世界經濟崩潰，金融風暴的危機發生，很不幸地，父親的事業也受到了影響，父親從事的進出口業經營得不順利，父親的生意一落千丈，而財務上又遭到多家商店的倒閉，收入減少，資本全都損失了，父親受不了如此的打擊，也因此倒了下來而生病了，父親只好賦閒在家，接受治療。

母親為了一家人的生活，到處找尋零工來做活，但是，零工的收入是非常低微的，工作一天，卻不知第二天的工作來源。由於生活在英國多年，父母雖然可以領救濟金來生活，但是救濟金是有限度，每個月給的金額非常少，而且給付的時間也有期限，而母親所找的臨時工，只是有時候到中國餐館打打零工罷了。

安妮面臨家庭的變故，她深深了解自己的家庭，目前已陷入了貧窮的境地，她深知每日的生活將面臨絕境，怎麼可能還有錢再供應自己讀大學的學費用呢？倘若將來再繼續讀大學，必定會面臨繳交學費的困難，於是，在這一個面臨困難的邊緣時刻裡，她必須自己鼓起勇氣來面對，和幫忙父母解決困境，所以安妮的表現非常鎮定和沉著。

她自己深思熟慮了幾個可行的方案，首先她考慮以學生的身分向銀行申請學習經費和生活費的貸款，倘若銀行接受她的申請，那麼她就可以在學校裡繼續升學。但是另一件困難的事又要面對，因為學生向銀行借款，利率雖然低，但仍需要負擔銀行的利息，如今又碰到金融風暴，銀行資金緊縮，也許也借不到多少

錢，加上自己在學校學習時，必須有一筆為數不少的生活費，那又會是另一個負擔。

父親生病躺在床上，而母親沒有工作賦閒在家，她必須扛起負擔家庭生活的責任和義務，於是經過再三思索，安妮決定休學找工作，況且她的大部分同學，高中畢業後，都已經獨立自主，而能進入大學就讀的同學，也多依賴自己打工，賺取生活費和學校的學雜費，才能繼續攻讀大學。

安妮也曾請教老師的意見，多位老師都有同樣的看法，那就是安妮既然已經接受父母的撫育到高中畢業了，繼續攻讀大學，學費方面父母能幫忙那是幸運，若父母有困難，則安妮就必須學習獨立而依靠自己賺錢來完成學業，若能順利地找到好工作，則可以一方面扛起家計，一方面也可以累積少許的收入來作儲蓄，以便為繼續唸大學而準備，同時在工作中學習，從工作中累積經驗，又可以幫助她自己，是將來找工作時另一個更好的經驗。

經過老師的建議和安妮的聰明決定，於是她向學校申請辦理休學，而另一方面努力找工作來幫助家庭和作儲存學費的打算，對於因為家中變故以至於沒有繼續升學，她不會因此傷心也不會因此而難過，她不自怨自哀，也不頹喪，而是更積極進取地面對。

找工作又是另一種挑戰，安妮只是一個高中畢業生，又急著找工作，所以面臨諸多的困難，經過多次的面試和申請，皇天不負苦心人，在倫敦西邊有個新穎著名的西屋綠野超級逛街中心，有一家英國倫敦著名品牌的衣服商店，正在找人，由於近年來，來英國旅遊的中國遊客越來越多，這一家商店需要一位會說中文和英文的銷售助理，安妮通過了智商和語言的測試，和如何與顧客最好的溝通考試，她終於被錄取了，而且順利地在這一家商店當起了店員，工作的待遇雖然微薄，卻能解決家裡目前的困難，安定家需，同時慢慢地也可以為將來學費的需要而作儲蓄的計劃。

我們從安妮的實例可以清楚了解，當安妮面臨困難時，並不畏懼也不恐慌，勇於接受挑戰，也不會太傷心和難過，而是接受和面對事實，以積極的態度來解決困難，以充滿了自信和能力而努力向前，了解職業無分貴賤，只要是以自己的能力和刻苦奮鬥而賺得的，都是值得稱許的。

　　安妮是出生在一個華人的家庭裡，保有中國人的傳統美德，懂得孝敬父母，真是可喜的事情，又因生活在西方國家，安妮雖然暫時沒有繼續讀書，然而，她的工作經驗的累積，將是她再進修和踏入更深層社會的最好資本。我們也可以了解安妮的勇敢面對事實，充滿了愛心及無畏懼的精神表現，那是接受英國的《每位孩子都重要》的教育成功表現。

一汪苦水：給所有為青春期兒女苦惱的家長

德國　高蓓明

　　瑪拉（MARA）是一個美麗的混血少女，在德國出生長大。她的爸爸是德國人，媽媽是東南亞女子。瑪拉的父母沒有結婚，只有短暫的同居史，她的父親不喜歡她的媽媽，因為兩人一直吵架，在她媽媽懷孕的時候，她的爸爸很憂愁，他不想要這個孩子。那些日子，他爸爸天天作惡夢，夢見一個小嬰兒被砍頭。瑪拉的爸爸是個虔誠的基督徒，他覺得上帝反對他的想法，所以最後瑪拉還是生下來了。瑪拉的媽媽不要孩子單要錢，所以瑪拉的爸爸付了一大筆錢把瑪拉買下來了，交給奶奶撫養。

　　奶奶很高興，她得到了唯一的孫女，對她寵愛有加。瑪拉的父親對她也很好，每天下班後陪她玩，帶她出去散步。只是她爸爸不明白，為什麼瑪拉的媽媽給她起這個名字？這不是個典型的德國女孩名字。有一天他讀聖經，找到兩處提到「瑪拉」的地方（德1：20，出15：23），原來瑪拉的意思就是一汪苦水。苦瑪拉在三歲的時候就會躲在桌子底下說：我沒有媽媽，我沒有媽媽。瑪拉物質上不苦，精神上苦。

　　瑪拉兩歲時他爸爸結婚了，後媽是個中國女子。瑪拉嫉妒後媽，打她耳光，扯她頭髮，用腳踢她。從此後媽看到她就躲。瑪拉在奶奶的庇護下慢慢地長大，奶奶越來越老，瑪拉越來越反叛，對

學習不感興趣，留級、逃學、抽煙、上酒吧，偷東西，同壞孩子在一起，在家常常跟奶奶吵，瑪拉心裡苦，就用這樣的方式發洩，終於奶奶吃不消了，一天晚上倒下後再也沒有起來。瑪拉覺得很高興，她以為管束她的人沒了，翻身的日子到了。不料，從此再沒人給她做可口的飯菜，為她整理房間，給她很多零花錢，為她付騎馬費，補課費，漸漸地，她明白了世事的蒼涼。但她還有個好爸爸，她可以抓住他，她看準了這一點。

瑪拉的爸爸是個部門管理，手下有五十多個人，工作壓力很大。但他憐憫他的女兒，能夠縱容她的地方儘量縱容她，給她買高級服裝，帶她看電影，八小時下班後，還當她的義務駕駛員，開她到東到西。瑪拉把她爸爸的憐憫當成驕橫的資本，越來越猖狂，有時會讓她爸爸在二～三個小時內開五、六個來回，晚上一、二點才回家，讓她父親在家焦慮，不能入睡，只要他父親不喜歡的事，她就拼命地做。她覺得，她的不幸是她父親不同她媽媽結婚造成的。最後她的爸爸在一個晚上心力交瘁，沒有了氣，被搶救回來後成了個廢人。瑪拉在一年之內等於失去了兩個至愛的親人。

瑪拉接著把目標轉向了後媽，要求她為自己做這做那，可這次她的指揮棒不靈了。奶奶愛她，爸爸可憐他，得到怎樣的後果，後媽都看在眼裡，她才不要成為瑪拉的犧牲品。在經過幾次激烈的爭吵後，瑪拉只好縮起脖子熬日子。在那段苦熬的日子裡，上帝憐憫她，沒有讓她生過大病，在憂鬱的困境中爬出來，她自己整理房間、採購、做飯、上學、做作業、去馬廄打掃，以換取免費騎馬的資格，儘管做得都勉強及格，但她搖搖擺擺地走過來了。

一日，瑪拉整理好自己的東西，離開了這個她生活了十八個年頭的老屋。離開之前，她同後媽好好地談了一次話，她請後媽原諒她以前的大吵大鬧，請她照顧好她的爸爸，她還答應會經常回來看望他們；後媽祝福她順利地拿到ABI（高中文憑），找到理想的

工作和好男人，組織起自己的小家庭，過上幸福的生活。瑪拉說：「我會的。」瑪拉走了，她的身後沒有奶奶和爸爸的目光，只有後媽的一雙期待的眼睛。在後媽與瑪拉爭吵的那些日子裡，絕望之中後媽請人代禱，得到的回應：「瑪拉變以林，即苦水變甜水。他們到了以林，在那裡有十二股水泉，七十棵棕樹，他們就在那裡的水邊安營。」（見聖經《出埃及記》15章27節）多美啊，後媽感覺很驚訝，因為她並沒告訴別人，她繼女的名字叫瑪拉。後媽又去急急地翻聖經，看到一段經文：「摩西呼求耶和華，耶和華指示他一棵樹，他把樹丟在水裡，水就變甜了。」（出15：25）

後媽在這句話的下面寫道：「上帝啊，請你也給我這棵樹。」也許她已得到了。

「媽媽，屁股是我的！」

西班牙　張琴

　　媽媽把兒子大衛從幼稚園接回家，孩子一進門拿起電視遙控器就按。媽媽忙完事，看見兒子又在看動畫片，一旁放著要吃的水果和點心根本未動。媽媽顯然生氣了：「兒子，你不聽話，小心打你屁股喔？」

　　一開始，大衛沒有立即反應過來，等他完全明白媽媽在說什麼時，他連忙扔掉手上的遙控器：「媽媽，老師說『屁股是我的』，你不能打！打就叫警察。」

　　兒子的話，使媽媽瞪目結舌：「你是我的，為什麼不可以打？」

　　上述的真實故事發生在海外第三代華人家庭，由此，可詮釋出東西方倫理觀念上的差別。

　　母親懷胎十月，未分娩之前，胎兒與母親為一體，顯而易見孩子是母親身上不可分離的一部分。但是，當孩子完全脫離母體後，就完全是個體生命了，他屬於他自己而不屬於任何人。直到他成年進入社會，就應該接受社會法規法則。因為他有他獨立的人格，有他應用的許可權。但是，在他尚未成人前，父母撫養是天職，但不再屬於父母，所以，父母不該對孩子隨意處置。這就好像一棵蘋果樹上結滿了許多蘋果，當蘋果還結在樹上時，母樹不斷從樹根吸收水分和養料來飼養果實的成長，一經瓜熟蒂落掉在地上，從此和它的母體再也沒有任何關聯了。蘋果落地果實在地中孕育發芽，然後成長為另一棵蘋果樹，再開花結果……這就和人類一樣傳宗接代，繁衍不息……

因為人類有情感世界，所以便有了諸多倫理和道德規則。之所以這樣，是想通過這些規則來調節社會的秩序，以獲得人們共存的安寧。既然是人為制約的倫理，那麼這些事例所發生的時間、地點、或是不同的國家和社會，有著不盡然相同之處，但是由於價值觀不一樣，所以產生的結果也就不一樣了。目前，華人家庭第三代孩子所受的西方教育和東方父母倫理觀常有相左之處。其實，未成年的孩子並不明白中西文化的差異在哪裡？

由此以來，兩種文化的衝擊和影響，導致孩子們無所適從，辨別不了是非真假。結果，孩子受了西方與東方不同觀念的影響而產生的叛逆思想和行動，使一般沒有受過西方倫理理念的中國父母難以接受。倫理的定義是：人與人之間相處應有的道德。若以某種價值觀念為脈絡的生命感觸而解釋，那麼，有多少生命感觸就有多少種倫理。

中國由於承襲幾千年來封建思想和傳統文化，一貫把子女看成私有產業，既然是私有，那麼父母就有主宰的權利。國人之所以活得累，兒孫的事從小到大全包了。若是兒孫不依照傳統方式去孝敬，長輩便會感到無限懊惱。就好比古羅馬的奴隸社會，奴隸一經賣給貴族並且帶回家，他們無論在物質上和精神上，都被貴族任意凌辱欺負不當人看。嫌棄了又把他們當舊貨一樣賣掉。廢除奴隸制度以後，世界各國建立了合法的人權制度，說白了就是提升了人類的尊嚴和自主權。西方家庭，父母撫養孩子是天職，並沒有期望將來兒女成年後，應該有享受回報的理念，如果子女願意贍養父母晚年生活，那只是道義上的事。

所以，中國的諺語：「生兒養老在西方是不可能成立的。誠然，東方常批評西方缺乏孝道，反而言之，西方的父母在不期望回報的觀念中來撫養兒女，他們並沒有佔有欲，所以其價值觀與國人不同。相比之下，西方父母和社會更看重個體人格的獨立性。

你對自己孩子究竟瞭解了多少

黃雨欣

在柏林電影節上，看過一部好萊塢影后瑞內・茨威格主演的影片《我的唯一》，這部影片給我留下了非常深刻的印象。茨威格扮演的那位母親，為了給兒子一個穩定的生活不惜顛沛流離受盡了屈辱，然而，到頭來，兒子對她的付出卻並不領情，在路過茨威格的姐姐家時，小兒子寧可和剛見面不久的姨媽生活在一起，強烈拒絕在母親繼續趕路時和她一起離開。銀幕上的茨威格情緒激動軟硬兼施，最後甚至哀求小兒子喬治：「兒子，媽求你了，和媽一起走好嗎？你難道不知道媽媽有多麼愛你嗎？」喬治並不為之所動，反倒將了母親一軍：「讓我和你走可以，你如果能回答出我的三個問題我就和你走。」

喬治的第一個問題是：「你能說出我最喜歡的顏色是什麼嗎？」茨威格顯然不是一位細心的媽媽，她紅黃綠的一連說了幾個顏色，越說自己越沒底氣，越說兒子的臉色越不耐煩，最後她只好眼含熱淚地解嘲說：「我連我自己喜歡什麼顏色都不知道呢！」喬治的第二個問題是：「我現在穿多大號的衣服多大號的鞋？」茨威格還是說不上來。最後，兒子問她：「你知道我最喜歡讀的書是哪本嗎？」在茨威格錯愕的目光中，她的姐姐喬治的姨媽卻準確地回答了出來，喬治說：「我就知道你說不出來，可是這些姨媽卻知道，所以我不會再和你流浪了，我要留在姨媽這裡！」

雖然這只是影片的一段小插曲，最後還是好事多磨，母子團聚，皆大歡喜，可是喬治的問題連日來卻一直在我腦海縈繞。這三個問題看似簡單，作為父母，若真要全部答對，所花費的心血可不是一天兩天的。多少父母對子女生活上的關照無微不至，可那份關心雖然發自肺腑卻似乎氣力總沒用在點子上，到頭來孩子抱怨父母埋怨互不理解。我那夫君對兩個女兒簡直疼到了骨子裡，小女兒貪玩貪睡，我又習慣晚睡晚起，他在家時，照顧女兒的起居被他一手包攬，他不在家時，哪怕遠隔千里萬里，他不管多忙不管時差不管自己睡得多沉，也不忘定時地打來越洋長途關照女兒上床起床，他最瞭解女兒們最愛吃的麵包香腸乳酪霜淇淋的品牌，可當我把這三個問題向他提出來時，他當時的茫然表情和影片中的茨威格別無二致。由此可見，父母對孩子的真正瞭解並不是單憑一個「愛」字就能囊括的。我們中國父母在教育孩子上更是存在著一個誤區，他們不知怎樣表達對孩子的愛，以為愛孩子就是儘量為孩子創造多的物質財富，為了愛孩子不惜吃儉用甚至傾其所有，卻發現在感情上與孩子的距離越來越遠，父母究竟該怎麼做才能搭建起和子女心靈交流的平臺，才能真正走進孩子的內心傾聽到他們真正的需求與渴望？

　　值得驕傲的是，作為兩個女兒的母親，對這三個問題我可以脫口答出，大女兒喜歡藕合色、小女兒喜歡天藍色，大女兒的衣服和我一個型號鞋子比我小一號，以前最愛讀的書是吸血鬼的愛情，現在又迷上了《莎士比亞戲劇集》；小女兒的鞋子是32，衣服是128，縱使隨著孩子的身體發育這個數字隨時會變，不管怎麼變我仍然會了然於心；小女兒從認字起就愛讀睡前童話，還喜歡把繪圖中文字典當連環畫看。

　　那天晚飯後，我和女兒們坐在餐桌前，當我把影片中三個問題的答案說出來向女兒們求證時，小姐倆竟然很感動也很興奮，一左一右地摟著我的脖子大呼小叫，顯然是肯定了我的答案，然後爭先

恐後地說出了她們心中屬於媽媽我的三個答案：她們經常和我一起逛街，對我的衣服鞋子型號自然知道，最喜歡的顏色嘛，小女兒的回答是淡綠，大女兒補充：下雪天愛穿紅的，發胖時愛穿黑的，最愛讀的書是之乎者也和發燒做夢之類的……

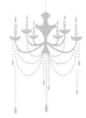

在德國育兒記

德國　穆紫荊

1

　　德國的幼稚園和中國的有很多不同。首先是分組不分班。中國的幼稚園按孩子的年齡分有大班，中班和小班，而德國的幼稚園沒有大班，中班和小班之分，而是三到六歲的孩子都在一起。老師根據每個班不超過二十五個孩子的原則，把孩子們混合分成若干個組。每個小組各起一個自己的組名，比如狗熊組、太陽組、紅色組、彩虹組等等。當我自己的孩子要進幼稚園時，我對這種分配的方法是很有牴觸的。我覺得自己的孩子年齡小，和大孩子在一起肯定會吃虧。說不定還會受大孩子的欺負。雖然在報名時，幼稚園老師反覆對我申明說，我所擔心的情況是幾乎不存在的，我的心還是不能夠放下。而且當我聽老師說德國現在所流行的新式教育方法是：在幼稚園裡孩子們自由活動的時候是完全自由的，即組和組之間也可以自由地走動。我驚訝得都有點不想送我的孩子去了，因為我覺得這樣子很亂，萬一小孩子走迷了怎麼辦？然而，不送也是不現實的。況且德國的幼稚園都這樣。

　　於是，離幼稚園開學的時候越近，我就越為了孩子能否適應而緊張。因為至今在我自己的腦海裡面，還保留著一幅依稀泛黃的畫面，那就是三歲的我被哭著背在大人的背上，眼前是好幾張說個不

停的臉。可能是我死活不肯，於是便被背著在商場裡兜圈子，兜到我糊裡糊塗時最後又被送回到那幾張說個不停的臉面前。很多很多年以後，聽我的哥哥說，當時這一到商場去兜圈子的鬧劇，幾乎是每天都要上演一遍。而我每天都在大人的背上哭著不肯進幼稚園。然而，沒想到的是，和我自己小時候哭著不肯去幼稚園相反，我的孩子竟根本沒有掉一滴眼淚便進去了。

　　過程是這樣的：大約離開學還有一週的時候，家裏來了兩個幼稚園的老師。她們來家訪的目的就是讓孩子認識並且喜歡上她們。因此她們不僅給孩子帶了一些小禮物，還各自都摒棄尊稱給自己起了一個讓孩子很容易記住並且叫得出來的暱稱。這樣，在孩子的眼裡便沒有嚴肅的陌生人，而是只有比媽媽還有趣的大朋友了。彼此認識了之後，她們便向孩子發出邀請。請他於下禮拜某天某時和媽媽一起去幼稚園「看」她們。孩子聽了當然是忙不迭地點頭。並且似乎恨不得是明天就去呢。

　　而事實上，從下個禮拜開始，便是連續三週的試讀期了。試讀期分三週，以每週一次，每次一個鐘頭的方式安排。並且媽媽還都是容許可以在邊上陪著的。我發現這個方法很別致。開頭兩次，每次老師都在兒子玩得忘乎所以的時候對他說：「麥克，好可惜呀，還有五分鐘你今天的時間就到了呀，你該跟媽媽回家了。下一次你再來好嗎？」於是孩子不得不依依不捨地放下玩具跟著我離開。到了第三次，他終於提抗議了。他說：「不！我要繼續玩！」於是老師就順水推舟地對他說：「好吧！下一次你可以在這裡繼續玩，可是必須沒有媽媽的陪伴，你同意嗎？」兒子立刻就點頭說：「好！」就這樣，我的孩子沒有掉一滴眼淚便被勾到幼稚園去了。但是老師卻仍然要求我在第一天只單獨放兩個鐘頭。平安無事後，又被告知再接下去的一週內都先只保持每天兩個鐘頭，等孩子完全

適應以後再加到三個鐘頭。我的孩子在如此精心體貼的安排下，平靜地度過了從家裏到幼稚園的轉折。

相對我自己的童年，真是天壤之別。當我向幼稚園老師聊起我自己的進幼稚園的經歷時，她們告訴我說，如果一個孩子在頭三週內一直哭個不停的話，幼稚園便會向家長建議晚一年再送。他們認為孩子的心理發展有快有慢，所以並不是所有到三歲的孩子都適合進幼稚園的，也有的是四歲更合適。

在那陪同孩子適應的頭一週裏，我驚訝地發現老師們在十點以前幾乎從不規定一個孩子你現在必須做什麼。而是始終讓孩子按照自己的意願活動。甚至孩子可以自己決定什麼時候到餐桌邊去吃從家裏帶來的早餐。吃完以後自己去刷牙。阿姨只負責監督和提供幫助。十點以後是一個小時的團團坐。跟老師一起唱歌做遊戲或者聽故事。我的兒子第一天進去以後，馬上被幾個喜歡他的大女孩認領了。她們教他換鞋子，幫他繫鞋帶。帶了他到其他組裡去串門。總之，的確不是我所想的那樣，大的盡欺負小的。老師們和孩子的關係也非常地彼此尊重。那一天老師曾問一個男孩想不想帶我的孩子玩？那男孩搖搖頭說：「不！我現在先要吃飯。」老師馬上便說：「啊，對不起，我不知你還沒吃早餐。」

還有一次，當我去接孩子的時候，看到老師問一個媽媽說：「您的女兒今天是否沒有睡夠？」那媽媽承認說：「是的。」原來這個女孩今天早早地就自己到走廊裡穿鞋子想回家了。老師發現她把鞋子穿反了，於是便向她指出來說：「我想還是應該換過來會更舒服。」可是那個女孩卻不肯。於是老師便對其母親說：「我們就沒有再說服她。因為我們想她一定是累了。」話剛完，便看見那女孩穿了一雙反鞋子，高興地朝門口奔來。想到，我自己小時候，坐要兩手放背後，連上廁所和喝水的時間都有規定要大家統一排隊來回。真是感慨萬分。後來在開新生家長會的時候，園長又再一次

地向家長們強調說：「幼稚園的任務是幫助孩子學會彼此怎樣相處。包括大人和小孩。要讓孩子一是知道自己有自由選擇要還是放棄的義務，二是懂得別人的自由和自己的自由是同樣的重要。在這樣的規則下才不會出現兩個人為了同時爭一樣東西而大打出手的情況。」事實和我所看到的一樣，孩子們在幼稚園裡有的吃早餐，有的在運動室。有的三四個一起在做著爸爸媽媽和孩子的遊戲。又有的爬在地上搭積木或玩汽車。對玩累了的孩子，幼稚園還有一個專門的暗房。裏面堆了枕頭和墊子。屋頂用星星和月亮為裝飾。以便需要安靜的孩子可以抱了小熊在那裏吮一會手指，睡一覺。老師是絕對不會干涉的。為此老師向我解釋說：「德國有一句俗語，就是孩子應該像孩子。」這是我在德國學到的難以忘懷的一句話。

2

　　如果一個孩子學走路時摔跤了，試問有哪個媽媽不會上去把孩子扶起來？蘭兒在德國做母親以後，沒有想到當孩子開始學走路時，她的德國丈夫所給她的一個功課竟然是不要去扶，讓孩子自己爬起來。蘭兒結婚比較晚。當蘭兒結婚的時候，在國內的女朋友們的孩子都大多五六歲了。每當蘭兒回國去探親的時候，女朋友們帶了各自的孩子去看望蘭兒，人人都把自己的孩子當珠寶似的，不是攬在身邊不讓離去，就是六七歲了還理所當然地抱在膝上。所以，當蘭兒的孩子開始學走路時，孩子摔跤，她便像彈簧一樣地從沙發上跳起來撲過去，萬萬沒有想到過自己的身體會給丈夫一把拉住。蘭兒的眼睛看著孩子可憐兮兮的哀哭狀，耳朵裏卻聽著丈夫堪稱強硬的軍令狀：「不要去扶！讓他自己起來！」說完後，他蹲到在地上哭的孩子面前，和顏悅色，輕聲細氣地安撫和鼓勵著他自己站起來，直到孩子轉哭為笑，然後撅起屁股，自己兩手撐地站了起來為止。

那天晚上，兩個人為了扶不扶的問題爭論。

蘭兒說：「我去扶，說明我愛孩子！」

丈夫說：「你這不是在愛他，而是在害他！」

蘭兒說：「我這怎麼是害他呢？我是孩子的媽媽！難道我會要害他嗎？」

丈夫說：「你是孩子的媽媽沒錯，可是他摔跤了，是他自己的事情，應該讓他自己起來。如果你不讓他學會，他以後到了幼稚園裏，怎麼辦？別的小朋友，他們都會笑他啊，你這不是在害他嗎？」

蘭兒說：「他現在剛剛在學走路，離上幼稚園還早著呢。」蘭兒生氣，便站起來離開了房間。

只聽得丈夫在蘭兒的身後說：「蘭兒！請你聽我說！我求你！如果他現在不學會，上幼稚園的時候怎麼會學會呢？」

蘭兒和丈夫，兩個人誰也不服誰。甚至那天晚上在床上睡了個北字。不過事後蘭兒還是隨了丈夫的意思。從此，孩子摔跤，只要不見血，她便也當作沒看見，手裡該幹什麼幹什麼，只是嘴裡送一串安撫的話語，鼓勵孩子自己起來。一旦孩子自己站起來了，蘭兒又立馬大大地讚揚。幾次以後，孩子摔跤便若無其事地爬起來繼續玩。當然摔的時候也是會大叫一聲啊哇的，但是叫過以後，似乎痛也便過去了。並沒有眼淚，這讓蘭兒寬心。只是有一次孩子摔在沙坑裏。一個狗啃屎摔得滿嘴沙子，趴在那裏是真哭了。蘭兒衝進沙坑，眼前卻同時浮出了丈夫的臉。令她生生把伸出去的手又縮了回來。一邊在心裏罵著丈夫法西斯主義，一邊嘴裏趕緊叫孩子先站起來。好在孩子也是慣了的。媽媽一說，馬上停止哭泣站了起來。然後，在媽媽幫助下清乾淨嘴裏的沙子後，繼續玩去了。

看著孩子屁顛屁顛地又玩去了。蘭兒倒又佩服了丈夫所定之規矩。還記得自己出國前跟了鄰居一起去購物。鄰居的孩子在商場

內的樓梯上捧了一跤後大哭，鄰居抱了他一邊哄一邊用腳狠狠地踩地說：「都是地不好！都是地不好！我們踩地！我們踩地！」然而孩子還是哭個不止。然後鄰居又說：「給你買糖！給你買糖去好嗎？不要再哭了！」可是，那孩子聽後，哭得不僅更響了，而且連兩隻腳都開始踢動起來。鬧得鄰居都快抱不住了，連聲說：「好！好！你說！你要買什麼，我們就買什麼好嗎？不要哭了，快不要哭了。」這時，那孩子的哭聲才開始變成哼哼了，不過腿還在踢動，手卻已經指向了玩具櫃檯。於是鄰居便一邊舉了孩子竭力保持著平衡，一邊匆匆向玩具櫃檯走去。當時周圍的人，沒有一個覺得這有什麼不正常的。似乎小孩嘛，摔痛了，家長給點補償是理所當然的事。而現在，當蘭兒自己有了孩子以後，再回想這一幕，卻也明白了，那大哭哪裡是真的因為痛，而是為了要脅大人給買玩具哦。蘭兒不禁為自己而慶幸了。

然而這樣的慶幸沒過多久，新的問題便又出現了。有一個附近的小孩常常喜歡伸手打蘭兒的孩子。蘭兒去和對方的母親說：「你家孩子老打我們家孩子可不對。」可人家只是翻翻白眼說：「這在小孩子中間是很正常的。」氣得蘭兒如果遠遠地看見那個小孩也在沙坑裡玩，便帶了兒子繞道先去別的地方買東西。等一會回來看那個小孩不在了，再讓兒子去玩。然而，這樣的迂迴政策到了週末，便迂迴不了了。

丈夫說：「為什麼我們現在不過去？」

蘭兒說：「那個壞小孩在，專門喜歡打我們兒子。我們等會再去。等他走了再去。」

丈夫說：「有這事？那就更應該讓他去！你怎麼可以帶了兒子躲開！你這又是在害他！」

蘭兒說：「我怎麼是害他呢？那家人家不講道理的。我和那母親說人家也不理。」

丈夫說：「為什麼要去和家長說？這是小孩子之間的事情。」

蘭兒說：「那麼就讓我們的兒子挨打嗎？」

丈夫說：「當然不是。你要叫孩子打回去呀。要讓他學會自我保護！這是很重要的！你不能帶他躲開！去！我們現在就去！」

說著蘭兒就聽丈夫明確而嚴肅地告訴兒子：「有人打你，你就要給我打回去。記住了嗎？一定要打回去！」這是什麼教育方法。蘭兒在旁聽了直打鼓。心想，中國人都是從小教育小孩不要打人。哪有這樣鼓勵孩子打人的。提了一顆心，看了自己的孩子進入沙坑。果不其然，對方立刻興沖沖地過來了。伸手就在兒子的頭上打了一下。兒子愣住。想往回跑。蘭兒的丈夫卻制止他說：「回去！你要打回去！」蘭兒臉紅了，向那孩子的母親看去，心想人家聽見了還不定怎樣想她的丈夫呢。然而，令蘭兒吃驚的是，那個男孩的母親竟然也點著頭附和說：「對呀，打回去吧！這是你應該做的！」真正是讓蘭兒跌掉了眼鏡。於是，當那個男孩又提起手來的時候，蘭兒便看見自己的兒子也終於伸出手把對方往外一推。推得對方往後退了一步。那舉著的手便也自然放了下來。然後，兩個小孩竟然開始玩起來了。丈夫得意地握了蘭兒的手說：「你過於保護孩子了。這對小孩的成長是不利的。你看，現在，他們打過了，就變成朋友了。」

週末的日光，明亮地照耀著沙坑。穿得五顏六色的小寶貝們，在沙坑裡像一個個漂亮而可愛的仙人掌散在各處。父母們各自圍坐在沙坑的周圍，有的看書，有的喝咖啡，更有的什麼也不做，只是享受著陽光下的一份孩子不在身旁的安靜。蘭兒也依偎著丈夫，坐著看著，陷入了沉思。是愛，還是害？看來這個問題是一個從現在開始，不得不重新考量的問題。

3

在梅子的記憶當中，最美但也最可怕的度假，可算是隨了自己的德國丈夫出去野營。當兩個孩子都會跑會跳會自己吃飯以後，梅子的丈夫每年所制定的度假方案，便總是全家帶了帳篷出去野營。在荷蘭的海牙，在法國的普羅旺斯，在德國的黑森林以及在奧地利的阿爾卑斯山下，到處留下了他們野營的足跡。做爸爸的總是不厭其煩地把帳篷、支架、睡袋、臥墊、鍋碗、瓢盆、衣服、鞋襪以及梅子的小化妝箱全部都一股腦兒地塞進那輛在國內被稱作是商務車的車肚子裏，然後便一路向目的地疾駛。

兩個有時甚至是三個禮拜的時間，全家人的腳不得不從精緻的瓷磚和舒適的地毯，踩到了青草和泥土上。站著時有習習的涼風穿梭在樹枝之間，躺著時有不平的地皮在身下，一顆顆小石如豆。梅子看著丈夫興致勃勃地選地，打樁，搭帳篷，兩個孩子和小狗則欲近不能地繞了圈地圍著他打轉。她欣賞著這一幅畫面，打心眼兒裡卻覺得很是不懂。一次兩次去野營嘗個新鮮圖個好玩也罷了，為什麼竟然年年都會這樣樂此不疲地給自己找汗流，找活累。野營意味了什麼？那時候，對梅子來說，眼睛和耳朵要時時刻刻地盯著和聽著兩個孩子的動靜，根本來不及有閒情逸致去品嚐那份大自然的美味。因此帶了小孩子去野營，對梅子來說便如同意味著餓了，像野人一樣地在地上用手啃著吃；睏了，像狗一樣地早起晚睡的爬出爬進。早晨冒著露水踮了腳尖去上廁所，晚上頂著星星背了口袋出去洗澡。這在梅子看來，幾乎不是在度假，而是在吃苦了。

最可怕的是有一次在荷蘭，好端端地睡到半夜，突然之間狂風大作，下起了瓢潑大雨。只聽那大大的雨點打在帳篷頂上，猶如打在了一面鼓上。如木魚般地敲著腦門。電閃雷鳴，加嘩嘩的水聲，猶如讓人感到末日的大洪水即將來臨。在不安中堅持了半個多小時

以後，做爸爸的終於發出了一個命令，叫放棄帳篷，全家轉移至車內。那是半夜兩點鐘的光景啊，家中元首的肚子頂在方向盤下，梅子的腦袋歪在窗玻璃上，總覺得已經熬過了很長的時間，抬手看看手錶卻只過去了十五分鐘。到了第二天早晨雨停後，兩個大人腿打著羅圈站立不穩，而兩個小孩子，卻一個拱著狗的脖子，一個墊著狗的大腿，在車後座上香香地睡了一夜，踩著濕漉漉的草，在陽光下又喊又唱，活蹦亂跳的。

梅子瘸著腿扶著腰地抱怨道：「你看你出的好主意呀。」那德國丈夫卻說：「我這是為了孩子！」為了讓孩子們多領受大自然的美麗，為了讓孩子們在野地裏，在森林中，在沙灘上盡情地滾成個泥人，為了孩子們學會在沒有電──沒有電視，沒有電爐，沒有電燈的情況下，照樣能夠開心地活下去，這個德國爸爸寧可放棄舒適的旅館和雅致的餐廳，無論颱風下雨，每年都帶了全家出去學習享受吃苦。他和孩子們一起，每天到森林裡去收集樹枝，每天手搗嘴吹地生出一堆篝火來烤肉烤麵團。人人都必須改掉平時在家從裡到外一天換一身衣服的衛生習慣，而變成衣服能少穿儘量少穿，能少換就儘量少換。想吃水果嗎？不必到城市中的超市裡去買，他拿隻碗帶了孩子們到森林裡灌木邊去尋找，採拾野櫻桃野梅子和野草莓。當然，往往是摘下來後便直接送進了嘴裡，回來的時候碗裡只有兩三粒，讓梅子嚐個鮮。

雖然在中國有句老話叫：「不乾不淨，吃了沒病。」然而，每次野營結束後，過了半月，梅子總要給孩子們包括小狗都去驗一次大便。看看肚子裡有沒有蟲子。而她的德國丈夫卻說：「有蟲子也不要緊。喝口烈酒吃頭生大蒜就好了。」讓梅子聽了哭笑不得，烈酒和生大蒜能治死蟲子？沒聽說過。何況孩子們怎麼能喝和吃得下去？只是，孩子們卻也一年比一年長得健康結實。那做爸爸的又說了：「我這是為了孩子！」他覺得，小孩子是越不敏感越好養。

在每一次的野營中，做爸爸的都要教孩子們去獨立完成一件事情。從小的時候撿樹枝開始，到後來的自己收拾帳篷和整理鋪蓋。孩子們邊學邊樂，忙得發瘋。一到了晚上天一黑倒頭便睡。而此時，那德國爸爸卻爬進了帳篷，對了梅子露出一副熊樣說：「天啊，累死我了。」梅子說：「你何苦呀？又不是沒有錢住旅館。」他想了想，還是那句老話，說：「我這是為了孩子！」

如此不知不覺的，兩個孩子都陸續進了學校。沒想到有一天教會說要組織孩子們出去野營半個月了。梅子驚訝之餘，看著他們沉著有序地自己給自己打著背包，自己給自己捲著睡袋。杯盤勺叉、手電筒、小刀、毛巾、驅蚊水有條不紊地全都帶齊，幾乎不用她再吩咐和操心什麼時，內心不由得大感放心和安慰。二個星期以後，當孩子們回到家時，聽他們說起某某孩子，每天要給家裡打三個電話；某某孩子第一天晚上便哭了，後來其家長不得不驅車四百多公里把孩子接走等等，不禁深深感到了那做德國爸爸的一片苦心。老骨頭忍受著酸痛陪著小骨頭練習受苦，為的原來就是有這樣的一天，讓小骨頭學會去享受和順應自然。一想到此，梅子對我說，她便感覺好美。

我的一個德國同事的兒子，從小患有動作不能協調的綜合症。考駕照考了六次，才終於通過。對這位同事來說，這是出乎意料之外的收穫。從此只要車子裡面少了一丁點兒油，她便會立刻去加油站加滿。因為她兒子的駕照雖然是通過了，卻還是不能排除，他在該轉彎的路口，因為動作不能及時協調而又開過去了。然而，當那一年頭一場雪下來後，同事在班上卻接到其丈夫的電話，通知她說他派兒子開車出門接她下班去了。窗外的雪下得紛紛揚揚的，有很多人都擔心路不好開，而有更多的人則是能躲在家裡就躲在家裡，同事的丈夫卻把他們自己不怎麼靈活的兒子趕到街上開車接母親去了！同事對著電話叫：「你瘋了嗎？路那麼滑，我們的兒子動作不

協調萬一出事故怎麼辦？」那丈夫卻在電話裡說：「這正好是個讓他鍛鍊在雪天開車的機會呀！我這是為了孩子！你下班不要走開！等著他！知道了嗎？」放下電話後，同事望了望我聳肩挑眉毛。「為了孩子！」我想到了梅子的經歷，於是，便開始笑著對她述說起梅子的故事。

看孩子的房間

瑞士　黄世宜

台灣親友來歐洲看我們，我家最讓他們吃驚害怕的，是什麼？

「唉唷！你好大膽！妹妹那麼小，怎麼可以讓她一個人睡呢！」

「這裡的人都這樣……」

「不行啦！妹妹哭了怎麼辦？生病了怎麼辦？怕黑怎麼辦？」

「說是讓小孩子學獨立……」

「才三歲耶，學什麼獨立？應該要跟媽媽睡，不然出事都不知道。」

「可是小孩一出生就習慣自己睡了，現在要抱過來一起睡她也不要。」

「什麼?!妹妹一出生你就讓她自己睡了喔?!你太大膽了啦！」

我，就是台灣親友口中備受批判的大膽媽媽，竟敢丟孩子一個人睡?!

「妹妹最近不知道為什麼常常夜哭，才睡一下就很容易驚醒，要人抱……」

「那你抱她的時候，她還繼續哭嗎？」

「馬上停了，還會開始笑。」

「那就對了。可見她應該不是真的不舒服，她只是要你抱抱。是不是每次妹妹一哭，你就衝進她的房間？」

「對……難道不該這樣嗎？」

「不行喔，你得讓寶寶學習獨立。她下一次再這樣哭鬧，等個幾分鐘，再進房間觀察她。如果確定沒有像生病或意外等其他原因，只是單純撒嬌，那就得跟寶寶說，現在你該安靜睡覺了，然後關上門，離開她的房間，讓她自己哭。」

「啊？不能帶她跟爸媽一塊睡？這樣可以邊哄邊睡，比較輕鬆……」

「不行，得讓孩子知道你有你自己的房間，我們有我們自己的房間。」金髮碧眼的媽媽顧問聳聳肩：「當然，如果你們願意辛苦點，也是你們父母本身的選擇，但是我們確實不建議父母本身率先混淆教育的原則和界限，以後教育上容易慣壞孩子，養成依賴大人的惡習。」

我，此時，正是瑞士人眼中因為「心軟」、「混淆教育原則」的東方媽媽！在瑞士，政府提供人員，定期全國各地設點提供免費的親子教育諮詢，我們叫那些派員為「媽媽顧問」。從孩子房間延伸出的教育理念，還不只有這些專業人士這麼說，連我的洋婆婆也這麼說，我的洋小姑也這麼說，我的洋姊妹們全這麼說。當然，她們全習慣在一番勸說後，小心翼翼地加上一句：「當然，這是你們自己的選擇……」在歐洲，你我的界限永遠劃得清清楚楚，我有我的家，你有你的窩，要怎麼教孩子是自家的事兒；所以想當然爾，即使是父母和孩子之間，房間的界限，也該清清楚楚！

路易是個六歲的瑞士小男孩，十足的樂高積木迷。他的房間就是一個樂高主題館，從大大小小的玩具間總是可以看出他現在瘋什麼。一切都是路易自己決定，這一陣子航空熱退燒，開始迷上機器人，從他房門口兩邊站著的門神就知道。路易說，那是他機器王國中最好的衛士。

「那誰是國王？」我逗他。

「當然是我啦。」路易非常自信，這個國王當得名符其實，不是誰誰誰都可以有幸受邀訪問他的王國的。我常常去他家，不過只有他心情好特別喜歡我的時候才會主動邀請我去他的房間。有一次，我聽到他對他的母親大叫：

　　「誰動我的衛兵了?!」

　　「什麼衛兵？」

　　「就站在我房門口的那兩個！」

　　「噢，可能是媽媽今天打掃的時候不小心碰到的吧！」

　　「我不是說過，沒有我的允許不准任何人跑到我房間?!就算媽媽要打掃也不可以？」

　　「你說的沒錯，可是我並沒有進過你房間呀？應該是我今天打掃走廊的時候，不小心碰到你的機器人了，關於這一點，我很抱歉，不過，我也得說，是你自己把機器人放在靠房門口和玄關走廊這些大家都要用的通道上，你不覺得可能會影響到別人嗎？你如果把機器人完全放在自己的房間裡，不占大家的公用空間，那我可以保證，沒人會碰到你的玩具。」

　　「好啦。」路易本來氣呼呼的，一聽到媽媽說其實他也不尊重別人使用公用空間的權利時，他整個人就不那麼理直氣壯了。而在旁邊目睹這一對西方母子怎樣溝通協調過程的我，整個人驚呆了。在我所來自的中國家庭文化中，媽媽進入兒子房間本來就是天經地義，更何況是幫小孩打掃這樣的理由，可算是顛倒敬老孝順的倫理綱常，算是老的服侍小的，做兒子應該要感到或感激或慚愧自己不孝都來不及，還敢小小年紀跟母親大人一句頂一句？

　　記得以前自己青少年叛逆時期和朋友約好了看小說、漫畫或是寫寫什麼秘密日記交換時，再怎麼藏父母都有本事翻出來沒收，然後懇切地教訓一番要我們聽大人的話，收心好好讀書準備升學考試等等，我們當時這些小孩，被大人一唸叨，只有滿心莫名的煩躁和

無奈，不要想說要思考批判究竟誰有理，父母老師就是天條。在我過去的親子關係倫理中，從小小的房間哲學我所熟知的是老鼠和貓的遊戲原則，東方小孩躲藏著想要抓上點自由，但東方父母權威的一爪打過來，我就等著反省自己的所作所為。然而西方家庭裡面，從親子對房間的認知，我發現沒有所謂老鼠和貓的關係哲學，雙方都是平等的，父母必須要尊重孩子的隱私，孩子也同時必須學習尊重別人的公用領域，你的房間我們確實沒有權利進去，但你的私有所屬物也不可以無條件地擴張。就從小小的房間裡，西方的孩子很早就學習獨立，很早就學習什麼是平等和民主，如何劃分公私領域和怎樣彼此尊重。這和東方世界講求人情倫常是完全不同的，所以往往，東方人會覺得西方家庭有時候分得太過清楚，沒有感情。父母老了怎麼可以不一起住呢，怎麼可以不奉養呢？

有一回我見證一個很有趣的對話。有兩個小孩在聊天：

「我認識你好久了，可是我都還沒去過你房間玩耶！」父母都是來自東方的小孩抱怨道。

「對啊。」瑞士小孩不願多說什麼辯解。

「那你為什麼不讓我去你房間玩？」東方小孩感到有點受傷。

「沒有為什麼。」瑞士小孩就是不多話。

「那你是不是不喜歡跟我玩？為什麼？你哥哥都已經讓我去他房間玩電動遊戲了。」東方小孩一廂情願認定了。

「他是他，我是我，沒有為什麼，就是這樣。」瑞士小孩很果斷地結束了東方小孩情意纏綿的追問。

就是這樣。

東西觀念差異就是這樣不同，沒有為什麼，就是這樣。

失敗的母親

德國　黃雨欣

「難以想像，為了孩子們，我付出了全部的母愛，到頭來竟還是個失敗的母親……」德國鄰居安基卡哭訴道。

　　早年安基卡也有一份不錯的工作，結婚生子後，和大多數德國婦女一樣，安基卡放棄了工作的機會，回到家裡安心地做起了家庭主婦。她和丈夫育有一兒一女，平時丈夫忙於工作，教育子女的任務就落在了安基卡的肩上。安基卡對子女的管教很嚴格，她希望兒子將來是個紳士，女兒成為淑女。可偏偏事與願違，她的兒子雖然精力旺盛，但她規定兒子掌握的東西卻一樣不靈，十幾歲的少年偏偏練就一身史泰龍樣的腱子肉，四處搜羅鄰居廢棄的自行車，放學後就一陣鼓搗，一會兒改成小型機車，一會兒又改成摩托車，他帶著滿臉油污房前屋後試車的噪音常攪得大家不得安寧。一個週末的大清早，當他再一次製造噪音時，安基卡在制止失敗後，忍無可忍地親自打電話叫來了警察，要求他們以嚴重擾民的理由帶走兒子。雖然在警察們的干預下，這個少年從此安靜了下來，但一過十八歲法定成人的年齡，就執意自己找房子搬了出去，從此不再和家裡聯絡，甚至他外公為他留下一筆遺產需要他簽字，安基卡給他留了無數次電話錄音都找不到他。一次我在速食店就餐時，巧遇一身工裝一臉汗水的他，邊大口嚼著熱狗邊熱情地和我打招呼，他告訴我，他正在附近的建築工地打工，自打離開了父母的蔭護，他就一直這樣靠自己的勞動養活自己，「現在我的房租和讀大學的學費都是

自己賺的！」他不無自豪地說。我問他知不知道他母親正為繼承遺產簽字的事四處尋找他，他說：「請轉告我母親，雖然目前我需要辛苦勞動養活自己，但是沒有遺產不做紳士我同樣自由快樂！」說完，留給我一個燦爛的笑容就繼續工作去了。

顯然安基卡對這個兒子失望透頂，好在女兒正按照母親的意願發展著自己的人生：在大學裏讀教育心理學，能說一口流暢的英語和法語，彈得一手好鋼琴……這樣的女兒無疑是安基卡的安慰與驕傲。然而，天有不測風雲，就在還有一年女兒大學即將畢業的時候，安基卡發現她竟然和一個蓬頭垢面龐克樣的少年過從甚密，在安基卡的追問下，女兒承認少年正是她的男朋友，雖然剛入大學比她還小三歲，但她很愛他。安基卡一聽不禁勃然大怒，這還了得！從那以後，安基卡嚴厲地禁止了他們的交往，並在少年登門找女兒的時候毫不客氣地將他轟了出去。幾天後，一輛大卡車停在了門外，女兒和少年指揮著車上的人將女兒房間的東西搬運一空，然後女兒給目瞪口呆的安基卡留下一句話作為告別：「媽媽，我們都是成人，完全可以為自己的行為負責，我已經決定退學和他結婚了，再見吧！」說完登上卡車揚長而去。

從那以後，望子成龍望女成鳳的安基卡經常以淚洗面，她實在不明白自己究竟做錯了什麼。其實這正是在當代德國青年中存在的普遍現象：封閉、自我，過分強調自由獨立的個性，卻往往忽略了他人的感受甚至親情，這一代人對社會認同感的危機使社會關係變得越來越薄弱了。

祖輩慣壞第三代？

德國　謝盛友

俗話說人比人要氣死人。當我三歲的時候，我還在農村裡光著屁股玩泥巴呢，而如今我三歲的兒子，他的命是那麼好，怎麼不叫我羨慕呢？天下沒有一個父母親不愛自己的孩子。我小的時候，家裡確實很窮，父母親能夠撐住，把我們養大就不錯了，哪有錢去開發我們的幼稚教育？而如今時代不同了，人們不僅提倡初級基礎教育，幼稚教育，甚至胎教等等，越小越教，越教越小，也不管小孩懂不懂，只管拼命往裡「塞」，往裡「灌」。

我也趕那世界新潮流，每星期三下午帶著三歲的兒子到音樂學校去學習。天氣好時，我騎著自行車，逢到天氣壞時，我們就坐公共汽車或者自己開車到他的學校去，每次一定是提前十分鐘到達。音樂課開始了，還要左吩右咐，要兒子用功學習，每次兒子進入課室之前，我都要親吻他一下，意思是要他別辜負了我的一片好心和艱辛。兒子進入課室學習後，我就在課室旁邊的樓梯上選好一個位置坐好，然後拿出自己帶來的報紙閱讀。

兒子學了多少音樂我不知道，只是整天忙命的我，在樓梯上，邊看報紙邊打瞌睡。兒子學習音樂的那個小時，倒是能夠讓我靜靜地休息一下。等我休息好後，我又在思索幾個問題：

一、德國歷史上那些著名的音樂學家，他們是否少年時代就有這種良好的音樂教育？根據我有限的知識，莫札特的童年很窮。他的父母再窮，也不會比我們這些浪跡天涯的海外學子窮。莫札特

的父母沒有像我們這樣，對孩子拼命地「塞」，莫札特倒成為舉世著名的音樂家。我這個比莫札特父母窮幾十倍的家長，卻要拼命地「灌」兒子。朋友都在嘲笑我，音樂課不會帶來音樂家。我說，為人之父，不花這些錢，不為兒子繳付音樂課的費用，心裏很難受，花了心裡減少了很多精神負擔。

二、兒子是我的心肝寶貝，我願意為兒子做出一切自己有能力做到的事情。不管我這樣「灌」兒子，他能吸收多少，但是，學總比不學好。兒子學到的東西，就等於我學到的東西。我想到這裡，心裡就感到欣慰，因為孩子是我生命的延續。只要孩子能學到百分之一的東西，我也必須為他做出百分之二百的努力。花了錢，還是有些用處的，某個晚上，我問兒子：「在音樂學校裏學了些什麼？」他倒可以一本正經地用德語為我唱了幾首民歌。我並不去想，我花了錢，為兒子付音樂學校的學費，他今後能有多大作為，他今後會如何報答我。我只是覺得當我勞累時，能聽聽兒子唱德國民歌，便是一種很好的消遣辦法。不過，當兒子唱著唱著時，疲了一天的我，卻不知不覺地睡著了。

等孩子大一點後，我又有了一次和兒子一起去練攤的經歷。很早就從朋友那裡聽說過，大陸同胞衝出亞洲，走向世界，跑到東歐去謀生時，不少人在街上或者商場裡擺攤子，以掙錢為生，北京話叫作「練攤子」。上個星期天我終於有了練攤子的機會，並且嚐到了練攤子的滋味。

一位德國朋友告訴我，在星期天裡，馬丁教堂要舉行三十年紀念活動。紀念活動的一個有意義的事項是，各家的小孩可以清理自己家裡的舊玩具，拿到教堂附近去賣。教堂不收攤位費，但是，孩子的所得必須繳付百分之四十給教堂，由教堂轉給非洲的窮小孩。我認為這項工作很有意義，因此在星期六晚上就為兒子準備好第二天應該拿去出售的舊玩具。其實，兒子的那麼一大堆玩具，放在房

間裡，簡直是個累贅。有些玩具，他玩過兩天，甚至只是兩次後，他再也沒有摸過。通過這項「賣玩具」的活動倒可以為他清理一下垃圾。

我們騎著自行車，把玩具帶到教堂時，看到在那裡已經是人山人海。大家帶來的東西，都是些舊貨。但是，舊貨對於自己來說是舊，對於別人來說，可能又是新貨。家長陪著孩子在攤位旁邊出售這些令別人青睞的舊東西。兒子看見別的小孩的東西仍然值得「玩」，又掏錢買了下來，別的小孩看見我家的東西好，也掏錢買了下來。啊，我們這些大人和小孩都在交換「垃圾」。

我那五歲的兒子，我從來沒有想過要教他做生意。真沒想到，在攤位上，他的生意經比我還屬害。「這個多少錢？」「兩個馬克！」「這個值多少錢呢？」「這個十個馬克，因為是新的，不完全新，不過我只玩過兩次，就像新的一樣！」兒子的腦筋轉得很快，並且回答別人的提問頭頭是道。我第一次發現，我的兒子會掙錢。看來「下海經商」的意思已經在他的腦子裏萌發了，這不知道是喜還是憂。

到下午四點鐘，「交換垃圾」的活動結束了。我們父子倆清點一下玩具和掙來的錢，足足有八十馬克，扣除了應該交給教堂的三十二馬克外，兒子那個星期天總共掙了四十八馬克，他好不樂乎。當我們騎著單車，頂著太陽往家裡走時，一路上，我聽見他一會兒用德文一會兒用中文唱那些我無法聽得懂的歌曲。看到兒子這麼高興，我也很高興。兒子說，他掙來的四十八馬克，第二天要給他再買一個新的玩具。是他自己掙來的錢，我無異議，只是心裡想，又買玩具，這不就是給將來又添加「垃圾」嗎？

兒子突然間問我，教堂收去的三十二馬克，會給非洲的小孩買什麼呢？我說不知道，不過，絕對不會買玩具，因為非洲的小孩，沒有飯吃，他們很饑餓。兒子聽到這裡，突然間雙眼閃爍著淚花。

走到半路時，他要求我說，爸爸，我們回去吧！把那四十八馬克也捐給教堂，讓他們也轉給非洲的小孩。

我緊緊地一把抱起兒子，過了很長很長時間都不肯把他放下。

這一次的經歷，引發了我的一個思考，即祖輩慣壞第三代的問題。

鄭暉博士曾任德國國建聯誼會會長，當時會員以臺灣背景、留學歐美、曾返台參加過國建會的學者專家為主，國建聯誼會後來決定開放參與，德國的名稱改為「旅德中華學術聯誼會」。在這個協會裡，我認識鄭暉大姐和她先生蔡新博士。鄭暉大姐在家庭教育方面，給我很大的啟發和幫助，認識他們的時候，兒子謝于驊剛剛出生，鄭老師告訴我：「孩子千萬不要讓他的爺爺奶奶或外公外婆帶，不然，小孩會被慣壞。」

鄭老師還說，小孩十八歲之前尚未獨立，除非是學校的活動，晚上二十二點之前一定要在家裏。鄭老師教育小孩很嚴格，她說，沒有什麼理由好講，就跟未成年小孩說，所有十八歲之前的中國小孩都這樣，這就是規矩，這就是紀律，沒什麼好爭辯的。

鄭暉博士和蔡新博士均是生物化學學者，他們的兒子蔡知方教授是他們自己帶的，知方在德國高中畢業後，進入慕尼黑工業大學，後前往英國倫敦深造，在英國獲得博士學位時，知方的某些中學同學在慕尼黑碩士還沒有畢業。

蔡知方博士（Dr. Francis Tsai）於二○○○年加入貝勒醫學院，以其在生化與分子生物學領域之卓越研究成果，榮獲維爾許基金會（The Welch Foundation）授予二○○八年化學研究赫曼獎（Norman Hackerman Award）。蔡博士的主要研究成果在於，首次確認高等生物體內之CIPB的原子結構，找到狂牛病及老人失智症之病因，由此可望開啟新的治療方法。維爾許基金會是為紀念德州石油鉅子維爾許，於一九五四年所創立，而赫曼獎是為在德州各大專院校任教且

有傑出貢獻的年青科學家所設立，這些四十歲以下獲獎的青年科學家，通常被視為科學界的明日之星。

蔡知方教授沒有經歷「隔代看護」，所以從小沒有被「慣壞」。

我兒子謝于驊出來的時候，他奶奶已經不在世，幾個月後他爺爺逝世。沒有爺爺奶奶的「慣」，于驊自然不會變「壞」，在上海的外公外婆倒是左一個電話右一封信，讓我們把于驊帶回上海，他們願意負責養育。可是，上海與德國的距離實在太遠，我們很難看到自己的親身骨肉，雖說距離產生美感，我們不能承受生命之輕，更不能承受美之重，所以不捨得，因此于驊也沒有享受過被外公外婆「慣壞」的待遇。

「隔代看護孩子」的確有一些弊端，主要是「補償心理」的問題。祖輩在他們的子女成長時，由於工作的壓力，很少有時間疼愛自己的子女，等到老了，退休了，帶孫輩時，時間比較多，他們想對孫子好一些，把過去對兒子的虧欠，「這筆帳記到孫子的頭上」。祖輩對待孫輩這種補償心理，往往在教育子女上會留下一些遺憾，比如由於條件限制，在物質上虧欠過子女，或者過去對子女要求過於嚴厲，他們想把對兒子的「愛」補償到孫子的身上，特別在物質上竭盡所能，因此就很容易出現祖輩對孫輩過分溺愛和保護的現象，這就是「慣壞」。

還有一個弊病是，老人已經退休，喜歡遵從經驗，而老人的思想經驗往往陳舊、知識老化，與社會脫節，他們往往希望孩子乖巧、穩穩當當不出格，不善於運用創造性的方式引導孩子，對於孩子因好奇心而表現出的「破壞」、「冒險」等行為，總是急於制止，一味地要求孩子「聽話」，壓抑了孫輩的個性發展，對孩子的教育具有侷限性。

過去，我認為是對的，現在看來不完全對。過去我認為，「隔代看護孩子」問題多多，現在看來，「隔代看護孩子」也有一定的好處，至少有老人幫忙，年輕家長可以有足夠的時間，放心開展自己的事業。

　　旅居土耳其的高麗娟文友近日來信說，她那在安卡拉大學中文系當助教、念研究生，還在電臺華語部兼任編譯與主播。麗娟的孩子們小時候大半是公婆幫忙帶，然後就上幼稚園。她兒子非常優秀，畢業於安卡拉的中東科技大學工業工程系，目前在伊斯坦堡的一家國際公司工作。麗娟的女兒美國耶魯大學政治學碩士畢業後，放棄了直攻博士的獎學金，改當生涯與職業規劃導師。麗娟認為，她孩子們能有今天，和公婆同住十多年是主因。麗娟的女兒有一天找出高中時，公婆去海邊渡假時寫給她的信，看了之後對她說：「媽媽，感謝你讓我們享受過祖父母的愛。」

　　小孩指的是那種一家六口朝夕相處的天倫之樂，公婆的身教，和公婆的互動，這些都灌輸給孩子「家」觀念最自然的教育。麗娟家不說教，他們在言行中讓孩子自己形成一套待人接物的道德觀。

　　但是，麗娟同樣指出，每晚回家她跟她先生一定接手關注孩子，尤其她先生很注重跟孩子們的互動，以避免因為隔代照顧、三代同堂可能產生的負面影響。

　　麗娟還跟我講了一個實例，她女兒小時多少因為公婆的寵愛，比較自我。上幼稚園初期，不知換了多少家，最後一家幼稚園主任問麗娟他們，是不是家裡有長輩？麗娟說是。主任他們的做法是：好，你不願吃飯，就讓你在秘書身邊坐著，不強迫你吃；你不睡覺，也一樣，可是，孩子沒過幾天覺得自己一人無聊，看著其他孩子一起吃飯睡覺，也沒人玩，沒兩三天就主動說她要吃飯，要睡覺。上了一段時間，她女兒說不想去幼稚園，因為看弟弟在家，也想在家。幼稚園主任說：「好，讓弟弟來幼稚園，姐姐留在家

裡。」結果弟弟高興得不得了，因為以前看姐姐「上學」，很羨慕，沒兩三天，姐姐覺得自己在家沒意思，又主動說她要去了，可弟弟也不肯讓位，最後兩個都上幼稚園去。這其間，麗娟的婆婆曾經偷偷打電話給幼稚園主任問，小孩在幼稚園裡不吃飯，可能是不習慣幼稚園裏的菜，可否帶自家的飯去？主任回答很乾脆，不可以！不必擔心，小孩一定會自願進食的。

麗娟來信還說，隔代教養中，如果父母、學校不負責，就很容易慣壞孩子，這一點應該沒錯。隔代教養看似方便，其實為人父母，更費心思。

老人帶不帶第三代，要看老人的心情和權利。帶小孩，若有必要、有樂趣、有能力，在這「三有原則」的指導下，就有積極意義，最大的好處是減輕了子女的負擔，快樂了自己，豐富了老人的退休生活。

但是，不少為人父母的心理學家，同樣懷著「可憐天下父母心」，他們建議「隔代看護」進行時的父母，請你不要把對孩子的教育權、撫養權全部交給老人，不管你有多忙，在影響孩子成長的關鍵問題上，請保留你的獨立態度。

不放鹽的蕃茄炒蛋

德國 穆紫荊

　　隨著兒子越長越大，做媽媽的心事也越來越多。頭一件怕的就是兒子長大離家以後，吃不到媽媽煮的飯怎麼辦？蘭自己從國內出來的時候，也是幾乎不會做飯。燒飯只學了水要放到中指第一節，燒菜只學了先放油後放鹽。結果來到國外以後，國外的米長的圓的黃的白的各種各樣，就是沒有一樣和家裏的一樣。每天燒出來的飯不是夾生就是太爛，試來試去換來換去老沒個準樣。最後好不容易自己吃習慣了，幾年以後有來自家鄉的燒飯熟手把米撈在手裡那麼一看，說這些都不是大米，燒之前要先泡一陣水才好。一句話點醒了蘭。從此她才吃上又鬆又軟的飯。

　　回顧往事，蘭怕就怕兒子也受了自己這樣的苦。一離家就再吃不到家裡的味道了。因此她在吃飯的時候，只要兒子說哪道菜好吃，她馬上就把工序和佐料一樣一樣的說給兒子聽。她也並不管兒子到底會聽進去多少，哪怕是只有一點點。她相信到時候要用的時候，兒子是自然會想得起來的。當蘭還在小學的時候，午飯是在外婆家吃的。外婆也常會把她叫到廚房去學藝，雖然灶頭上有女傭在照應，她自己也很不情願做事，可是外婆還是教會了她兩件，一件是把花菜梗子上的皮用小刀輕輕地削掉，另一件是用一把勺子，沾一點菱粉水把拌好的肉醬攤在掌心裡做成肉丸。蘭能夠記得的就是這兩個步驟，可是也就是這兩個來自童年的遙遠記憶，讓來到海外的蘭，不至於看到燒菜便完全發慌。舉一反三，

至少是她知道了菜洗完以後還要清理一下，去老存菁。而燒肉的時候若先用佐料醃了再加一點菱粉就會既入味且吃起來又嫩。每當此時，蘭便會想到當年不顧她撅了嘴也一定要她在廚房站在一邊幫廚的外婆，並心存感激。因此面對了認為不學燒飯也不會餓死的兒子，蘭決心仿效外婆的苦心，先從兒子的耳朵裡灌輸燒飯的程序和要點。儘管兒子只顧了吃，吃得連眼皮也不抬一下，蘭還是自顧自的向兒子嘮叨。她知道終有一天，當她把兒子放飛的時候，兒子會想到往日在家吃的菜的。

　　這樣的理論灌輸進行了大約兩年。有一天周日兒子突然進了廚房說要幫媽媽燒飯。雖然蘭猜到這肯定是老公在踢兒子的屁股所交待的週末任務，驚愕之餘，她還是立刻讓到一邊，開始用嘴來指揮兒子。兩年裡面，兒子的個頭已經超過了母親，站在廚房裡儼然像個龐然大物。然而拿了鏟子和菜刀，動作起來卻像是在繡花。切蔥切了個連刀塊，切完後蔥拿在手裡基本上還是一條。鏟子伸進鍋裡，鍋裡的菜只是左右晃蕩並不翻身。然而蘭卻一疊聲地表揚兒子。因為兒子比當年的自己已經棒了很多。隨著蘭大聲叫好，兒子便越來越胸有成竹。只見他在蘭的指揮下，一會關小火，一會揭鍋蓋，樣樣都做到位，只是在炒一個菜的中間猛喝了三大杯飲料。番茄炒蛋要出鍋了，蘭看兒子忘記了放鹽，便叫兒子夾一塊嚐嚐。兒子吃了，蘭問：「鹹淡怎樣？」兒子說：「沒問題。」蘭不僅奇怪：「怎麼會呢？我看你還沒有放鹽。」沒想到兒子不動聲色地說：「番茄我生吃的時候也一樣什麼都不放。」蘭一愣，不過她馬上笑著說：「OK！你覺得可以就可以了。」

　　兒子手忙腳亂地在蘭的眼皮底下練習燒了一頓飯。吃的時候蘭拼命地叫好。蘭希望有一天當兒子再也看不到父母的時候，當兒子和他自己的孩子共桌吃飯的時候，兒子也還會記得有這樣的一頓飯菜，一頓出自媽媽的心意，讓他自己認為可以就可以了的飯菜。而

對蘭來說,她也從那不放鹽的番茄炒蛋裏嘗到了一絲啟發和安慰,那就是:當兒子吃不到媽媽的口味時,兒子自會以他自己的口味來替代的。做媽媽的本來不過是要兒子好就心滿意足的。更何況兒子自己覺得好,那做媽媽還有什麼話說呢?

在這一個周日,蘭吃了兒子所燒的一頓飯之後,一顆為兒子以後吃不到媽媽做的飯會受苦而所擔的心,從此落回了肚裡。

在德國做義工

德國 高蓓明

　　在德國社會的各個角落，到處都閃現著義工的身影，他們為這個國家奉獻了不少的熱量，來幫助有困難的人群。我自己也曾受到過義工的惠顧，深知義工對個人和社會是如何重要。這些義工的身影常常出現在醫院裡、老人院、車站、機場、以及病人的家中。醫院中的義工被人稱為「綠夫人」，綠色象徵著希望，這些「綠夫人」將希望帶到了每個病人的床頭。她們大多是家庭婦女，在完成了各自的家務後，再擠出點時間來服務於公眾。她們會組織流動圖書館，送書給病人閱讀，也會為病人去銀行取錢、去超市購物，還會陪伴病人，特別是和那些患心理疾病的病人散步、聊天、上咖啡館，還要為一些外國病人看政府機構的來信及回信。德國的男孩子們，在高中畢業之後，走向工作崗位或繼續升學之前，有一段過渡的時間。這時大多數人會用這一段時間，去當義務兵或者當義工。一些有宗教信仰的青年，因為反對戰爭，往往選擇去當義工，這也是德國法律賦予他們有自由選擇的權力。

　　亞力山大、菲力普和阿龍，就是這樣三位住在我們社區的義工，這三位男青年和我們平時在馬路上所見到的青少年們沒有什麼兩樣。在一般人的眼中，這個年齡段的年輕人，總是粗魯無禮，經常鬧事，要麼開快車，要麼破壞公物，再不就是把音樂開得震天響，攪亂四鄰。可是我們沒有想到，這些年輕人的身上也有金子閃亮的地方。這三人中學畢業後，都選擇了去老人院當幾個月的義工。

當義工的生活是這樣開始的：每天早上七點為老人準備早餐，八點去各個房間喚醒老人起床，然後返回餐廳佈置餐桌，待老人們用完早餐後，收拾桌子，洗刷碗碟（當然是用機器洗的）；每日上午有各種任務：或是給老人讀報紙、或陪他們外出散步、或帶他們去看病、或者送信、或預訂下一週的菜單、或為病人去採購。十點半時，又要準備中飯了，有時老人們也參與一起工作（這也是訓練老人的專案之一，不使他們的功能過早過快地退化），老人們會幫忙削馬鈴薯、切菜、做布丁等等，義工們則在一旁指導和幫助。十二點半是午餐時間，義工們要將飯菜擺上桌子，待老人們用完餐後，再收拾乾淨，然後是打掃餐廳、擦洗地板。德國人是很愛乾淨的，去過不少醫院和老人院，裏面都是纖塵不染的，人住在這樣的環境中，心情很舒暢。這時老人們各回各自的房間，有人願意打一個午睡，有人則願意看一會兒電視。到了下午三點，是老人們閱讀的時間，或者，他們和義工們一起交談聊天。四點半鐘義工們就可以下班回家了。當義工不需要特別的技能，需要的只是耐心和理解。

　　菲力普認為，這份工作使他對老人世界有了更多的理解，有很多老人曾經經歷過戰爭的創傷，在聽他們講述往事的時候，他能體會到戰爭是多麼地殘忍，而他今天的生活是何等的幸福。有些老人得的是老年癡呆症，這種病對他年輕的心靈多少投下了一些陰影，他每天要同這些病人打交道，有時會將心比心，試著角色互換，想到如果哪一天他得這種病，將會是多麼地可怕！所以菲力普有時比較悲傷，因為六個月的時間也不算短，他已同老人們建立起了感情。

　　亞力山大則比較樂觀開明，他說這段經歷不會對他造成心理上的壓力。他很清楚，有一天他也會老去，每個人都有這麼一天。阿龍認為，當義工壓力很大，他們要想方設法讓老人們積極地生活，儘量維持現狀，不讓病情惡化。有時不容易理解他們，常常是很想幫助他們，卻因為誤解而無法辦到，令人氣餒。菲力普又談到，有

些老人很樂觀，也很幽默，這令他很感動，這些老人對生活是多麼地熱愛，年輕人更應該好好地珍惜生命。當他看到老人自己動手做成了甜食，或者他們能夠想起，昨天吃的是什麼，菲力普會由衷地替他們高興。大家常常在笑聲歡語中度過不少快樂的時光，如果老人們這一天過得很開心，菲力普也會覺得很開心。

亞力山大講，自己能夠幫助別人，解決他人的困難，令自己很快樂。這些老人每天早上一睜開眼看到他，就很開心，到了下班時，就很悲哀。尤其是到了星期五，越發地悲哀，因為他們知道，亞力山大要連續兩天不能來。菲力普還講，他在老人那裡學到了許多東西，當義工僅有六個月的時間，但在這裡得到的經驗將會伴隨他的一生。這段經歷使他同老人之間的距離縮短了，也知道如何去關懷和幫助別人。

所以住在德國的人也就不稀奇，常常會在街上看到一些年輕人幫助老人和帶嬰兒的婦女上下車。有一次我看到一位年輕的爸爸帶著兩個小男孩坐火車，車到站後，他先將一個四、五歲的男孩放到月台上，再返身去取嬰兒車。這時月台上有一個年輕小夥子一手抓著一個手機在打電話，一個手抓住這個小男孩，不讓他跑散。直到那年輕爸爸下了車，安頓好了小嬰兒，才將那男孩交到他爸爸手中，然後他徑直地自顧自地走了，我這才恍然大悟，他們並不相識。也許這個年輕人也有一段當義工的經驗，學會了隨時地幫助別人。如果我們每個人都能做到這樣，這個社會該有多美！

想到國內嬌生慣養長大的一代，成人之後，仍在「啃老」，不願出去工作，自私自利，吃不了苦，受不了委屈。如果政府也能制定一些政策，讓他們走入社會，幫助有需要的人們，對自己、他人和國家都是有萬利而無一弊的。

家長會上的「嘉賓」

德國　黃雨欣

「海爾先生，我認為您實在是個不稱職的體育老師。大熱的天，孩子們跑得氣喘噓噓，您自己呢？卻騎著自行車悠哉遊哉地跟在後面，這樣未免太過分了！」

「還有您，愛瑪小姐，雖然孩子們對您的印象很好，可您的音樂課像個大市場，這樣沒有規矩怎麼行？」

如此直接了當的指責並不是校長大人在向老師們訓話，而是我女兒他們班級的小學生家長會上，家長們在輪番向任課老師表達自己對教學方式的不滿。

在德國的學校裡，如果說學生是小皇帝，家長們就是垂簾聽政的太上皇，而在我們眼裡至高無上的師威在這裡卻沒怎麼體現出來。每次的家長會，不是像國內常見的老師向家長們告狀施加壓力，反倒是班主任老師滿面堆笑地向家長們「彙報工作」，聽取意見，面對一群太上皇的指手劃腳，只有誠惶誠恐的份。那些平時有爭議的任課老師，就是家長會上的「嘉賓」，不得不接受家長們輪番轟炸的「款待」。

坐在前面的體育老師海爾先生顯然是這次家長會上的主要嘉賓，這位平時看上去威風凜凜的海爾先生此時謙遜得像個小學生，對那些甚至比他還年輕的家長們所說的話頻頻點頭稱是。下一個發言的是一位看上去情緒頗為激動的女士，她說：

「我是娜汀的母親，這個冬天我女兒就感冒了兩次，每次都是在海爾先生的游泳課後，上次我已經向您提出這個問題了，可您不但沒有檢討自己的失誤，反而建議我回家把女兒的長頭髮剪短，大家評評這個理，是不是留長髮的女生就不能參加海爾先生的游泳課？是不是大冬天上游泳課淋濕了長髮就活該感冒？」

她的話得到了家長們的一致回應。男孩尤斯的父親是家長們投票選出來的家長代表，他的話頗有分量，只聽他說道：

「家長們也要體諒一下海爾先生的難處，譬如孩子們長跑，老師卻騎車的問題就應得到理解，因為海爾先生不只上我們孩子這一個班的體育課，如果一上午有四五節課，他豈不要跟著跑四五個小時？這樣誰都吃不消。我倒建議海爾先生今後在課程安排上變通一下，能不能不要大熱天長跑，大冬天游泳？」

尤斯父親的話引來一片善意的笑聲，氣氛一緩和，海爾先生不失時機地告辭了，班主任老師繼續「彙報工作」：

「尤斯爸爸的話很有道理，下面我們談談……」

她剛一開口，話頭就被不滿的家長打斷：

「海爾先生在時，您一言不發，他剛一出門，您就表態說家長代表的話有道理，別忘了，您可是班主任，怎麼可以如此不敢承擔責任？」

乖乖，這些家長在我看來簡直膽大包天，連班主任大人都不放過！

這天，女兒放學後又向我說起學校裡的見聞：

「媽媽，你知道今天學校裡發生了什麼？安德列在數學課上調皮，老師說他不聽，老師就把他趕到走廊裡。」

「數學老師沒錯，對調皮搗蛋的學生是要給點教訓的。」我說。

「問題是，下課時安德列竟不在走廊裏，數學老師嚇壞了，原來他一個人跑到大街上買冰淇淋吃，叫人家給送回來了。」

　　我心想，下回家長會上的嘉賓肯定是這位「幸運」的數學老師了。

看孩子的長相

瑞士　黄世宜

一個朋友悶悶不樂。我問她，怎麼了？

我們這一群都是嫁到西方的東方媳婦，在異地生兒育女，平時互相打氣。

「我不想跟怡君說話了。」朋友說，「她竟然這樣講，以為自己家的混血兒最好看是不是?!」

怡君是一個住在法國的台灣媽媽，她剛剛認識我們這一群同在異鄉的東方媳婦。第一次見面，大家都帶著孩子一起聚餐，怡君也帶著他們家的中法混血孩子。老大是一個大約十歲的女孩，細長的鳳眼搭著淡褐色的直髮，老二則七歲左右，是個擁有一頭捲髮，白裡透紅，水汪汪大眼的小男孩。雖然同是混血姐弟，因為承繼了父母各自不同的種族特徵，長相於是大有不同。

怡君很得意炫耀，他們家的兒子小小年紀就在台灣拍過多家廣告，已經是有一點名氣的混血模特兒了。時不時撫摸著老二柔軟的捲髮，旁邊站著有雙鳳眼的老大，顯然被冷落了，沉默著。

怡君第一眼看到朋友的獨生女時，竟愣了一下，然後跟朋友說，「再生老二吧，下一胎會更好。」就這話，糟了。

我們家則是一對混血姊妹。姐姐長得像我們家瑞士爸爸，可是頭髮和眼珠是漆黑的。妹妹的頭髮和眼珠雖然是褐色，但是整個臉型就是像我，大臉塌鼻。台灣的親友看了兩個小傢伙，搖搖頭，直嘆氣，嚷可惜了，要說可愛也還勉強說得上，但要上鏡頭是絕對

不夠格。尤其是我母親，小孩的外婆，非常失望，老二的塌鼻完全傳了三代，沒有因為混血「改善」。外婆又說，這姐姐長得雖比妹妹「漂亮」，可是頭髮和眼珠太黑了，不符合東方人對混血兒的期待和普遍的審美標準。我大笑，問孩子的外婆，關於孩子的長相，什麼是審美標準？外婆說，你就看東方出名的混血明星嘛！長長睫毛大眼睛，皮膚白，鼻子挺，髮色天生不用染，人家說洋娃娃洋娃娃，你怎麼就生不出個李嘉欣？

很有趣的是，正是我們家的黑眼珠和塌鼻，反倒最招歐洲西方親友的喜愛，因為他們認為這樣才有「特色」。仔細想一想，住歐洲幾年的心得是，我還真想不出西方人心目中所謂美的標準。小孩子的長相，在他們眼中，每一個人都有自己獨特的美感，歐洲人所謂美的準則就是「沒有標準」，也就是「特色美」。

歐洲人欣賞個人獨特的美，所以每一個孩子即使擁有不同膚色和長相，他們也能發出衷心的讚美，反而以追求相同的打扮或是固定的審美標準為恥。我發現，這裡的童裝廣告模特兒，長相膚色跨越五大洲，都非常有自己的特質。我也發現，這裡的歐洲媽媽，我從沒有聽說過哪一個人會特地在懷孕期間避免某些食物或特別進補，只因為希望孩子生下來皮膚能白皙細緻。我也更從來沒聽過哪一對歐洲父母期待他們的孩子該長什麼樣子，更不要說主動帶孩子去做整形手術了。對歐洲人來說，小孩子的長相都有他天生的優點，單眼皮塌鼻子，也很可愛呀！歐洲人對個人價值的重視，真是無遠弗屆。我就曾經發現，誇獎一個巴黎漂亮女孩長得像蘇菲瑪索或是凱撒琳丹妮芙，人家不見得感激你。她們喜歡自己美得與眾不同，美得就像她本人。法國多美女，拉丁產情人，舉世聞名，藝術時尚歐洲更是獨領風騷。沒錯，就是獨領風騷，成就了一個美的歐洲。不追求流行和單一標準，恰恰正是歐洲創造美之時尚的祕鑰。

我安慰朋友，別介意東方媽媽對長相的偏見。世界可以很小，如果只用一種標準去衡量的話。但換另一個文化角度來看，世界也可以變得更大，更美麗。

第三輯
　　教育感想錄

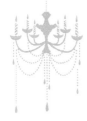

從PISA測試反觀德國教育

德國　王雙秀

一、緣起

　　本系列的文章，源於二〇〇一年十二月十三日PISA國際學生能力測驗的結果在德國揭曉之後，德國學生成績出人意料地位居中下。之後德國媒體從多方挖掘原因，並且啟動一系列政界、教育界、以及專家學者的訪談和專論將之彙整而成。

　　Ｐ、Ｉ、Ｓ、Ａ這四個字的組合，將德國教育界掘得人心慌慌，不管怎麼說，三十二名參與國中排名第二十五或二十二位，是失了面子的事，引起舉國上下正視教育問題，教改之聲從上到下響遍德國，這該是PISA所帶給德國的正面意義。

　　PISA測驗將德國的教育問題提上了檯面，除了教學內容，德國在教育制度中的缺失，在最近幾年來不斷被討論。比方，從小學到中學的十三年學習年限問題，比之美國與亞洲學制多了一年。因此德國要走向全天候的教育發展，開始收緊學生的自由時間，從幼稚園就要注重培養讀寫的能力，對於德國教育界與政界的反應，我的感覺非常複雜，因為總有：「啊！美好的童年是不是就要如此終結？」的慨嘆。

那麼，甚麼又是PISA測驗呢？它有幾重目的，除了測驗學生的學習、知與行之間的連動關係是否確實達到，也測驗老師的教學能力以及政府的教育政策是否都在正確的道途上。

因此這一次的結果不但顯出德國學生的學與習與PISA要求的理論相違背，也測出德國教師的水準未達及格線，就是教育的路線也有缺失。德國當下正可藉此回檔整理自家的大事，這一次攸關教育，可是一個長期的事業呢！

二、何謂PISA測驗（Programme for International Student Assessment）

PISA是OECD測試教育系統中的一個測試方法。

這一計畫的目標，是在於測試OECD「Organisation für wirtschaftliche Zusammenarbeit und Entwicklung（OECD）」國家中十五歲學齡學子在閱讀理解能力、數學與自然科學中駕馭知識的能力及熟練的程度。同時將測驗出，學生在學與習中是否知道方法、能否作自我調適、以及與同學協同練習的能力是否足夠。

調查計畫第一階段的重點在於掌握學生的閱讀和理解能力，因此在此一階段所提出的問題也侷限在此範圍之內，數學與自然科學列為次要的測試項目。第一次的調查測驗於二〇〇〇年春天舉行，當時有三十二個國家參與。

國際間為成就此計畫之推動，組成一臨時性的國際聯合組織，以ACER澳大利亞教育研究評議會為總負責機構。在德國地區為實施此研究計畫也成立了一臨時性的聯合組織，計有七個研究機構參與，核心領導是Max-Planck-教育研究學院。

德國的臨時聯合機構的成立，可以說補充了這一國際性的研究計畫中不足的部份。它成立的目標在於分別出區域性的能力差異何

在。此外，在德國學校中使用的教材範圍以及問題觀點，在PISA測試中缺乏，因此是無法被測驗出的，幸而在德國聯合機構的補充之下，得以進行。至於學生在學科以外的問題解決能力，PISA將在二〇〇三年的測試中才會加入進行。而德國卻在第一週期中已經提出。因此在這一範圍上，PISA德國扮演著前導的角色。

三、PISA效應-德國對於教育的反思

聯邦教育部長布爾馬女士與拜洋邦學術部長車德麥先生就過去兩年來在國會「教育論壇」中提出的問題聯合整理出一套「教改建議」，在九日開始的柏林議會「教育論壇」中，將作最後討論，作成的定案將於十一月付諸實施。

因此之故，此次教育會議非比尋常，社會各階層都有代表受邀參加。高層代表來自UNESCO、歐洲委員會（Europäischen Kommission）與經濟合作發展組織（OECD），他們在會中將以具有國際視界的思考與觀點來對這一份建議作評估與比較。來自民間的代表則包括工會、各市議會、德國工商議會等，都將對相關議題表明看法。

會中附設成果展示，在眾多項目中有六十間學校，日間托兒所與針對劣勢青少年設計的學習方案參與展出，這些學校機構已經有一段時間採用論壇提出的改革要求，在教育現場付諸實現，許多革新也已經發生作用。只是這些成果目前尚待組織連結。

法蘭克福廣訊報將該建議彙編如下：（法蘭克福廣訊報2002/1/11）

教育要趁早。在幼稚園就該引發兒童對於自然科學與外語的興趣。語言課程應當從小學開始，兒童獨立的人格發展需在家長、幼稚園老師、小學老師的共同努力之下形塑完成。

發展全天上課學校。加強社會與民族課程之間的均衡發展，重視對資優生多加照顧。如此讓家庭與職業之間也可達到協調。

在社會的變遷中，終身學習的意念愈發重要，開發新的進修方案，以協助在職者得到最佳方法以繼續增進個人能力。

兒童要儘早學習養成擔負社會責任的觀念。因此學校的目的不僅在「知識」的傳佈，還該讓學子在日常學習中透過特別規畫的內容以加強與其他同學合作的能力，以期在社會上能進退伸縮自如。

如果要根本改革教與學的文化體質，勢必要重新調整與開發幼稚園與小學老師的師資訓練以培養優良師資。比方，教師該學習及時認出資優生的天份，並對他們作適當的督導。盡量滿足老師們在教材與個人上的需求。

社會上對優良的專業人士需求日增。為提昇專業教育人數，在一般學校形式之中可以增加靈活機動的過渡機制。大學與專科學校應當加強與企業、與中學職教之間的互通，使修習學科成二元發展。

幼稚園開始接觸新媒體。所有學生都可得到網路入口。

未能接受完整職教的人該有第二種學習的選擇。學校與青年之間該互相配合，以減少學業中斷的情形發生。一九九八年中，全級有百分之九學生中斷學業，百分之十五未接受在職的訓練。

加強外籍學生在學校與職場上的德文能力。

四、危機就是轉機

文化部議會新主席徐潘思姬女士將主導系列關於課程內容的討論。在PISA測試結果公佈之後，巨大的驚恐在德國各聯邦皆掀起了反思與行動。圖林跟地方學術部長文化部會議新主席徐潘思姬女士（基民黨）將主導一系列關於課程內容以及提昇能力的討論。

教育是眾人之事，這問題應當在社會大眾之中廣泛地被討論。「我認為PISA結果給我們帶來了機會」，在與漢堡晚報的談話中這位政治家如此表明。只有在如此壓力之下，才會產生有效的改革。而在當下我們首先應當自我釐清的是：知道如何面對事情去發表意見，更重要的是會篩選所發表意見的內容。而她以家有三個子女的母親的立場來觀察，認為PISA測試的結果其實並不讓人驚異。

讓人生氣的是，在約定成俗的觀念中，知識社會似乎成為背負的「聖體」，沒有將之真正的內化成為己有，也沒有正確的思考它對社會大眾的意義。因此，借這一次的機會，有必要將各個學科之間的基礎知識統一整合。因此將於本月十六日上任的她預備將與知識相關的「方法與邏輯」這兩項列為教改研討的中心議題。

學生該學習的，是對問題會作橫剖面的開展延伸，不當受限於「約定成俗的規則」去分類，應當考慮到事件的多層的複雜面向。因此在未來的討論中，將舉出下列的議題：

到底有多少基本知識是必須擁有的？
而我們又將如何正確的去傳佈它呢？

當然在這之前，更重要的一點就是身負傳佈知識任務給兒童青少年的老師是否都具備了此種能力。

在PISA的測試中顯露德國的師資教育中太偏重知識的表象，未重視它背後具備的教育理論。基於此點，徐潘思姬強調在師資教育中加強學術與教學法的磨合。

在愛爾弗大學以及葉那大學已經成立了一個教學示範中心。是首次為此問題設立的機制。在巴登臥騰堡邦（Badenwürtenburg）地區，師資班的大學生在第四學期之後，必須在班級中作實際教學十三個星期。

至於，到底有多少基本知識是必須的，我們又該如何去正確的傳述呢？按徐潘思姬女士的要求，改善之後的教學方法必須能提昇學生的能力讓他們具有解決問題的判斷力。但是這能力若無知識標準在後支援，必不能順利達到，如果沒有發自內心的動機去支撐去解決一個問題，那在其中也無法學習。所以達成目標的標準與感覺是無論如何必須要具備的基本要素。

這之間，學校與家庭扮演了重要的角色。教育該當是學校與家庭協同負責的事。學校的功能不該僅僅只在知識的傳佈，也應當負起傳佈社會的價值與功能的責任。

五、說甚麼？與如何說？

我們的學生對於未來的挑戰已經準備好了嗎？他們是否有能力有效率地對於自己的構思與想法去作分析、立論與傳達？他們是否具備了生活中、學習中，必須具備的判斷力？這是家長、學生、社會大眾與擔負教育責任之人，想要獲得的明確答案。

也為了迎合國際上跨文化在不同國家教育平臺測試的可能，對於學生的學習能力作更好的評比，OECD機構推出這一套國際學生能力測驗（PISA），在教育史中，它是內容範圍最寬廣的學生能力測驗。OECD會員國（工業國家）政府可以根據這一國際上聯合設定出的PISA內容，以測試學生的學習能力，以評斷各自教育系統中的缺失。

OECD擬定出的這一套測試內容，要測試的是學生在日後面對生活、職場繫以為行事之據的基礎能力。這是坐在OECD教案討論桌上專家學者觀念中預設的教育目的。教育是在提昇一個人日後生活的品質，要他能讀，同時能從讀中思考並內化到實際生活上。也就是說加強他處理問題的能力，能獨立思考和判斷學到的內容是否得以致用。

然而若仔細去追究，在相同的家庭之中，都能發展成長出性格、處事態度迥異的子女，何況是居住世界各方的不同之國的學生。在勢必相異的大環境與生活內容與層次之下，一個測試法放諸各國皆準的可能性是我個人極度懷疑的。因為在此國習以為常的生活，在彼國可能是要靠學習來認識，即使參與OECD的國家統一設定在工業國家的名目之下，但是從北歐芬蘭與亞洲日本中間擴展出的生活異途，畢竟不能用同一個言說來比擬。我想學生真正的適應度不能從教室裡對著紙張問卷一題題的用思考回答中測驗出來，因為從思想而落實到行動中的那模糊地帶是不能忽略的存在。

六、會讀是掌握語言的利器

　　「這是災難，」柏思教授說：「各邦各自為政、不通聲息、懼怕參加評比。」

　　在PISA測試中，對文章的讀與分析是一個測試重點，德國學生在這一點上表現失敗了。因此教育界開始多方著力，致力於「重新建構一條適用的教學之道」。

　　引起學生學習的興趣，最緊要的是這老師是否能以自己的方法材料吸引住學生，讓學生在課堂歡喜學習之餘，回家還想著它，還想著學校裡的課程。這幾乎是在每個方位談教育之時最終歸結之點，如何引起學生喜愛上學，喜愛學習。

在漢堡地方

　　讀是掌握語言的利器；漢堡大學教育學院教授柏思博士這樣說明，一個設計優良的課程是在小朋友下了課回家之後還念茲在茲的將所學帶回家中，並且將之注入日常生活之中。去年夏開始，柏

思教授進入漢堡大學以「國際教育制度研究」為授課主題，與兩位同事聯合進行一項研究計畫，名稱為「國際間小學生，讀的探討（Iglu-Internationale Grundschul-Leseuntersuchung）」，這一項研究將進行兩年，希望藉著它，首次完成用學術方法展示德國兒童在國際比較之下的學習程度。

他說：「在PISA結果公佈之後，引發人終究回到原點去尋找德國學生失敗的原因。」

而德國小學生到底學了甚麼？

在國際上比之其他國家的學生又如何？

一九九七年漢堡新訂定的學校法規中，規定每一所學校都得各自選擇一個學習重心，各自發展教學方法。記得過去小女班上就是以「讀」為選擇，它特別的地方是在課中定期的圖書介紹，師生之間輪流互相介紹自己最愛的圖書，成立小型班級圖書館，有些班級在教室內闢出一個讀書角落。

顯然，學生讀、理解以及消化後使用的能力是以後優良成績的基礎。專業上稱之為：能融會貫通地讀。也就是說，能否從文本中提析出真實的意義。其實漢堡這地方在PISA測試還在發展階段的前幾年，已經透過各種研發本土的研究方法，對基礎小學（Grundschule）做過測試分析，當時教育機構研發出一個讀書推廣計畫（名之為：Plus Lesen und Schreiben füralle）。由透過專業書寫語言訓練的育成人員專門教授在小學裡讀寫有困難的學生。柏思教授認為漢堡提出的這一個教育計畫在德國是首開風氣，扮演了前導的角色。

但是或許邦聯已久，各邦各自為政，又都總拘泥於各自的細碎問題，不能聯合起來對於測試結果加強統一訂定教育計畫，這是柏思教授感慨的地方，各自只看著自己盤中之食，超過盤緣的就不關心了。這讓各邦之間的教育制度，至今無法評比，幾乎沒有一個城

市有興趣知道自己的教育政策是否適用，只在暗中互相猜測，但卻不願面對事實，柏思將這視為災難。

（附：柏思教授小傳：Prof. Dr. Wilfried Bos Fachhochschule fuer Sozialwesen in Munster、修習社會教育與勞工、Westfaelische Wilhelms-Universitaet、修習教育、漢學、心理學、民俗學、漢學與民族學。博士論文題目：少數民族母語的教材「以比較方式對海外華語文教材作內容分析」。對兩岸海外華文教材之比較）

此論文首次以比較方式對少數民族之母語作內容的分析。柏思個人對這一研究的看法，他認為最大的成就在以嶄新的方式收集以及整理排比材料，開創了新的研究視野。此外，在這一次的檢視中，許多重要的中國文化素質與認同的要點都被釐析出，給日後的漢學研究提供了重要材料。

（該論文於一九八八年由明斯特紐約Waxmann學術圖書出版社出版。）

七、懲罰與紀律

以下譯出刊載於漢堡晚報二〇〇二年二月七日的系列教育問題中關於「學生在校紀律與懲罰規定篇」以資參考：

教育問題其實正應和漢堡教育學家比德施塗克教授（Hamburger Professor Peter Struck）的觀察，教育演變到這自由氾濫的當下，至終目的在於從心裡喚起「愛與正義感」。中文裡稱「教育」，德文裡相對的稱「Bildung und Erziehung」，在呈現出的兩國文字中其實透露出極大的差異，反應這兩民族性之中間，文化承傳的殊途。中文的「教」與德文的「Bildung」該是有著相同的概念與指涉的，是政府機構設定了環境條條規章與機制，讓學校學生按制教導與學習，而「育」與「Erziehung」這兩字卻給人正好相反的理解，「育」

給我的感覺是向下的，不是說「育化」嗎？是在一個基礎點上，讓人對良好的美的潛移默化與學習，裡面透露出從外到內的壓制。而「Erziehung」卻給我完全相反的感應，德文的名詞「Erziehung」係來自於動詞「ziehen」，有拖、延伸、引導之意思在裡面，而Er就有「轉」化的意思，所以他給人的印象是從內向外的轉變啟發。

因為總在台灣的許多問題上聽到性格的壓抑這一個說詞，那問題是出在那裡呢？如果教育擔待著人類成長的責任，那麼這一基礎方位是必須首要釐清的吧？我提出此點觀察，其實也再次扣住施塗克教授的呼籲，與其以美德從外加框於身，不如從內，心理因成熟而完成美德，逐一呈現。

在漢堡教育法第四十九條規定之下，對於「教育措施與紀律措施」這兩標題有詳細的解釋，並且也詳細說明了，在何種狀況之下如何體罰學生。「學校必須按照訂定的教育措施去完成教與育的任務。」而處理過程最重要的第一步：當學生發生了問題，無論在任何一個年級層，該做的第一步是與問題學生作溝通談話，事態比較嚴重的，則與學生的養護人或者教育諮詢機構共同討論尋求解決之法。

若透過第一步措施還不能解決問題，那麼可以讓基礎班的學生一至四年級生轉班或轉校，年紀稍長的，在溝通之後惡行依然的，將由學校發書面通知，可能受到五天不准上課的體罰，也可能被調至其他同級的班級。

更嚴重的惡劣行為，或一再重犯劣跡的學生，將被勒令轉學，如果該生已完成義務教育的年限，則可以強制畢業離校。不過此措施必須由學校教師會議提出，並受市府教育機關的批准。在此之前，尚需取得心理醫生的證明。

課中班上的紀律，談到這問題很自然的讓我們聯想起漢堡教育議長郎格在他入漢堡市政府為公職之前是一個士兵之事實。因此，

各位必定瞭解，郎格在要求學校的「安靜與秩序」之時，他知道他在說甚麼話。

許多教室裡，學生在桌椅跳上跳下，那是一種不能避免的狀況。因此，學習啊！在此處可是一個運氣事件。男女老師們在此處付出了健康，除了少數的例外，多半都是未及齡就提前退休。

而且，快速與強硬的懲罰，就像鎮定劑，短時間之內或許可以抒解問題，然而長遠來看並非良策，除非家長也負起督導之責。

在家庭中「該讓電視銀幕黑暗，拿起書本來朗讀」。如果我們在這問題點上畫下的是一個龐大的問號，那我們仍然可以憑著良心重述威利布蘭德之名言：「國家之培養即在學校」以上譯自漢堡晚報。

八、大道之行也

這裡寫著教育，那裡電視裡正有一個談論教育的節目，說來說去，不出全天學制問題，師資問題，家庭與學校之間分工的問題，內容問題……等等。感覺教育議題在德國也愈來愈混亂。

聯邦教育部長提出的一問倒是這一向以來的「頓悟」，她說：當下唯一該談出來的是「如何讓學生學一個方法，知道處理以及內化『知識』，讓生活得利」，在此感覺德國人目前非常需要中國至聖之學的「道」，翻來覆去也就是這一條道！請聽：

> 大道之行
> 大道之行也，天下為公。選賢與能，講信修睦。
> 故人不獨親其親，不獨子其子；
> 使老有所終，壯有所用，幼有所長，

鰥、寡、孤、獨、廢疾者，皆有所養。

男有分，女有歸，貨，惡其棄於地也，不必藏於己；

力，惡其不出於身也，不必為己；

是故謀閉而不興，盜、竊、亂賊而不作，故外戶而不閉；是謂大同。

真的，社會的內容愈來愈複雜，然而人類生活在其中的需求，確是恆古不變，不過求一好活而已。「好活」這該是所有學習的起點也是終點，回歸到這人性需求的基本面再來看教育，更能清楚教育該有的本質。

當然這裡的「好活」，是關係到「你的」、「我的」、「她的」與「他的」好活，就又生出了顧及他人這一項。所以教育不該受國家機制的限定，受經濟的限定，他該如其他如宗教、藝術等等天賦的基本人權的範圍獲得同等的自由，也就是說，教育該等同於所有其他人類該擁有的自由一般。

漢堡學者史塗克教授以五個單元來報導「教育在我們社會中的變遷」，五篇題名與刊登時間分別是：

之一、建議欲教人者，身教重於言教。

之二、網際中的學校，可以為我們之師。

挪威、美國、瑞士的青年，明顯的跑在我們的前方。

之三、兒童自言自語的時候是值得擔心的嗎？

自言自語也有助於語言的發展、激發想像力。它可以調適內心的恐懼、並且將思念疏導昇華。

之四、過早的要求——被錯誤規畫的兒童。

之五、成長中缺少父親的兒童——男孩受害較大。母親是兒童最重要的關係人，但是父愛也是兒童需要的。

本系列僅翻譯出兩篇如下：

之一、欲教人者，身教重於言教

一個社會已經高度發展成為複雜的民主社會之時，對於價值的判定也會形成多樣與繁複的呈現，在此種社會中來談教育，就要比在專制的社會中困難多了，這也是近年在德國教育上遇到的問題。

在一個極權以及高度威權發展的社會中，一切的價值取向由在上位者訂定，因此教育成為所有大眾共同跟隨的機制，沒有例外。在此種極權國家社會中教育的目的是在獲得臣服的順民，而工業社會中教育的目的卻是在教育人成為工業社會中連動工業運轉的齒輪，因此命令與教化就成為這一型社會教育的方式。

現代的德國卻已經脫離了這兩種社會的狀況，基本法的訂定讓人民從專制社會中脫困，工業產品在這個已經進入資訊、服務與生產為導向的社會，已經不是主要的生產特徵，因此在過去五十年有效的行憲歷史中，教育精神有三種根本的變化。

今日在我們的基本法上提供的多種機會中，兒童與青年可以選擇完全相異的發展之路，他們可以按個人的天賦喜好去選擇自己的前途，也因此對於每一位青年我們都該替他們尋找出適合於他們的教育之途。

在民主的社會中價值不容被定限──

因此在今日，教育的價值只能是讓年輕人在面對的境遇中，有能力替自己作何去何從的選擇。

我們要求他們達到的，必須先從自身作起證明給他們看，我們要禁止他們的，也必定要讓他們從內心裡同意認可。要達成這目的，往往是一條漫長的奮鬥之途，我們必須不斷調整步履直到找到正確的答案為止，而常常是，我們得逼著年輕人暫時去遷就一個我們認為的幸福，直到或許有一天他們終於經此得到了幸福。

就是小小孩，也要學習著說出「不」──

基於這一層原因，在童稚時期，就要幫助小孩能作自我決定、自我保護、自我主張，並且能夠「拒絕」，讓他們學習如何在劣勢環境中行走而不受傷，以避免他們走上以暴力、吸毒、生病或者產生恐懼的方式來面對傷害，總括來說就是盡量避免他們的行為錯亂。

　　其實教育概念這名詞已經不符合我們今日生活的社會，只是這用詞是大家習慣了的，（當然沒有一個替代的名詞也是另一重要原因）只要一提起這名詞，大家就知道意指為何，雖然，每個人實際上都對他有著其他的想法。而教育概念這名詞也或多或少隱藏了教育就是紀律的危險，特別是當教育是以勤奮、秩序、負責為目的的時候。

　　愛與正義更重於勤勞與秩序——

　　一些人認為，勤勞、秩序、負責與合作這些美德要通過嚴格的練習來養成，這種教育觀點的盲點在錯認為年輕人對事該去練習著順應，而非來自於內心的成熟而得到的印證。這樣的說法，並非是反對勤勞、有秩序、或者溫和的個性，而是認為，更重要的美德該是發自內心的愛與正義，當然還有自律、成熟、能批判、有容忍、可以忍受爭議等等，或者如VW、企業界與商業局等對學生們的寄盼，配合資訊世界的環境有能力作網狀連動的思考。

　　其實，在提出教育的方法該採權威方式或反權威方式之時，已經是立在一個錯誤的思考點上了，因為年輕人在不同發展階段以及各種生活的狀況中，所採用的行為方式該是不同的。因此在當下，按基本法第六條所做的學校與家庭對於子女教育的分工已經不足以解決當下的教育問題，因為在今日的教育條件之下，學校與家庭的任務必得互相擴張延伸，分別扮演對方的角色，否則會有愈來愈多的年輕人無法得到適當照應。

九、過早的要求──被錯誤規畫的兒童

在德國有父母將才滿六歲的兒童當成他已經八歲了來教育，又有才僅六歲的兒童因失於照顧，表現出只有四歲兒童的程度。這讓德國學生在成績與行為之間有愈來愈背離的趨勢。遺憾啊，逐漸增多的父母，太早就開始將子女安排進入一個未知的將來，這常導致了嚴重的後果。

有些父母擔憂子女的未來，不加思考的就採取從日本吹來的Kumon──學校學習風潮，讓子女才滿十六個月上就開始學算數與外語，這般年齡的小孩連跑都還不會呢。小孩滿三歲，已經在學齡前兒童外語學校完成登記。四歲開始，在她的日程表上已經日日都記滿了曲棍球、生日宴、網球、大提琴、鋼琴、騎馬、芭蕾等等的練習行程。離入學的時間還早的時候，這小孩已經擁有了讀、寫與算的能力。

這些錯編了的兒童，他們就此錯失了一段重要的生活旅程：沒有了遊戲、失去了一般成長過程的經歷，沒有了兒童該有的純真以及想像世界。就因此，同年齡所享受的教育機會也因此錯失，他這年齡的語言該具備的社會性也就此失去，從小，就這麼如成年人般的生活著，純真年代也就此被剝奪。

兒童不適齡的學習會帶來極大的危險，比方說，一年級的課程不是對他們太無聊了嗎？因為該學的早都會了。這時候留在課堂上的他只好在課中作著夢或胡思亂想，因為只有這，是他唯一還能秘密進行的功課，免得其他小朋友在學新東西時，他整堂課只能無聊的枯坐。他習慣於這般在課中的分神，不集中注意力，有時後又顯得坐立不安；就這樣，不用多久他就會被其他同學給排擠到壞成績的學生之列。即使天分高，也會因此落到行為困難，留級，甚至連高中都無法結業的地步。

學齡前額外的活動如若只在增進正常與健康的生活，那就是有意義的，比方居住空間狹小，住在十二層樓高之處，那麼對小朋友設計多多走動休閒等的運動就是好的。做父母的該多與子女交談，晚間入睡前有床邊夜讀，多與他一起遊戲，散步，運動，多享受互相間之依偎、畫畫，玩音樂、勞作，多聽他說話，放輕鬆活潑與之相處，隨侍在側給予協助。

　　而兒童最不需要的是在還未入學之前就去增進他讀、寫與算的能力，擁有大提琴、鋼琴、曲棍球、網球、騎馬、芭蕾等的技術，除非，這是他自己的意願。

　　就是這般，要求過低不好，要求過高也有問題。

　　兒童，該同時對他們有激勵有要求，他們的能力是在此等有意義的督促中而形成增長。

十、結尾

　　前些日子，在首頁的推薦閱讀之中，一則新聞題名為「文字修持」。見到這標題，心中一凜，碰撞出我的另番的思考面向。

　　它讓我同時想到另一句西方的說詞「精神的柔軟度」。這精神的柔軟度放在傳統中國的生活哲學裡的解釋稱之為「意欲自為調和持重」。

　　先說為甚麼一見這「文字修持」就讓我不安。因為讓我想到一向走來的教育中，面對生活要壓抑自己的個性的訓練，再來就是「語言糾葛的本質」，當然用在「文字」上更是如此。這兩者「壓抑與修持」放在一處，難怪自古以來在歷史中掀起如此多的文字之難。

我想說的是在此處談文字修持不如先來倡導練習精神的柔軟性，當然在此說到的「文字」應當將之限定在出之好意的思想基礎之下，非明明白白毀謗破壞之言語。

　　精神的柔軟度也就是面對世事能收放自如，這當下在德國教育因PISA引出的討論中該也是一個重點，對環境的精神適應力。德國的媽媽們教育子女是讓她們練就起皮厚的功夫，皮厚了走出世道才能安穩行走，思想精神不隨意被割傷。所以我想這是一種在基礎點上的修為，是自然的，沒有壓抑的。

　　還是那句老話，人類的思想是不可限定的，侷限文字，倒不如來練就「精神的柔軟」，那麼大家在睿智的碰撞中走出，才能海闊而天空。

東西方教育之比較

德國　鄭伊雯

Stefan, es tut mir sehr Leid. Deine Noten in diesem Schuljahr waren wirklich nicht gut. Ich hoffe, dass du dich nächstes Mal ein bisschen mehr anstrengst und dann bessere Noten hast, okay? Zum nächsten: Osama, du hast deine Schwierigkeiten auch noch nicht überwunden. Deshalb kann ich dir nur diese Note geben. Moses, hier ist deine Note. Ich finde es eigentlich schade, dass......

史戴凡，真是抱歉了，你的成績這次很不好，我希望下次你可以多努力些，並拿到好成績，好嗎？

下一位，歐三馬，你也沒有克服難關，我很抱歉，我只能給你這種分數。

摩西，你的分數在這裡，我也覺得很遺憾，你的分數在這裡……

這對話的場景是在多特蒙德（Dortmund）一所職業預校（Hauptschule）的教室內，任課老師正對著全班一一發下此次考試的成績單，因為是職業預校的關係，學生大多是功課很不好的同學，於是淪落到我們台灣俗稱的放牛班上，這在德國可以稱為放牛學校裡，學生們往後多得走上技職教育一途，否則很難找得到工作的。

這節目主要是剖析德國學制與外來移民教育之銜接上的種種問題，但是讓我訝異的是老師說話的語氣，即使是發下超難看的成績，與學生之間的對話仍是「我很抱歉，你的成績我無法給你更好的分數」，「很抱歉，這次你無法拿到好分數」等等……，仍是非常平和與有禮貌的對待語氣，似乎沒有出現我們印象中吵鬧嘈雜，互相對罵的火爆場面，這場面真是讓我讚嘆不已，也非常佩服老師的修養與有禮的態度。

先認識德國的學制

德國的小孩一般都是六歲進入小學就讀，讀了四年的小學（Grundschule）後，就會被任課的老師寫了張推薦函，小學生拿著小學四年來累積的成績單與學校（老師）證明的推薦函來申請學校。

五年級後依照學生程度與成績的高低，分別進入最好的「高級文理中學」（Gymnasium、這字由拉丁文來，意指設拉丁文、希臘文的高級中學）、「實科中學」（Realschule）、「職業預校」（Hauptschule）三種。這三種學校雖然翻譯成「中學」，但在學制上是把中學和高中合在一起，學生在高級文理中學從五年級一連就讀八年，直至十二年級才能畢業。

成績較好的學生進入高級文理中學後，不但課業突然壓重許多，功課作業也變得跟台灣學生一樣多，所以許多學生與家長們都會哇哇叫！畢竟與小學的輕鬆程度差太多了。除了英語必修外，學生在七年級與九年級，還有法文或拉丁文的外語課，等到十一年級時，還有西班牙、義大利、荷蘭等外語可以選擇，課業壓力比起台灣學子來不遑多讓。

等到讀完八年的高級文理中學後（當然優秀者可以跳級），十二年級的學生都得經過嚴厲的「高中會考」（Abitur）的程度檢

測，取得成績才能申請大學（Uni），所以能在德國進入大學內就讀的學生各個優秀，也是經過一道道關卡上來，才能進入大學殿堂內。

　　至於程度沒那麼優秀的學生怎麼辦？如程度中等的學生進入「實科中學」後，先讀了二年，若是老師覺得學生程度優秀，也會推薦改升為「高級文理中學」。相同的情況，若有學生在高級文理中學適應不佳，也會退到理想中學來。而為了因應學生改換學校的問題，所以一般高級文理中學和理想中學的五、六年級不會選修法文與拉丁文，必須等到七年級之後，學生都安穩就緒了，才進入外語的選修課程。當然，依據各學校的校風和治校的理念不同，還是有五年級就選修上拉丁文的學校，如我兒子的學校五年級共三班中，就有一班是先選修上拉丁文的班，我的老大就在此班中。

　　至於，程度較低的學生就進入「職業預校」就讀，課業壓力當然輕鬆許多。就讀「理想中學」的學生一般可以分二條路來走，一是選擇要參加高中會考的學生，另一種則是選擇將來要走技職教育的學生。簡單來說，考過高中會考，有了高中會考的成績才能申請進入大學。而走技職教育，則是五、六年之後報考職業專校，再繼續攻讀也能進入技術學院（Berufskolleg），考取各種證照，那將來畢業證書的學位證明就會註明是FH的學位，以與真正的大學學位有所區別。

太早分流遭人詬病

　　這一套在德國施行已經數十年了的學制，我簡單把它稱為「精英篩選法」，就是一級一級地淘汰掉非精英人才，早期社會，進入大學殿堂成為少數人的專利。其實，這也就是典型的金字塔式的制度，最早也就是早期貴族與仕紳們，為了壟斷地位與利益，把讀書

定為有錢人的專利，所以排擠掉平民階級受教育的權利，於是只有少數人就讀大學，社會上普遍人口就讀職業學業，士農工商各有所長，社會穩定，人人各司其職並非不好。

問題就出在，因為此套學制已近三十年無更改，德國老師們在此學制下，也很理所當然地把學生分等級、定程度，老師不會有很大的道德輿論來指責，什麼老師應該有教無類，不放棄學生⋯⋯這些口號，台灣倒是喊得很理所當然，在此德國老師的輿論壓力較低，教學品質真是存乎一心，尺度全在學校與老師的校方身上。

目前這一套學制，最被攻擊的地方，就是「太早」決定了學生的前途與將來。想想看，一個才十歲大的小孩，如何懂得讀書的重要呢？當小孩想輕鬆學習，或是偷懶不用功後，進了理想中學與職業預校之後，程度越來越跟不上高級文理中學的學生，日後即便進入技職教育的領域，雖可取得各種工作的證照，但在德國可是無法進入大學的。不但文憑、薪資有別，就連博士學位也都有明顯稱謂與薪資上的不同。所以才被攻擊「十歲就決定小孩將來的路」、「十歲就被決定成將來是博士還是工人」，真是太早了，也真是太難為小孩了。

綜合學校立意佳效果有待評估

就在德國教改的聲浪中，各邦開始設立不少的綜合中學（Gesa-mtschule）（如我居住的此邦內就有許多綜合中學），原本是立意良善地認為學生應該不被分級，不被區分程度，一律常態編班，一視同仁地教育學生，寄望程度好的學生能幫助程度較差的學生，一起來把程度給提高上來。

但幾年下來，卻發現反而是程度好的學生被程度差的學生給拖累了。因為學生程度的不一，老師難於授課，難於有統一的要求，於是程度好的學生都一起變懶惰了，作業也不想寫，讀書也越來越不認真；因為一班中有人玩得很愉快，為何他要讀得很辛苦呢？結果數年下來的成績，原本可以上高級文理中學的學生基本程度（如數學）在上了綜合中學幾年後，程度變成落後一大截，這教學結果當然是始料未及的。於是此項美意的教學出發點，就被證明似乎是「實驗」有些問題了。這關鍵點當然學生與學校二者都要負起很大的責任，彼此互相關係重大，而扮演主要教學角色的老師群，更是難辭其咎，師資們的教學主題與教學品質是最被大家探討的部分。

　　而在這些正式公立的體制中，也紛紛衍生不少的私立辦學，如強調獨立、自主、多元價值選擇的「森林學校」（Waldorf-schule），不用傳統的教科書與課程，強調該所體系出來的學生，多麼具有創造力。但是當一個十年級的學生出來後，卻連基本的德文作文與自傳，都寫不出來，甚至錯誤連篇時，怎麼讓他人與家長去相信，多麼具有創造力的小孩基本的德文程度何在呢？畢竟介紹自己是最基本的作文程度，也是求職的第一步驟，並非每位都是藝術家，都有多麼優秀的作品可以展現。

　　由上述種種的說明，大家可以理解為何德國教育界也是一片教改聲浪，就連訴求把德國一律是半天制的學制改成整天的課程，以呼應現代社會父母雙方皆是上班族的要求，就是一項很大的挑戰，至今仍未達成。假如德國的教育環境是如此地不佳，那還有何學習之處呢?!其實不然，德國學制上雖然有著多年未改的缺失，但德國父母與整體的教育環境卻有著許多值得我們取經之處，以下試舉出幾種層面來加以探討。

父母栽培子女的心態很重要

因為德國的學制在四年級後，就把學生區分成數種學校來選讀，所以對許多德國學生來說，第一個人生關卡就來自四年級到五年級這個階段。撇開特殊學制的私立學校不談，進入德國公立學校的小學內就讀，父母們的困惑與心態除了配合學校的要求之外，也常常取決於父母對孩子們的教養態度。

如德國「鏡報」（Der Spiegel）中報導曾提及，父母的財富與社經地位常常左右了孩子未來的發展，儘管大家都一同在公立學校就讀，但在半天的小學教育之後，其餘半天的活動中，行有餘力的父母就有能力供給小孩們各種才藝的學習機會，不只參加各種運動協會以鍛鍊體魄，也會參加音樂學校或是私人家教的各種樂器的學習，這種培養小孩能力的方式的確是比台灣來得全面而寬廣。一般德國小孩以參加游泳、足球、田徑協會、桌球、羽毛球等為主，較有財力的常會參加網球與高爾夫球協會，這二種運動不只有會員費、教練費、還有場地費用等必需支付，所以運動費用較為昂貴一些。此外，年紀大一些的小孩可以參加各種划船與泛舟等活動，也有西洋劍、柔道、防身術、舞蹈等運動。除了家中農場本身就有馬匹之外，許多小孩參加騎馬與馬術活動，這些裝備與活動當然也是花費不少。

德國小孩常常是到了小學階段後，才開始加強各種才藝的訓練，並且持續地培養。而不像台灣在幼稚園階段就已不斷灌輸培養，就為了這麼一句話「不要輸在起跑點上」，於是各種學齡前到幼稚園階段的才藝班大發利市，但是各種才藝的培養到了小學以後，反而各種才藝的學習都停擺了，不只學習無效果且白白奉獻了一大筆錢給各種才藝教室。許多父母或是整體的環境，當然都是推給升學主義與考試壓力這一原兇，但是父母的心態是否自己也該檢

討呢？對於才藝的學習是當做興趣，還是當做增加考試成績的助益呢？於是似乎才藝的學習，就變成音樂班、美術班等學生的專利，那這樣的學習的確是功利取向為主居多了。

不像台灣小孩與台灣父母，只著重在學校課業上的學習與考試成績而已，德國父母把才藝的學習真的當成是人生中重要的課題與興趣的培養，於是許多成績優秀的小孩進入大學後，儘管課業成績或許平平或許特別，但是拿起樂器就可彈奏，給一顆球就可交上全世界的朋友們，這對他們而言宛如是生存的本能，對我們就有如天方夜譚了。對台灣環境下長大的我們，學習樂器與音樂的陶冶，似乎是音樂本科與其他學科涇渭分明的兩方壁壘。非得是運動本科者，才可追趕跑跳碰一樣，我們對於人生各種學習的涵養的確是相當的窄化。

於是許多來到德國求學的學生絕對會發現這一現象，能夠把小孩培養到大學就讀，這些大學生們常常運動神經發達，喜歡各式運動；也常身懷各種才藝，從繪畫、西洋棋、鋼琴、小提琴、笛子、吉他……等各種樂器，大都能來個幾手，若論其技巧絕對比不上台灣許多專門培養出來的學生們，但不要忘了這些都是一般學院的學生，絕大多數非音樂系或是藝術系的大學生，但他們卻能把具備某項才藝當成一生的嗜好，但我們的大學生常常在課堂上表現良好，但課後聯誼卻是什麼都不懂了。

同樣的情形也常發生在專業術科上，我們台灣培養出來的音樂技巧都是一極棒，但對音樂的「詮釋」卻常常無法表現出自己的特色與風格，造成在「匠」氣上專業十足，卻難有創新的想法。於是我最常聽到，台灣的學生們準備幾首要表演與考試的曲目，都是技巧十足，但是感情疏離，更害怕的是「即興」的演出，因為我們的學生們常常腦中與心中是一片空白，根本不知要呈現什麼的難以招架，這時你不得不承認德國學生的腦子靈活多了。假如再把一個台

灣樂手與幾個歐洲樂手擺上臺來一場即興演出，我們台灣樂手一定
要具備非常大的勇氣才會接受這挑戰吧！

適情適性的發展觀念

　　當台灣父母與德國父母都是傾其心力地栽培小孩時，不管就
學校課業上的學習還是才藝興趣的培養表現上，德國環境與父母的
心態都比台灣更加地「隨小孩發展」，此種觀念的根源可以追溯
自「幼教之父」德國的福祿貝爾（Friedrich Wilhelm August Fröbel,
1782～1852）其理論來加以佐證。

　　在福祿貝爾的學說中認為，孩子的發展如同種子之於植物，種
子雖是渺小的一粒，卻已包含了整株植物完整的體態，植物日後之
生長與發展，都已存於種子的底蘊之內。雖是小小的種子卻蘊藏了
整棵樹的本性，宛如每位兒童的秉性天賦早有其先天條件的優越與
限制。所以橡樹的種子怎樣也長不成松樹，松樹的種子怎樣也長不
成柳樹，每個小孩的先天稟賦既然不同，不能強求，只能以持續而
不間斷的教育方法來啟迪成就了。

　　就因二百多年前的教育先驅與幼教之父的福祿貝爾的觀念影
響，德國父母普遍上比起台灣父母對於學校課業成績的重視，對於每
次考試壓力的應對進退，比起我們來寬鬆許多。比如我們有對父母皆
是擔任教職的朋友，他們的長子今年升上五年級選擇學校時，其父母
考慮他的個性不是積極的讀書類型，所以讓他就讀理想中學（儘管他
的成績可以上高級文理中學），不想讓其面對與衝擊到太過嚴格的課
業壓力，但在課業之餘仍是去音樂學校學打鼓，還參加每週訓練二次
的足球隊練習。這種讓小孩課業、音樂才藝與足球運動同時並進的思
考觀念，就與我們學校考試重於一切的觀念天差地別了。於是在成長
的過程中，何種小孩較為快樂呢？當然很容易比較出來的。

再者，福祿貝爾的學說中也非常強調「遊戲」的重要性，認真看待孩童們遊戲的教育價值，認為遊戲乃是兒童整體自我表現的最佳活動，所以德國環境與德國父母很重視遊戲與玩耍，絕對不會要兒童死讀書、讀死書，整天只要考試考好就行了，他們絕對會趕小孩子出去玩，出去跟鄰里間的小孩們互動與玩耍，出去跟同學們互相邀約來往的。

於是，我們可以簡單地說「考不好」的壓力，其實對德國小孩來說是「沒那麼嚴重的」，因為他們的課業壓力也圍繞在才藝學習心情舒緩，也圍繞在運動場上的廝殺吶喊，他們面對「考不好」的純粹課業上的考試壓力，真的沒那麼大。

父母角色的扮演

以此來看旅居德國的許多台灣父母與家庭，爸爸忙於工作之際有些還愛好打小白球，但許多媽媽除了操持家務，喜於各種形式的家庭聚會與聚餐之外，似乎也疏於經營個人的生活。我就曾碰過這麼多對父母，不帶小孩看畫展與各種藝文活動，也不帶小孩接觸各種現場的音樂活動，儘管小孩在家同樣學習各種才藝，但「太少接觸刺激」之下的學習效果，當然也很有限。才藝的學習除了主動的接觸訓練之外，整體環境的刺激是相當重要的。

在某展覽場，我也曾碰過這麼一對父母的態度，我問：「怎樣？喜歡嗎？」，結果那父親大刺刺地回我說：「我進來三分鐘就想走了！這些我都不懂。」，的確他是說出了實情，那我也是不懂，但我絕不會在小孩面前說如此令人喪氣的話。

因為不懂真的不用裝懂，但是不懂也不需要說得如此絕情，不懂可以問呀！不懂可以去問如何欣賞呀！不懂可以去問展出者想表

現什麼呢！假如三分鐘就想走了，為何還在此呢？如此留給小孩的印象又是何者呢？勉強而來的看展心情絕對很難有收穫唷！

　　為人父母者不要忘了鼓勵小孩之際，也要扮演提振士氣的角色，雖然我們不懂，但許多時候我們可以這樣說「我不懂，但我覺得很有趣，也很好奇是如何產生的，究竟是困難還是容易呢?!」，我們可以引導小孩如何去看、如何去想這世界有趣的面向，或許如此小孩更能被啟發創造與創作的欲望，學習效果也能加強吧。我們當然無法給小孩全部的世界，但我們可以引導他們如何「觀看」這世界，學習與體驗的方法不只從學校教育而來，父母的帶領也是其中一個學習的重要因素呢。

漫談文明與文化

奧地利　俞力工

早自殖民主義時代，西方國家便不斷以「傳播基督文明」為藉口，向不諳於生產槍炮彈藥的「落後」民族進行掠奪與壓迫。

冷戰結束後，圍繞「共產或資本」問題的論爭雖然暫時告一段落，有關「基督教文明與伊斯蘭教、佛教、儒教等文明圈之間，終將發生大規模衝突」的議論，仍然是國際學術界的時興話題。

顯然，為了與「基督教文化優越論」分庭抗禮，許多非屬「基督教文明圈」的學者也相繼強調儒家文明（或稱華夏文明）、佛教文明與伊斯蘭教文明的價值，同時還舉出了一系列克服或避免西方種種社會問題（如生態問題、家庭瓦解、道德敗壞等等）的可能性。

如對各家的議論細加分析，不難發現常有將文明與文化這兩概念混為一談的現象，同時出於同一原因，許多人在議論中不自覺地採納了有欠文明的手段。

文明

文明，大體上系指某個群體應對自然界與社會界問題的能力。語言學家傾向於強調文明與否取決於某群體何時發明與運用文字；人類學家偏好於分析工具製作的技巧；經濟學家則側重於生產力的先進與落後；戰略家或許著眼於克制敵人的手法屬於「乾淨俐落」或血腥殘酷；百年來，許多人則把民主議事當作文明的圭臬。

文明既是一種能力表現，自然就產生高、低、上、下之別。比方說，捨棄現代農業技術不用，固守刀耕火種的原始辦法便絕對談不上文明。處於科學昌明、教育普及的時代，堅守父傳子、子傳孫的封建世襲制度，自然也沾不上文明的邊。

文化

至於文化，廣義的說，凡人類做的事情，想的事情均屬文化範疇。扼要一些，或可說一個群體的任何生活方式皆屬文化事務。由於一個群體曾經經歷了不同的文明階段，因此就在各個不同的文明階段因地制宜地產生了形形色色的文化。

自古以來，人們傾向於把精緻文化作為某個社會的象徵或代表。實際上，精緻文化往往是統治階層刻意加工的成果，不應當就此忽略那些涵蓋整個社會，甚至往往是更加生動的草根文化。

以基督宗教社會為例，處於封建時代的歐洲便有不同於現代社會的宗教文化表現，而屬於同時代的歐洲各國也有不同的宗教習慣。因此，經現代企業經營辦法加以推廣的漢堡包速食文化絕不可能出現於商品市場落後的封建時代。處於二十世紀的今天，美國的品味也不可能與英國的「炸魚加薯片」飲食文化雷同。鑒於此，我們斷不能像阿Q那般地把蔥段的吃法視為比蔥花的吃法更加「文明」；也不能把產生於封建時代的基督宗教文化視為「優越於同時代的儒教、伊斯蘭教、佛教文化的西方文明」；更不能在科學昌明的今天，把現代科技所取得的成就歸功於任何宗教文化，以至於一味地強調「基督教文化的優越」，和其他文化的「落後」，而無視奠定西方現代文明的重要因素即在於世俗化運動，同時，當前宗教文化尤其在歐洲普遍淡化也是不爭的事實。

過去，最令西方的「基督教文化優越論者」感到頭痛的問題便是，無法對日本戰後的長足發展自圓其說，因此，便傾向於視日本為一個異數或例外。近年來，眼看著「四小龍」、「五小虎」，包括大陸，不但在經濟上相繼崛起，在民主法制建樹上也有顯著的進展，於是，「基督教文化優越論」便越來越顯得不合時宜。

己所不欲毋施於人

　　就基督教文化圈之外的國家而言，許多地區仍舊處於封建與現代社會之間的過渡階段，面對科技文明較落後的事實，固然不必妄自菲薄，但畢竟無人能夠預料，現代科技之引進與西方文化之影響，將對固有的文化產生何等的衝擊？傳統文化是否能夠經得起考驗？因此與其「民粹」地把傳統文化吹噓為「優人一等的東方文明」，不如心平氣和地設想如何在本地土壤上適當地進行文化調整和科技嫁接。

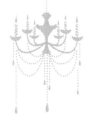

父女之間的那點事兒

奧地利　方麗娜

　　去年隆冬的一次朋友聚會上，五光十色的餐桌旁大家喝得正歡，好朋友約瑟夫突然不無自豪地宣稱：「昨天晚上，伊莎貝拉很鄭重地告訴我說，『爸爸，今天我買了一件胸罩，這是我第一次戴胸罩呢！』」

　　說完，約瑟夫眉飛色舞地聳了聳肩，舉起碩大的紅葡萄酒杯，仰頭喝下。在座的幾位半老紳士，也都不約而同地「啊哈！」了一聲，相繼端起自己的酒杯，和約瑟夫碰了杯同飲。隨即，酒桌上一片小小的歡騰。只有我，獨自發出一聲無人察覺的感嘆，並且浮想聯翩起來。因為在中國，女孩子諸如此類的生活私事，往往是父女之間諱莫如深的一個話題；而在歐洲，竟是這樣一番有趣的景象！

　　記得小時候跟父親相依為命的那一年，我剛剛讀小學二年級。因為母親去世得早，有段日子我跟父親朝夕生活在一起。一天晚上，父親幹完活疲憊不堪地回到家，劈頭倒在床上捧起了《三國演義》──那是父親孤苦寂寞中的最高享受。當時，我正坐在父親對面的小板凳上，一邊聽他自言自語地唸叨劉備、張飛和諸葛亮，一面把自己的腳插在水盆裡洗。忽聽得父親爆出一聲嘹亮的苦笑，繼而從眼鏡框下凝視著我，淒然說道：「小妮子，快把褲子脫下來，我給你補補。」

　　我順著父親的目光向下瞅去，赫然發現自己的褲襠，爛了一個大口子。我登時滿臉燥熱，羞愧難當，蹭地跳起來躲到黑洞洞的後

院裡，半天都沒好意思進屋。接下來的兩天，我竭力回避父親的目光，對他一如既往的呵護，也悄無聲息地抵禦著。從此，我小小年紀便拿起了針線，學著母親生前的樣子，將一件件破舊的衣服縫過來補過去，仍舊提心吊膽。生怕身上的某個部位，出其不意地露出破綻——再次落在父親那不經意的眼裡。

如今，父親的逝去已經三十年有餘，而這些陳年舊事依然殘存在我的記憶裡，儘管對今天的孩子們來說，它已遙遠得不可想像；對伊莎貝拉這個奧地利女孩兒來說，更是陌生得不啻是天方夜譚！

其實，我第一次見伊莎貝拉的時候，就碰到了很有趣的一幕。那是我來奧地利的第一個冬季，週末的一天下午，先生和約瑟夫約好了在維也納西城的一家咖啡廳裡碰頭。當時，約瑟夫便是帶了六歲的伊莎貝拉前來和我們約會。見了面，很熱鬧地寒暄了一陣子，我也很喜歡這個金髮碧眼的小姑娘。伊莎貝拉似乎也不討厭我，一再要求挨著我坐下來，端詳著我們喝咖啡。之後，我們一起徒步前往市中心的那家劇院去看話劇。當行至路邊的一處紅燈區時，門前濃妝豔抹的幾位應召女郎，旁若無人地對著路人搔首弄姿，左顧右盼。

伊莎貝拉突然仰起小臉兒，好奇地詢問約瑟夫：「爸爸，這些阿姨在幹什麼？」

約瑟夫不假思索地回答：「阿姨在等叔叔。」

這對父女的一問一答，是那樣從容自若，又意味深長，令我砰然心動：假如是中國的父母，面對女兒這樣的提問，不知該怎樣做答？倏忽間，我不由得想起《紅樓夢》中賈寶玉聽到焦大的罵聲，詢問身旁王熙鳳的那一幕：「好姐姐，『爬灰的爬灰』，是什麼意思？」寶玉的提問招來了鳳姐的一頓臭罵：「少胡說！那是醉漢嘴裏胡唚，你是什麼樣的人，不說沒聽見，反倒細問？」

在中國，王熙鳳的喝斥是合情合理的，也頗具代表性。面對一系列尖銳而棘手的提問，我們的家長總是採取這類對策，動輒用長輩的權威或者高壓手段把孩子的嘴封住。使得他們一頭霧水，不但消除不了疑惑，反而會更加強烈地喚起他們的好奇心和神秘感。那些無人解答的神秘所在，進一步激發他們以自己的方式去摸索，甚至不擇手段地去嘗試。

　　在和約瑟夫交往的許多年間，我一直目睹伊莎貝拉的成長——從昔日活潑可愛的乖乖女，到今天亭亭玉立的美少女，我們對她的稱呼，也由當初的「Maedchen」（小女孩兒）頃刻間換成了「Damen」（女士）。每次見面，伊莎貝拉勢不可擋的個頭，簡直像一道流動的風景，動感十足地時時在眼前晃動。也許是營養過於豐富或者鍛鍊機會較多的緣故，歐洲孩子的發育普遍早於中國的孩子，他們往往十幾歲就長得人高馬大，體態豐盈；伊莎貝拉也不例外，十三歲的她竟然到了一米七。加上她一直在學舞蹈、練體操，神態氣質楚楚動人；亭亭然如玉樹臨風。因此，作為父親的約瑟夫，隨著寶貝女兒的成長，其擔憂也隨之而來。

　　由於伊莎貝拉個頭過高，被許多陌生人當成了大姑娘來看待，她又出落得那般漂亮，一出門便有男孩子盯上，吹著口哨和她搭訕。尤其最近，伊莎貝拉每天放了學也不直接回家，總是先和同學們玩兒上一陣子再說。「天知道他們在外頭都幹些什麼！」伊莎貝拉的媽媽奧薩納，毫不掩飾自己的憂慮，氣呼呼地跟我們說道。一起吃飯的時候，我發現約瑟夫也遠不如去年喝酒時那般灑脫與豪放，倒有些憂心忡忡。席間，約瑟夫和伊莎貝拉突然因為上網之事爭論起來，唇槍舌劍，互不相讓。起因是：從上週開始，伊莎貝拉每天放學回來便帶上耳機上網，全神貫注地聊天，不吃不喝一聊就是五、六個小時。前天夜裡，約瑟夫半夜起來上廁所，經過伊莎貝拉房間，發現她還一直坐在電腦跟前，目不轉睛地盯著螢幕，嘴裡喋喋不休。

伊莎貝拉聽到父親當眾陳述，小臉兒羞得通紅，毫不客氣地指責父親太過敏感，並辯解說和同學聊聊天有什麼大不了的？為了聲援約瑟夫，在座的男女都眾口一詞地勸說伊莎貝拉，甚至端出自己年幼時幹過的事現身說法，痛斥少年意氣曾經釀成的不良後果。總之，力圖說服伊莎貝拉放棄不分晝夜地上網聊天兒，並告訴她，約瑟夫對她的擔憂是正常的，任何一個父親都會如此。

西方的孩子幾乎沒有男女界限，朋友間的來往十分坦然和密切，但法律規定，孩子們沒超過十八歲是不可以單獨搬出去住的。在德國，我曾碰到另一位女兒的父親，我問他女兒上學期間假如和男孩子來往，甚至發展為同居，做為父親的他會怎麼樣？能干涉嗎？他坦率地回答：「不能怎麼樣，家長是不可以干涉孩子們之間相互來往的，只能順其自然；但我會告誡女兒和男朋友在一起時不要忘了戴避孕套！」

據說，在宣稱人權和民主的西方，一向以獨立的個體生活著稱，男生和女生就認為身體是自己的，可以自行決定自己的想法和行為，即便沒有成年。因此使得很多中學生和大學生過早走進「性」的圍牆，一時間，性開放瀰漫西方，很多學生熱衷這樣的事情。最近，英國十三歲的男孩阿爾菲‧帕滕與他的十五歲女友仙黛爾因偷嘗禁果而產下嬰兒。小爸爸抱著嬰兒的照片迅速傳遍大江南北。這則新聞已不僅僅是一樁令人震撼的社會消息，它背後所體現的英國未成年人的價值觀及性教育理念，其深度和價值已遠遠超過新聞本身。自己還沒有獨立生活能力，就開始撫養孩子，給自己、家庭和社會造成的傷害是不言自明的。

西方鋪天蓋地的媒體報導，也是把它當作一宗反面教材來進行的。因此，完全的順其自然，就等於放縱，顯然是不可取的。在兒女成長的未成熟階段，家長和老師的適當引導，當然是不容忽視的。

在義大利還有一對奇特的父女，他們是義大利總理貝盧斯科尼和其二十四歲的女兒芭芭拉。「女大不由爹」，正在米蘭讀哲學的漂亮女兒芭芭拉，公然批評父親貝盧斯科尼，指責他領導下的義大利「商人從政、政客經商」。這位兩度登上義大利總理寶座的手段高超的政治藝人，在自己的寶貝女兒面前顯得無能為力，甚至狼狽不堪。眾所周知，義大利政客間的利益瓜葛和腐敗現象，在歐洲首屈一指。作為義大利總理的貝盧斯科尼本身，除了管理國家外，還經營著一個包括多家電視台、銀行、出版業和足球俱樂部在內的商業帝國！女兒的抨擊真可謂鐵面無私，因此，義大利政界戲言：「總理的『掌上明珠』比義大利議會中所有的反對黨加起來都有力」；歐洲媒體也幽默地宣告：「義大利政府和反對黨如今已經包容在一個家庭中了！」

從這對特殊的義大利父女身上，我們也許可以從另一個側面窺探出歐洲崇尚「個性教育」和「能力教育」的影響。看似長幼不分、尊卑無別，實則反映了人與人之間的平等、坦誠和高度透明——自由表達心聲，是人性的需要，也是一個公民最基本的權利。

反對者說：「李氏父女的行為嚴重踐踏了道德底線，傷風敗俗。因為中國畢竟是一個有著五千年歷史的文明古國，我們不能不顧傳統的倫理與道德，不能衝破甚至透支我們值得引以為榮的中國文化。」

針對別人的質疑，李壯平坦言道：「她是我深愛的女兒，就像小時候我給她洗澡一樣。」這是一個光明磊落的藝術家父親。在中國這塊浸透著假道學與真偽善的土地上，這對父女以美學的形式來呼喊自由、寬容和真實的空氣。

三月中旬，我們冷不丁接到了約瑟夫從瑞士鐵力山打來的電話，他興沖沖告訴我們自己正和小情人一起滑雪呢。小情人是何許人也？我和先生滿腹狐疑地質問他。

那廂即刻傳來約瑟夫輕鬆自如的應答：「當然是我的伊莎貝拉！」

　　父女之間的愛，是人間最純潔、最偉大的愛──猶如三月的一縷春風，拂過人間這塊綠草地，呈現出篇篇新意盎然的景象。

美聲不僅僅是洋腔洋調

德國　謝盛友

男中音歌唱家竇君來自山東省，畢業於山東藝術學院，在國內曾師從中央音樂學院李維渤教授，在國外曾師從德國當代著名男中音歌唱家Siegfried Lorenz，現就讀紐倫堡音樂學院，筆者日前就中西音樂教育，當面請益於竇君先生。

＊　　　　＊　　　　＊

謝盛友：馬丁・路德說：「音樂一半是紀律，一半是教育大師。」他還說：「必須把音樂保留在學校中，一個學校的教師必須會唱歌，否則我並不看重他。」德意志有兩樣東西是世界任何民族無法超越的，一個是哲學，一個是音樂。德國的學校和社會對音樂教育是怎樣的一個態度？

竇　君：我在德國讀書和生活這些年，發現德國非常重視音樂的基礎教育和早期教育，德國人說「你要想成為大師，就要從兒時著手練習。」

＊　　　　＊　　　　＊

你說的音樂和哲學，其實它們是相連的，德意志這個民族，其思維就是很嚴謹的，但是並非死板，自由是建立在一個律法的基礎上，不是雜亂無章的自由，也不是機械地循規蹈矩，正像他們的音樂，嚴守作品的節拍和譜子上的音樂術語，卻又能與眾不同的表達個體的感受，既不矛盾又不衝突。你注意觀察他們的基礎音樂教育，就會發現，他們的基礎音樂教育的重點不在於傳授技藝，而是培養用音樂作為一種工具，向外界積極地進行自我思想觀點的表達。

音樂和哲學一樣的是，其根本都基於我們亙古不變的人性，這也是作為一個成為來自不同膚色和文化所普遍接受的條件。一個人的哲學思想要被世界接受，首先要翻譯成讓讀者能讀懂的語言，第二步才能讓讀者對這種思想進行理解揣摩。有人說音樂是一種語言表達。那我要說它高於一般的語言表達。既然它是一種常規情況下，母語之外的一種語言表達，我們要掌握它，就必須像對待母語一樣對待它，先有感性的「語言」環境，之後有理性系統的教育，最後讓它作為一種自我思想表達，便是信手拈來的事兒了。德國的社會語言從拉丁文向現在德語演變，它的音樂語言由巴羅克向現代主義演變。這種演變是循序漸進的，不是跳躍的。那些文獻是社會、人民思想演變的見證，是德意志民族精神的組成部分。讀史可以使人明智，這是眾而周知的道理。從事研究、紀錄社會、人文思想的發展和古典音樂的傳統，同樣有此功效。而且這種方式是德國很獨特的一種方式，已經形成了一種傳統。他們對這種傳統感到自豪，也積極致力於這些傳統的傳承和發揚。

*　　　　*　　　　*

謝盛友：德國兒童三歲至六歲的音樂基礎教育，對於中國家長來說，是花「冤枉」錢，我看急功近利的中國人家長，很難堅持小孩的音樂教育。

寶　君：兒童三歲至六歲的音樂基礎教育，主要培養小孩節拍感覺，聲音的辨別等能力，總之是一種認知能力的培養。跟讓孩子認識大自然的花草樹木小動物一樣，瞭解它們習性，從而達到開發兒童心智的作用。在德國音樂不僅僅是一種個人特長，它還是一個非常有意義的社交活動，可以從小培養孩子們的集體協作精神。相當數量的學校中全校有一半學生參加了學校的樂團、合唱團、課外活動小組的音樂活動。學校經常在節日、新生入學、畢業典禮、體育運動會及各種傳統性活動時舉辦全校師生參與其中的音樂會，更大規模的活動是區、市、州及國家定期舉辦的學校藝術節，這類活動通常持續兩週時間，是豐富、熱烈的音樂盛會。德國音樂教育，就是讓學生能積極、廣泛地參與到音樂文化活動之中，他們認為通過這些活動將同時更進一步引起全社會對音樂教育的關注和重視，加深對音樂教育意義的認識和理解。

謝盛友：你的老師Siegfried Lorenz先生，他在東德長大，為什麼他能夠在一個不自由的地方，解放自己的個性，而成為世界級別的男中音歌唱家呢？

寶　君：德國的音樂教育有其深厚的優良傳統，不是一段時間，一個地點就能改變的。除非他們能造出兩個不同的巴赫，兩個不同的貝多芬。Lorenz主要還是唱他們本土的音樂的，只要他還忠實於作曲家的原意，去努力表達出來，這是一個從文獻到演奏的過程，是一個再創作的過程。一個好的演奏家或歌唱家，準確的表達作曲家的意圖初衷，本身就

是一個個性的表達。因為他們的表達，是用他們的內心去解讀進而再現的創作過程。而且越是在不自由的地方，人們對和平自由的渴望就越強烈，這時候音樂就是一個很好的表達途徑。

謝盛友：請你略談一下中國和德國音樂教育有什麼不同。

寶　君：古典音樂對中國是一個舶來品，它是一種反映生活的精神文化。要搞好它們必須準確地把握住要表達的是什麼樣的思想情感。德國的音樂教育中還是以自己本國的音樂為主，其他歐洲國家的音樂為副。因為它對自己的語言、文化、社會背景，更容易準確把握。對於有能力搞好本國音樂的基礎上再嘗試研究外來音樂。否則所演繹的音樂容易變成了一個沒有思想的空洞形式。德國的音樂是西方音樂的主要組成部分，他們所從事的音樂是和自身生活密切相關的，比如表達方式、邏輯思維、美學觀點等等。而對於中國人來講，這些思想層面的東西就較陌生。容易忽略作品後面的東西，隨意發揮。唱歌不是去表達詞意，卻是做出令國人感覺奇怪的洋腔洋調。這種問題出在中國的音樂院校裡的教學系統。很多理論學科的材料還是用早期蘇聯的東西，然後再去解讀歐洲的作品。繞了彎路，結果可想而知。在歐洲，技術、美學、理論的發展和應用，是同步進行的，相互之間非常有關聯性。用對應的理論分析作品，理解起來非常符合邏輯。西洋聲樂藝術對中國人挑戰非常大，首先是外語關，純正的語音是優秀演唱的基礎。大多數國內院校缺少這方面教學，而僅限於鸚鵡學舌的層面上。

＊　　　　＊　　　　＊

在藝術表達思想上，中國人受基礎教育的那套禁錮的模式，變得一些人較為拘謹，另一些人則較為過頭，很難達到一種思想和形式的平衡。對學術交流方面，德國有一個比較開放、寬容的平台。中國的音樂教育受到戲曲傳統的影響，門派思想嚴重、固步自封，不太願意交流，梅派程派兩不相犯。中國教育崇尚只可意會不可言傳，老師帶徒弟。以模仿式教學為主。而德國教學中試圖把所有的問題學術化，課題化，透明化，然後系統解決。討論課上培養學生自己找出問題，研究解決的能力，老師扮演一個陪伴者的角色，最後讓學生達到形成一套方法論，自己查資料全面的去解析作品。

　　　　　＊　　　　　＊　　　　　＊

謝盛友：但是，中國也出現廖昌永這樣的國際傑出歌唱家，他號稱
　　　　「全球華人第一男中音」。

竇　君：廖昌永的成功，主要靠他過人的勤奮和務實，再加上他的
　　　　導師周小燕教授的正確方向引導。（周早年留學巴黎，系
　　　　統地接受過歐洲音樂教育）。北京、上海等都市不乏有尖
　　　　端海歸人才，可以原汁原味地教給學生，但較中國音樂教
　　　　育全局來看，實屬少數現象。

　　　　　＊　　　　　＊　　　　　＊

　　我們必須承認，中國藝術教育的最大弱點是，教育系統各個部分協調性很差，沒有做到互相效力，過度強調孤立地技術學習。我們知道，在大陸很多從事藝術者表達的思想不夠務實，急功近利地

去迎合某些東西，沒有真切反映生活，甚至和政治活動掛鉤，歌功頌德，導致虛假的情感。

　　總之中國藝術教育的弱點是由於當代中國人的浮躁思想形態。什麼樣的社會風氣產生什麼樣的藝術形態。人民的藝術才是真正的藝術。急功近利、缺乏耐性這些時代的社會問題，都會反映到藝術上去。技術是為思想服務的，技術再高，思想不對只能像是高科技犯罪，弊端更大。不可否認當代中國也出現了不少可以登上世界舞台的藝術家，但只是鳳毛麟角，不能代表總體和平均水準。

＊　　　　＊　　　　＊

謝盛友：袁晨野呢？

寶　君：袁晨野我比較瞭解，他畢業於中央音樂學院、美國皮博迪音樂學院以及休斯頓大歌劇院歌劇培訓中心。2005年回國任教。袁晨野1998年獲紐約大都會歌劇院歌劇比賽最高獎，同年獲休斯頓大歌劇院聲樂比賽第一名。袁晨野是我在中國最後一個老師李濰勃教授的最有名的學生之一，是李老師一手從基礎教出來的。李老師已經逝世了，在我的藝術道路上，李老師給了我最堅實的基礎，給了我最一流的聲音概念。李老師早年畢業於燕京大學西語系，後了去了美國就讀於伊斯曼音樂學院。在美國一交響樂團擔任男低音獨唱。之後回國在中央音樂學院任教四十幾年。一生桃李滿天下。其中在世界重量級聲樂比賽獲大獎的不計其數。孫禹、袁晨野，都是華人的驕傲。是中國聲樂界非常有影響力的人物。

＊　　　　＊　　　　＊

李老師是中國少數能把學生從零起點培養到國際水準的不多的老師之一，他一直致力於中國的音樂事業，他從國外帶回來的不僅僅是一些實踐、技術上的東西，而且他有相當的理論學術能力，他畢生翻譯了好多國外的學術著作。受到他影響的不僅僅是他的門徒，而是中國的整個聲樂界。李老師的教學成功不是偶然，乃是必然，從他身上也許可以帶給我們一些對中國聲樂教育的啟發。

＊　　　　＊　　　　＊

謝盛友：謝謝你接受採訪。
寶　君：很高興和你一起分享。

先設規矩，後成方圓

德國 黃鶴昇

兒子今年才十二歲，上文理中學六年級。要說我們家庭教育有什麼成功經驗，談不上。因為孩子還小，他還有漫長的讀書、學習道路要走。不過就孩子成長這十二年的教育而談，我們夫婦倆還是滿意的。孩子教育的功勞，全賴於太太用愛心打造。

孩子還沒出生，太太就做好教育兒童的計劃了。她買有關如何教育兒童的書來讀。德國很重視兒童的教育，有很多關於兒童教育的書籍。從胎教到出生，再到幼兒成長的各類書籍，太太都找來讀了。她從書中尋找自己的教育之道。我認為太太的做法是對的，第一次做媽媽，什麼經驗都沒有，從書中尋找教育方法，既快捷又全面。那都是精英媽媽的經驗之談，從中選擇一些適合自己孩子教育的方法是很有用的。

孩子出生後，我們雖然請了一個傭人照顧他，但太太還是放下很多工作，經常在家照顧他。一歲以後，太太就一人擔當照顧他了。在太太有條有理的照顧下，孩子從小就很乖，很少哭鬧，也不像有些小孩不聽父母呼喚，到處亂跑，撿地下的東西來吃的那種。有人可能會說，這是天生的，但我認為，這與教育亦有一定的關係，孩子能如此聽話溫順，是與我太太的教育分不開的。兒子會說話就懂得「Ja」（是）與「Nein」（不）兩個字的意思。這裡說個笑話，兒子一歲時，我父母從中國來探他，一見面，我母親就要抱他，兒子說「nein nein！」母親私下與我說，「你這個兒子真

聰明，見面就懂得叫奶奶。」我聽了一怔，然後不禁會心地一笑。原來德文「nein nein」（不，不）的發音，有點近似「奶奶」的發音。兒子拒絕陌生（剛見面）的奶奶抱他，奶奶以為是叫奶奶。可以說，兒子一歲以後就懂得「是」與「否」的一些規矩，那些該做？那些不該做？他已有所印象。有些人主張讓孩子自由發展，對孩子的所作所為不去管教他，任其行事，致使孩子橫蠻無理，任性乖張。我經常看到一些兒童，到別人家看到好玩的東西就想拿走；父母帶他到商店，看到好玩的玩具一定要買，不買就在商店哭鬧。這些行為，我認為就是父母平時少向他灌輸規矩，任其所謂的「自由發展」的結果。

《詩經》上說：「如切如磋，如琢如磨」，玉不雕不成器，人不教不成才，這是實理。很多父母痛惜孩子，不堅持原則放任孩子玩耍，或是認為自由發展就是不要去管他。其實，沒有規矩那來方圓？孩子就如一張白紙，要給他一些規矩，他才能有所方圓的。

兒子進入幼兒園後，他的生活是很有規律的：什麼時候可以看電視？什麼時候玩玩具？什麼時候睡覺？什麼時候起床？都很有規律。他養成這個習慣後，我們就很少去管教他了。他看電視，是他的時間，我們不去打擾他；他玩什麼玩具，我們也不去管他。他有他的一定自由度，我們做父母的也不給他過多的壓力。我們覺得，自己辛辛苦苦走過來了，讓孩子有一個快樂的童年，也是我們父母的心願吧。在這方面，我們沒有望子成龍的迫切心，要孩子學這學那，倒是讓其自由發展。

兒子的成長，用心細致地體察他，你就會發現他的心智發展到什麼程度，有哪些優越性？兒子長到六歲時，我們就發現他記憶力很好，愛聽音樂，愛畫畫。於是我們就把他送去音樂學校學鋼琴。每個星期只有三十分鐘的課程，回來叫他練十幾分鐘，幾年下來，他竟有所成。十歲時參加地區鋼琴比賽得兒童組第一名，後參加巴

伐利亞州比賽，得第二名。兒子得到這個成績，不是我們給他壓力苦學得來，而是我們把他的天資引導得當，使他發揮出來。如當時兒子參加地區鋼琴比賽完後，接下來三個月就是州的比賽。評委建議說，若要參加州賽，最好不要彈貝多芬《給愛麗絲》這首曲子了，換另一首好些。因為孩子小，很難掌握理解貝多芬那份感情曲子。鋼琴老師給我們說明這個情況，他有些難為起來。換另一首曲子，三個月時間，我兒子是否能勝任？這不是說會彈就成了，是要拿出去比賽的。

知子莫若父，我對鋼琴老師說，你給他多一點時間，我兒子肯定能行。老師打消了疑慮，換了挪威鋼琴家葛利格的一個曲子。果然，兒子一個星期後就能上手，每天一個多小時的練習，到了比賽場，還能拿個第二名。在我與兒子的交往中，我就發現兒子有一些過人的天資，有些東西他真的過目不忘。一首鋼琴曲子，給他一點壓力，他是可以練出來的。我相信他有一種智能的爆發力。

兒子讀小學二年級時，就能讀德文小說、詩歌及一般的自然地理書籍。我們發現他有這個能力和興趣後，就鼓勵他多做些學校課外的事情，學習更多的知識。他寫小說、作鋼琴曲子、畫畫、學法文等。小學四年畢業，他的小說《嘟嘟和他的朋友》寫了三十多頁，作有一曲像模像樣的鋼琴曲，還畫有好多畫。他畫北京奧運的幸運精靈，還在本地的報紙刊登了，報社還派記者採訪他。不管他所做的這一切是否有用，但我們相信對他今後的學業肯定有幫助。今年他們班級的年鑒（做一本班級一年來活動學習的小冊子），老師就指定他來編。若果平時沒有我們鼓勵他寫作鍛鍊，到了中學很多優秀的學生中，他是不會出類拔萃而被老師看中的。我們夫婦倆並不想追求什麼神童效應。早在他讀小學二年級時，他的老師也覺得他聰明過人，就建議對他進行IQ測試，得出的結果是一百三十二。老師說他的智力相當好，他知道後有些驕傲。我們經

常告誡他，不要以為自己很了不起，有能力的人很多。比如這次巴伐利亞州鋼琴比賽，人家就有彈得比他好，得第一名的。他聽了也心服口服。他自己也檢討自己，他就承認他的數學在班上不是最好的。孩子需要表揚和鼓勵，但也不要讓他太驕傲，太太經常說，做人太聰明沒有用，長大後不懂得處理人與人的關係，自以為是，以我為中心，沒有朋友，做人就很孤獨了。

我們對孩子的教育，說不上什麼經驗之談。我們設下的規矩，兒子基本上實行：他能靜下心來讀書，而且是自行自覺的，這點就難能可貴。有很多家庭的孩子不是不聰明，而是坐不穩、好動、集中不了精神，這就很難讀好書了。我想，這雖然與孩子天生的性格有一定的關係，但與父母早期沒有好好管教給他規矩亦有關係。自由發展不是放任，小孩養成習慣很重要，一旦他習慣了，你就很難改變他了。兒子的學習不要我們督促，就是他習慣了我們給他設下的規矩，放學回來就自動做作業，不用我們去說的。到他看電視、玩遊戲的時間，他就去玩，我們也不管。這是我們對孩子管教的一個方法。其二是，當我們發現孩子有某些特殊的天資或愛好以後，就多鼓勵他往那方面發展。兒子學鋼琴一年後，也遇到過一些困難，老師教到用雙手彈的時候，他覺得很困難，就想放棄不學了。我們鼓勵他，不要見到困難就畏縮，堅持下去就能過關。他堅持了下來，音樂學校舉行音樂晚會也叫他上去表演。他彈得逐漸好起來。幾次表演本地報社記者都採訪他，他慢慢信心也就足了。

其實，德國的教育制度還是蠻不錯的。以我的觀察，孩子的學習好壞很多問題出在家長教育上。德國優厚生活的新一代，他們沒有吃過苦，逍遙自在慣了，對孩子的教育，多讓其自由發展。我們中國人夾在這中間，應用嚴格一點的中國傳統教育方法去教育孩子，馬上就見效。這是我們中國傳統教育的優越性。不過管得太嚴，很容易使孩子產生逆反心理，導致家庭破裂；或是管教過嚴，

抹煞了孩子的創造性能力。這一點，我們就得借鑒西方這個自由發展的教育。兩者取長補短，互相平衡，中西結合，我想，是可以教育出好孩子來的。

探討德國的幼教環境

德國　鄭伊雯

　　第一所幼稚園的理論發源地是德國首開先例的。

　　我家老大五歲回到德國居住，開始進入德國一般的公立幼稚園內，在那一年中的半天在幼稚園時光，每天就是玩樂嬉戲，雖有些玩具日、烹飪、勞作等主題，但每天至少都在戶外玩上一個小時左右。因為是屆臨進入小學的準小學生，他們還會進行些數學與語文的加強練習，但是大體都是自由玩樂的性質，絕不會有如台灣學寫ㄅㄆㄇ或ABC學習情形。我看了其課程與上課方式，簡直是搖頭嘆氣，這在學什麼呢！每天吃喝、唱歌、玩遊戲，年齡五至六歲的小孩早就應該是讀書識字的階段，卻還每天自由晃蕩，我只覺得可惜了，白白蹉跎了時間。幸好我當時的心態，就只是當他們在熟悉德文、學習德文，也需要時間去積累德文的表達能力，所以幼稚園一年時間還算可以消磨。

　　但我心中當然有疑惑，我們台灣的父母，人人唯恐小孩輸在起跑點上，小孩競相上了一堆才藝課與標榜學習成效良好的幼稚園，我們總覺得小孩好可憐。但另外這種，不求學習效果只求學習快樂的幼稚園，父母當然也會憂心小孩的成長。等我來到德國一看，普遍的公立幼稚園大都是放牛吃草，還有些標榜自由的小學，可以讓學生自己選擇要不要進教室上課學習識字，不然就整天在校園裡遊樂，此種聽來真是不可思議的自由論調，真是大大地挑戰了父母的開放程度。

為解心中疑惑，我探討所謂「幼稚園」的學齡前階段的思想來源。原來「Kindergarten」這一詞，就是德國人幼教之父福祿貝爾（Friedrich Wilhelm August Fröbel, 1782～1852）所發明，更有一系列的理論來闡揚其幼兒教育。福祿貝爾一生成長坎坷，慈母早逝，繼母與父親冷漠忽視，雖曾在十歲的少年時期有數年時光受到舅父舅母的疼愛，終究時間短暫。一輩子成長的環境與成長良伴就是大自然，不管早年的村莊生活，還是少年之後的林務知識的學習，大自然一直是他感興趣的主要學習對象。因著格呂勒博士（Dr. Gruner）的賞識與鼓勵，福祿貝爾轉而以教育為終生職志，有感於專業學習的不足，立志重新進入哥廷根與柏林等大學，繼續攻讀各學科，尤以礦物學為專精領域。一八一四年更因澎湃的愛國情操，投入德法戰爭，倡導愛國與身體力行的教育哲學。

　　一八三七年，福祿貝爾首先於佈雷特堡（Blackenberg）開設第一所，為求實踐他理想教育理念的幼教學校。為了思索這創校的名詞，他漫步於林間，觀察自然花鳥蟲獸的森林野趣，決定結合孩童（Kinder）和庭院（Garden）二字，創立的「Kindergarden」這一名詞，專門招收三到七歲的孩童，利用天生的好奇心與喜愛遊戲玩耍的本能，每天以各種遊戲，佐以歌唱與手工勞作做為主要的幼兒學習活動。雖然福祿貝爾有著遠大的教育理想，卻在當時並沒有獲得官方單位的支持，官方還出面阻止幼兒園的設立，噩耗傳來終使福祿貝爾抑鬱感傷逝世。

　　幸運的是，福祿貝爾的學說獲得一位受過高等教育的貝爾塔伯爵夫人（Baroness Bertha von Marenholtz-Bülow）的青睞認可，在福祿貝爾過世之後，依然挺身倡導福氏的幼教理念，藉著遊走歐洲之際進而宣傳福祿貝爾的幼教理想，不只幼教理念發揚光大，也終能正式設福祿貝爾的幼教實施園地。雖說德國幼教理念因福祿貝爾而

創立，但得以具體落實發揚光大的推手，就是此位勇敢與堅持的貝爾塔伯爵夫人。

今日，我們雖然很難更深入地認識福祿貝爾與貝爾塔伯爵夫人的生平故事，但是福祿貝爾的幼教理論卻藉由1826年出版的《人之教育》（Die Menschenerziehung die Erziehungs-,Unterrichts-und Lehrkunst）得以深入瞭解。在福氏的理念中，兒童期是人一生中極為重要的階段，人的行為發展藉由童年階段的涵養而不同地長期延續。影響德國民族最為深刻的一段話是──「人的潛能與特質猶如一株植物的種子，種子雖然渺小，卻已蘊藏天生的屬性與潛能，日後都有長成大樹的基本類型與機會」。兒童期的潛能，雖然微小而內蘊，卻已具備天生的屬性，所以我們當然要重視這開端的兒童培養時期。而對德國父母來說，雖然要重視童年的開發，但因為每株大樹的種子內蘊的特質天生就有不同，所以德國父母與師長們對待孩童的心理期待就有不同，每個小孩的特殊性與獨特性是極被認可與讚賞的。因而，父母師長們對兒童的學習心態，較不會有「他有、你也要有」，「他會、你也要會」的一窩蜂學習壓力，這一點乃要歸功於一百多年前福祿貝爾的理念倡導。

正如我在兒子們幼稚園所見到的情形，每日的入園活動：一先是各自的遊戲玩耍時間，可以與幼教老師玩桌上遊戲或記憶卡片，可以自行去玩動物或恐龍的野生世界，可以自行去穿衣扮演人物，可以自行去角落聊天。二是吃點心時間，各家小孩把未吃完的早餐解決掉。三是小主題時間，可能進行說故事，也可能舉行烤蛋糕點心，也可能是美勞創作等……。四是圍成小圈圈排排坐的唱遊玩耍時間。最後就是放牛吃草的戶外玩耍時間，每天都是這樣輕鬆自由地度過半天玩耍的幼稚園時光。

原來，這一套學習過程也正是福氏所倡導的遊戲、唱遊與手工活動的主要兒童學習過程。兒童期的學習是藉由口語的傳遞，而非

透過文字的傳播。兒童也就由各種材質，如黏土、紙張、木片、樹枝……等的觸摸與手工創意製作，逐漸形成自我學習與自我發展的目的。遊戲的教育理論，因為福祿貝爾的倡導而有了正當的地位，影響所及，各國的幼教學說也大聲呼籲重視遊戲教學，「遊戲＝學習」的重要過程。

另一個有趣的面向，是強調「Garden」的重要性。其實，早在法國思想家盧梭（Jean-Jacques Rousseau, 1712～1778）於一七六二年出版的《愛彌兒：論教育》一書中，就強調回歸自然，以大自然為兒童最佳的導師的教育理念。隨著自然環境的消長與變化，花草鳥獸的生命觀察，每位兒童都是大自然的學生。藉由自然的觀察與體會，感官經驗的直接接觸，自然環境中的跑跳奔放，每位兒童也能鍛鍊體能，增進健康。

六十四年之後，德國的幼教之父福祿貝爾首先提倡的還是大自然裡的自然教育，所以兒童成長的園地需要「Garten」（庭院、花園、甚至是菜園）。正如我在德國慕尼黑的新美術館（Neue Pinakorhek）裡所見識到，由尤漢˙史佩爾（Johann Sperl, 1840～1914）所繪製一幅名為「幼稚園」（Kindergarten）的畫，畫中呈現花樹繽紛的庭院間，兒童在小花小草雜生的草地上坐著玩耍，花草間還有鴨群漫步，如此自然不假修飾的環境。以今日的眼光來看，絕對嫌棄其髒亂與衛生問題，但反觀我們台灣多數的幼稚園環境幾乎全是人工鋪設的水泥地，孩子們與大自然的距離的確太遙遠了。

我們追本溯源德國幼教的理論，再回頭看看德國幼稚園的作法，我們會發現這只是把小孩擺在「自然」環境中，並給予一套有規範的教育之道。在我家奶奶的口述中，說她小時候聽過昔日山區的原住民，小孩剛生下來，就抱去洗溪水，而溪水那麼冰涼，也不怕小孩受寒生病。其實，現在想想，或許原物民的用意也只是要試

試小孩的生存力，這是大自然中適者生存的小小要求，總是人去適應環境，而非人能夠完全改造環境。

假若我們這樣二分法的假設，（其實這是很不得已的比較，但為了明確呈現二者的不同，我還是這樣分類好了。）我德國婆婆與許多德國父母們承襲自德國幼教的觀念，而我的觀念受到台灣環境的薰陶影響，那我與婆婆之間對小孩的幼教就有很大的分別。

如下列所舉說的例子：

一、在遊樂場中，德國父母大多放手，讓小孩自己去學習遊樂場中的各種短暫的、不成文的遊戲規則。而我們較會在遊戲過程中緊迫釘人，時時注意小孩是否被欺負，小孩是否會受傷的各種擔憂。

二、小孩在沙子堆中玩耍，我婆婆總說：「沙子呀，他自己吃過一次就知道滋味，下次絕對不會再去吃的！」。而我們面對沙子的這種自然環境，我們總是擔心細菌與病毒等侵害，不斷喊叫「唉！髒髒！不要吃！會生病唷！」，甚至不讓小孩去玩沙子，似乎我們對於腸病毒的恐懼，已經大過讓小孩子去嘗試學習了。

三、在生活環境中，我們每每因刮風下雨，而不敢讓孩子外出遊玩，總會擔心傷風感冒。但我婆婆總說，小孩子要每天呼吸新鮮空氣，不管下雨或下雪，小孩應該每天都要出門活動。我們擔心小孩才出生沒幾天，德國的父母們早已推著嬰兒車，不管是正午的大太陽，還是冷颼颼的陰雨天，小孩照樣一律出門。

四、在生活空間中，我以前把家中空間照孩童的高度來設想，深怕各種用具的危險度，所以客廳空間全先以小孩安全為考量，該收的收，該改的改。而我婆婆卻說：「小孩可以教的，他必須學會這是客廳、廚房、孩童玩具間等空間分

別」，客廳與廚房一律按照原樣，在客廳他去特定角落拿玩具，在廚房他開可以玩耍的抽屜，整體生活空間並不因孩童而更動，反而是「口頭」說：「不，這不是你的，這是奶奶的，這個才是小孩的」，每天進行口頭勸導與循循善誘，小孩還真學會他自己的空間規則。

五、在學前教育上，我們較注意「智育」的開發與讀書識字的要求，而德國幼稚園階段總是讓孩童盡量玩耍，整日玩玩玩！甚至回家後，也是整個下午在花園裡遊玩，德國小孩在「庭園中玩耍」的重要性，與我們台灣孩童的綁在室內家中照顧的要求，實在是相差太多。

六、在學習上，德國認為孩童都是「種子」，所以每個種子有其內在屬性，依其屬性自由發展，不管是松樹還是柏樹，種子不同，長出來的樹當然不同，所以孩童的發展無法強求與改變。而我們台灣父母，在望子成龍的心態上，較接受「有教無類」的想法，孩童需要老師耐心的「引導」與「教導」，每個種子都會長成大樹，所以二地父母對孩童的期望與先天稟賦的接受度，二者也相差很多。

在簡單的區分之後，或許大家比較瞭解二者間的差異，不要總是覺得德國教育比較優良，其實這是不同的教育理念淵源不同所致，不會有「絕對的」孰優孰劣，而是有「相對的」因時制宜、因地設想的需求。在台灣的教育環境，同樣產生許多優秀的研發人才與中輟生。在德國的教育系統，同樣產生精英份子與不學無術的混混之輩。然而比較起孩童的快樂度與自由度，當然德國的孩子身上發現到很多歡笑與喜悅，甚至是自發性動機的學習行為，或許這也是值得我們探討的另一面向。

既然德國幼稚園如此行事，有其歷史傳統的背景，但隨著時代的進展，當然如此自由與形式的幼稚園，也是有不滿足父母期待

與小孩成長刺激的雙重需求，所以德國幼稚園內也會有英文班的出現，或是許多小孩還要再上音樂學校、舞蹈學校、繪畫學校、運動球隊等才藝活動，許多德國小孩同樣忙得很，但其要求的強度與付出的時間，當然是比不上台灣小孩的努力與壓力。

簡單地以時間來說，幼稚園上完半天班再去上個一小時音樂課，其餘時間還是在玩樂度過。與台灣小孩相比，假若所有才藝班也都在「整天制」的幼稚園內解決，但小孩還是上了整天的課，當然辛苦許多。

以我為人母的心態來說，在台灣的幼稚園階段，我幾乎是很輕鬆地度過，因為幼稚園的老師們已很盡責地負擔起許多教養的工作，只要小孩不是特別搗蛋，小孩們的各種成長都在老師們的口頭與書面資料中呈現了，我幾乎不用去擔心小孩的進步與否。（似乎台灣的幼教老師比我還要擔心呢！）而德國的幼稚園相對來說很輕鬆，但我得自己注意起小孩的所有一切，以及小孩各階段的所有發展，對父母的責任來說，無形中加大許多。

以一個最常發生狀況的入園情形來說，我家的孩子去上幼稚園時，一開始都會哭著入園，這除了與母親與環境的「分離焦慮」外；我們兒子還說：「不想去幼稚園的原因，是太嚴格了，好多東西都要照步驟與程式，好難唷！」。而等到我們小老三進入德國的幼稚園，頭二星期多完全沒有哭，每天快樂地與我親吻道別，但是到第三星期時，開始哭著不要再去幼稚園。

我說：「幼稚園好好玩，老師好好，同學好好，園內玩具好好玩唷！」。

老三說：「才不好玩，我每天都在玩，我已玩了很多遍了，我很無聊！我想在家玩自己的玩具，我覺得我們家裡的玩具比較好玩！」。唷唷！問了幾天，終於知道老三不想進園的原因是「他覺得很無聊」他已很自由地玩遍各玩具、各種角落空間，所以沒有新

鮮感不想再待在幼稚園了。而這二者其實就是很明顯的分別，我們
台灣的幼稚園較為強調讓小孩接受訓練，而德國的幼稚園卻是放牛
吃草，二地對幼兒的期待與對待當然就差別很大了。

德國另類教育改革學說的基本認識與時代背景

不知是歷史的偶然還是民族性喜歡思考的必然，許多強調教改
說與另類教育的源起，德國思想家們的教育改革學說總是扮演重要
的角色，如強調幼兒教育的福祿貝爾即是。但是重要理論學說的提
出與發揚，絕非一人一時一地就可以達成，總是因應當時的社會狀
況與學術研究，匯集諸位思想家的理念，最後由某一學者之名撰寫
編輯成冊。

就以福祿貝爾的理論來說，他也深受其格呂勒博士的影響，
而格呂勒博士的老師正是世人推崇的瑞士教育家與教育改革家——
尤漢・漢里希・裴斯泰洛齊（Johann Heinrich Pestalozzi, 1746～
1827）。裴斯泰洛齊不只是書寫教育理念的著作，還身體力行於法
軍侵略瑞士之際，以廢棄的修道院照顧眾多孤苦無依的小孩，於
一八〇一年出版教育之道，由簡入難的階段步驟，首先是知覺啟
發、口語講述，然後才是測量、繪畫、寫字和數學計算等拿筆運用
的科目，這位教育家不只是為文創作，還親身主持一座座的學園，
歡迎對教育有興趣的各界人士前往參觀，影響所及，許多文人與思
想家都極為推崇其教育理念與功效，裴斯泰洛齊因此被稱讚為「平
民教育之父」，福祿貝爾的教育理念也是深受其影響。

其實，當我們在介紹歐洲的幼教理念與教育理論，有一個很
基本的文化底蘊點必須要先認識。西方的基督教思想中，總認為孩
子是上天的賞賜，是一份神奇而美好的禮物，不管禮物的稟賦與特
質有何不同，人們都會欣然接受，如許多虔誠的信徒接受許多先天

上有殘疾的小孩一般，依然付出絕對的愛心來照顧。這種「神造世人」的觀念，推演出來就容易看待所有小孩的發展，有所成就也會歸因於「蒙天眷顧」。所以在盧梭的《愛彌兒》書中，以及福祿貝爾的幼兒理論中，絕對都是先強調孩童剛出生時的純淨與善良（絕對是性善說的擁護者），教導我們對待孩童之道，是要去接受他先天的特質與生俱來的獨特性。即使孩子傳承父母的DNA，但孩子也有先天的獨特氣質，如我那對同卵的雙胞胎，二人的個性也有許多面向不同。這一點前提，是跟我們習慣認知孩童屬於傳宗接代的延續家族香火導向的思考點很不同。

而在神造世人的前提下，接受小孩先天善良的美好稟賦，小孩們也適合玩耍自然造物材質的遊戲物件，如福祿貝爾把這些物件稱之為「恩物」（Spielgabe），非常適合啟發小孩模仿與創意的七巧板就是這一類的教具。然在十八世紀末，貴族封邑平民困苦的年代，許多小孩的父母親不是忙於生計的窮困掙扎，就是父母其中一方過早撒手離世，許多兒童的母親形象與戀母感受，常在角色虛空與後母嘴臉中遍尋不著撫慰心中思慕的母親形象，如最著名的拉斐爾也是母親早逝，創造了一幅幅如此溫柔與貼近人心的聖母形象，讓他的聖母與聖嬰圖舉世聞名，就連福祿貝爾也是他聖母聖嬰圖的衷心永護者。

同樣的，缺乏母愛的福祿貝爾也以聖母做為母愛的追求形象，他提倡母職的偉大，母親親自教育小孩的神聖性，女性是最佳的孩童照顧者的角色，生平歲月鼓吹其幼教理念的也以婦女居多，於是這一種「神造兒童──兒童具有美善的本質──兒童適合玩上帝恩賜的恩物──兒童適合聽的歌曲是慈母曲──上帝沒法照顧每一位小孩所以創造了母親──母親是最佳的照顧者──母親缺席則由其他女性取代之」的一連串思考就此理所當然地建立了。所以我們對於德國幼教思想的啟蒙與感受，就有二個很基本點必須認識，一是神造的觀念，二是母職的神聖與必然。

為何要特別強調回歸自然的薰陶呢？

當我遷居德國之後，生活週遭與旅行感受總是感覺與自然環境極為親近，不管是兒時在屏東老家的成長環境，還是就學與就業的台北都會，德國各城市的公園與綠地的確極為眾多，若再加上領土的廣大，各地國家公園可說處處是自然天地，為何幼教的理論推手還是要強調自然庭園呢？這一點心中小小的疑惑，剛好就在我收集創作《德國童話大道》一書的背景資料，與讀書會討論德國著名浪漫派畫家與華格納等音樂家的歷史背景中，得以一探究竟

探究遠因當然有著十八世紀的工業革命，還有法國大革命（一七八九年）之後社會環境各界對於革命改革後的暴力與失望等情緒，在這英國與法國的二種革命之下，英國與法國的學界哲人們紛紛有回歸田園山林寄託情懷的感人創作。正當法國革命改革風起雲湧之際，拿破崙的崛起與旺盛的企圖心，轉以侵略德國以安定法國人心。當時的德國，雖是各大小公國林立的局面，尚且在神聖羅馬帝國的大旗幟之下，但當一七九四年，法國這外族對奧地利的哈布斯王朝（Hapsbrg）和普魯士王朝（Prussian）宣戰之後，法軍連戰皆捷。一七九五年和一七九七年普魯士和奧地利分別把萊茵河左岸讓給法國，萊茵河成為了法、德二國的邊界。十九世紀初，法國進一步將整個中萊茵河納入新領土，設立萊茵——莫色耳（Rhein-Morser）州，新領土的控制的首府就設在寇布林茲（Koblenz），法軍大舉進駐德國的領土。

就在德國領土遭逢異族侵佔的民族憂患意識之下，面對法國大革命與啟蒙運動的刺激，約從一七九四年到一八三〇年間歐洲學界開啟興起一股新思潮，稱為浪漫主義（Romanik），其中首要重鎮就在德國學術圈中，雖說德國十八世紀的文學作品中被稱為浪漫主義者，起因是對啟蒙主義與理性主義的思考創作。但十九世紀之後的浪漫主義風格就有些轉向了，尤其是在一八〇六年，拿破崙佔領

德國萊茵河一帶的領土之後，引發思想、文化、政治及社會的危機意識，此意識既無法訴諸理性抗爭，遂發展成為浪漫式創作的隱遁式逃避心態。詩人作家從醜陋的外在生活層面，隱入主觀感性的心靈世界，強調感性的創作與美好的夢幻心靈世界，自歌德以降，如舒伯特、舒曼、布拉姆斯等譜曲風格，形成一股超越生活現實面的唯美浪潮。

可以說從十八世紀中葉到十九世紀初，因對國土的失守與反省，為了發展德國民族文化與國家主權地位，從思想界發展成整體知識界的愛國文化運動，就稱為德國浪漫主義運動（Die Bewegung der Deutschen Romantik）。在此潮流下，文學家以德文寫作詩詞和文學作品，音樂家以德語作曲，藝術家創作日爾曼民族風格作品，科學家用德文發表研究著作，成為一種全民運動，逐步建立德國民族的優越感與民族自尊心，形塑德意志民族的愛國思潮。其中，格林兄弟勤於編輯德國民間的故事集，努力於德語文法的系統化整理工作，這些都有當時的時代背景。

直到拿破崙失敗流亡後，這才結束了法國人對中萊茵河的統治，一八一五年維也納合約中，普魯士重新拿回萊茵河左岸的主權，至此所謂的「德國統一」成為一個符號象徵，成為日爾曼民族尋求國家統一、民族復興的重要訴求，這一日爾曼民族的大期望，直到一八六六年奧地利與普魯士之戰，隨著普魯士的獲勝，拿到萊茵河右岸之地的領土，國家領土的統一宣告完成。

也就在此德、法對立的政治局面下，福祿貝爾身處大時代，還曾毅然決然地從軍抗敵，但受到歌德文人思潮回歸自然與心靈的呼籲，就在這德國浪漫主義的薰陶之下，歌詠德國自然環境與山林之美的訴求，普遍成為一股最受歡迎的思潮，自然所有教育思想家們紛紛提倡自然環境的教養之大功——歌頌自然山水的浪漫與唯美的心靈感受。

個個都是學富五車的教育理念

　　曾經在我們開車漫遊德東薩勒河（Saale），與及其左邊支流烏斯圖特（Unstrut）河的丘陵坡地一帶時，一路蜿蜒相伴的景觀，不時出現成排葡萄架的酒鄉特有景致，原來這裡是德國最北邊的葡萄栽植區。途中原本只是要找個可以留宿的可愛小城，隨著地圖上標示有著宮殿的優美標誌，來到福來堡（Freyburg）。只見小城教堂旁的牆壁上，大大地寫上這幾個字「Friedrich Ludwig Jahn Schule」。

　　當時心想，這位老兄是誰呀？竟然還有間為他命名的學校，且光明正大地大方展示在小城的牆面上。回頭展讀當地的旅遊資料，原來是德國體操之父（Turnvater）楊恩（Jahn）的故鄉。楊恩生於一七七八至一八五二年間，正是拿破崙法軍佔領德國諸多領土之時，與當時的學術圈對德國統一與強盛的呼籲息息相關，德國知識圈產生一股德國浪漫主義的思潮之後，楊恩率先建立第一座體操場所（Turnplatz），也首先在高級文理中學（Gymnasium）推行體操運動。所謂強國需強兵，楊恩便以這樣的信念，開啟德國年輕人健身強國的社會改革之路。這位體操之父正是來自福來堡，今日還設有楊恩紀念博物館。如同學術圈、思想潮流般，體育界也深受這法軍佔領的影響，一八二六年提出幼教理念的福氏也是身在此社會氛圍中。

　　德國的教育思想家們身處當時的社會背景，思考論述當然也受到當代思潮的影響，但另一方面歸因到著名思想家與教育家的個人專業與專長，真是樣樣精通的全才人士。以福祿貝爾來說，他懂林相學、博物學、礦物學、地質學與農場學等許多知識背景。格林兄弟懂得語言學、語法學、希臘文、拉丁文、法學、圖書館學、文學等許多領域。就連當時的名人尼采（Friedrich Nietzsche, 1844～

1900），也談論過教育之道，他本身也是學遍語言學、文學、神學、而後轉往哲學發展的著名思想家。

當文學界歌詠德國山水自然，學術界強調人為理性的哲學論時，有位十九世紀的教育理念家也不能不提一下。這位與福祿貝爾所強調的幼兒階段教育時期不同，略晚於福祿貝爾出生，正當福氏於1826年推出幼兒教育理念著作時，也在大學高等教育殿堂推行教育改革的另一知名教育家，同樣名為尤漢˙漢里希，姓氏為赫爾巴特（Johann Friedrich Herbart,1776～1841）的德國近代教育之父。他推行教育要奠基於心理學以及倫理學之上。因為專精於哲學的研究，推出五種道德觀念（Musterbegriffe），分別是「內心自由」（Internal Freedom）、「完善」（Perfektion）、「仁慈」（Benevolence）、「正義」（Right）、「公平」（Retribution or Equity）的心靈道德標準。頗為類似台灣教育界不斷呼籲的品格教育，德國學界在十九世紀的大學殿堂裡就不斷地呼籲討論與提醒了。

這五種道德觀念的提出，百年前當然是創見，經過一百多年來的探討與衍生，我倒是覺得已經深耕為德國民族性的文化底蘊了。所謂的內心自由、完善、仁慈、正義與公平，放在今日的社會同樣是德國人民所努力追求的目標。有時也常常是我們認為德國人重視自我，愛好自由與旅行，強調公平正義一板一眼的民族性呢。

除此之外，最早在德國境內推展「農村教育學園」（Landerziehungsheim），來自德國東北部呂根島（Rügen）反對暴力與體罰的黑曼力茲（Hermann Lietz, 1868～1919），率先在教育環境中強調自然環境與身體強健的重要性，強調班級小、人數少、學生自主自由發展等特點，也是當時一股改革學校教育的重要思想浪潮，影響後期的森林學校（Waldschule）的諸多觀念的發展，被譽為德國國家青年教育之家的創始者（Landerziehungsheime für Jungen）。

其實，這些思想家的理論學說，現在只要上網搜尋一下，就可以知道更多的內容。我並非想在此做教育理論的探討與研究。而是因為這些著名教育改革家的理念，不只影響德國的學術界與教育界，源遠流長，更左右了我們今日看待教育的眼光與角度。

智者的山　仁者的水

德國　黃雨欣

　　應大女兒露露的邀請，犧牲了兩場電影，忙裡偷閒，參加了當晚柏林中小學生現代劇匯演。

　　平時也經常聽到她參加排練的一些小花絮，點滴瞭解到在這部舞劇的劇本產生之前，指導老師曾經讓大家每人寫一篇劇本情節大綱，結果最終被選中的竟然是露露的手筆。然後大家在露露那部劇本雛形上再進行多次加工，豐滿人物豐富劇情，最後由戲劇老師統一編導。也曾聽到露露的抱怨，說既然是她的創作理念，為什麼她的出場時間比別人少那麼多？這讓我不由得聯想起她上小學時因為聖誕演出所發生的故事。那年，我為了給她爭取一句臺詞跑到學校，因為一連三年露露都沒等到一句臺詞，而且三年在聖誕劇裡沒說上一句話的學生，全班近三十人裡也只有露露一個。第一年劇本出來後，露露和老師說：「老師，我也要說話！」那位五十開外，在教學方面頗有口碑的女老師回答說：「今年就這樣了，明年再說吧。」第二年聖誕前夕，劇本下來後，露露還是沒有一句臺詞，她又找到老師，仍然是那句話：「老師，我也要說話！」還是同一位老師。她輕描淡寫地回答：「你說晚了，劇本我已經寫好沒法改，下回你要提前說。」可憐的露露，這一等又是三百六十五天，終於等到了又一個聖誕的來臨，露露早早地跑到老師那裡，仍然是那句話：「老師，我也要說話！」老師說：「知道了。」可是，劇本下來後，露露的角色

僅僅是伴舞，還是沒有一句臺詞，這回孩子的心理承受能力達到極限了，回到家裡就號啕大哭，邊哭邊訴委屈：「雖然我是外國人，德語沒有同學說的好，可我又不是啞巴，我不要像同學一樣多說，只要在臺上說一句，就一句呀……」我忍著眼淚找到那位班主任，剛把來意一說，那位老師就凶巴巴地衝我吼道：「台詞台詞，又是台詞！說話的是角色，不說話的也是角色，伴舞難道就不是角色了嗎？我沒時間聽你說這麼無聊的問題，閃開閃開，我得上課了！」一時間，我突然感到，她本人就是她親手執導的那部童話劇裏的老巫婆，我怎麼能把一個甜美精靈的女兒放在這個窮兇極惡的老巫婆身邊？於是，我瘋了一樣衝進班裡，一把拽出正要上課的露露，賭氣在第一時間開出了轉學證明，班主任也瘋了一樣追出來，喊到：「你把我的學生還給我！」我回敬她：「我要找一個能讓我說話的地方去說，當我女兒的老師，你不配！」

當晚很多同學的家長來到家裡勸我不要意氣用事，因為露露在讀的學校是柏林最有名氣的音樂專業小學，很多學生從很遠的地方趕來入學，甚至一個位置要等上好幾年，而我們作為外國人，把孩子送到那裡時根本沒瞭解那麼多，不過是因為學校就在家門口孩子上下學方便而已。通過德國家長們的勸說，我還瞭解到，如果我為了幾句台詞就一意孤行的話，那位班主任老師幾十年積累的名望將功虧一簣，很可能還會因此失去工作。那件事最後果然驚動了校長，家長代表出面把雙方約到了一起，校長和班主任代表校方，家長代表和我們代表學生方，當時那位老師的辯解是：她寫了露露的劇本，就是還沒來得及告訴露露呢，我這個當媽的就鬧起來了。說著還真把劇本給亮了出來。我明明知道那是事情發生後，老師迫於壓力連夜給露露趕寫的一場劇本，也就不再得理不饒人了。經過協商，最後的結果是：增加露露的台詞戲份，角色雖然是王宮裡的

廚娘，但總比根本沒有角色要好。而我們要做的就是立刻把露露轉走的學籍再轉回來，將此事造成的不良影響降到最低限度；至此，那場轟轟烈烈的台詞風波終於得以和平解決。

時光荏苒，五個三百六十五天倏忽而過，今天，身為美少女的露露恐怕再也不會為一句台詞而嚎啕了吧？況且我知道，在這場十五分鐘的舞劇裏，演員們沒有一個是有台詞的。所以，這次一直到臨出發前，我都認為此行就像她小時候的每一場有台詞或沒有台詞的演出一樣，我的出席不過是對她辛苦排練的肯定，說穿了，就是捧個人場而已，孩子的演出，原則上好與不好，家長都是理所應當到場祝賀的。

然而，這出名為《日全蝕》的舞劇，卻大大出乎我的意料了。只見帷幕拉開後，柔和溫馨的背景下，少男少女們雙雙對對地在輕鬆歡快的樂曲聲陸續舞出，他們身著輕盈隨意的服裝，赤著腳板漸漸地舞成了無數個和諧的圓圈。接下來，他們的舞蹈動作發生了變化，只見有的橫臥在草地上自由地扭動，有的坐在那裏抱膝望天，還有的舞起了西班牙鬥牛士……整個舞台呈現了一個無拘無束自由自在的歡快場面，似乎大家都在這樣一個和諧隨意的場景下，等待日全蝕的到來。直到這時，露露還未出現，我不禁為她捏了一把汗，生怕她因為角色小又鬧情緒，正想著回家如何開導她呢。恰在此時，只見身穿紅T恤，運動褲，腳蹬運動鞋，身著雙肩包的露露猛然間跳出，深埋著頭單腿跪在舞臺的正中央，此時歡快的音樂聲戛然而止。雖然露露身上的裝束就是她平時的穿著，可是，在那種氛圍裏，在那群自由自在的孩子們中間，她原本平常的出現，竟顯得那樣的突兀和另類。不光台上的孩子們驚愕了，連觀眾席上都對她這一出乎意料的出現錯愕得一片寂靜。在雜亂無章的背景音樂中，被圍在中間的露露的舞姿既揉和了太極的動作又摻雜著武術的痕跡，只見她根本不顧周圍同伴的詫異的目光，自得其樂地舞著，

也帶動了幾個少男少女跟在她的身後笨拙地模仿，通過舞蹈內容，觀眾體會到這期間有衝突，有試探，有和解…總之，露露這一另類舞者的出現，無疑打亂了大家原有的和諧與輕鬆，最後，在一群赤足德國孩子的群舞包圍中，露露無奈地放棄了自己獨特的太極式舞蹈，試圖按規定旋律迎合大家的舞姿，可那舞姿又顯得那樣生硬和不協調……

當時，我的座位正好在樓上的正中間，當我居高臨下地望著女兒頂著一頭黑黝黝的濃髮在一群金髮少年男女中間頑強起舞時，我深切地體會了她的孤獨，她的抗爭和渴望，她曾經那麼強烈地渴望融入她所在的環境，這個環境也曾經那麼漠視甚至排斥她，在她所在的那個別人眼裡和諧輕鬆的環境裡，她不明白，為什麼小小的她是他們眼中的異類，為了被理解被融合，她一直在努力著，堅持著……想到這裡，我的眼睛模糊了，我做夢都沒想到，我那年僅十五歲的女兒，會用她的肢體語言把她這些年所受到的委屈和不公平揭示得如此透徹淋漓，她從前所遭受的挫折必將成為她今後人生的財富。

舞劇的高潮，日全蝕出現了，頃刻間全場陷入一片黑暗之中……當燈光重新燃起的時候，舞台中央的露露消失了，只留下了她那黑色的雙肩包，孩子們對著那隻普普通通的雙肩包，有的陷入了沉思，有的在四處尋找…舞劇在觀眾熱烈的掌聲中落下了帷幕，露露在小夥伴們的簇擁下長久地謝幕。

演出結束後，我和露露一起參加了新聞發佈會，在那裡我遇到了這齣舞劇的總導演，露露的現任班主任老師，同樣也是一位五十開外的女士，我向她談到了我本人對這台舞劇的感悟和理解。我認為，它表現了兩種不同的文化在衝突和碰撞中既排斥又融合的主題；作為主體文化，當面對外來文化的介入時，無論你採取什麼態度，外來文化都會或多或少地對主體文化產生影響，就像舞劇的結

尾，作為外來文化化身的露露雖然離開了，但她留下的那只雙肩包還是讓人陷入了沉思。女兒聽了我的理解很不以為然地說：「媽媽以為自己是文化人就把什麼都往文化上引，其實我寫這個提綱的時候，就想說我需要朋友，我想要做我喜歡的事情，別人可以跳迪斯可，但不要感到我練中國功夫奇怪就好。留下書包就是想說，假如我回中國了，過去的朋友們會想我的。」雖然露露在呈交內容提綱的時候不會想這麼多，但是她的新班主任老師承認，她的確是從這齣舞台劇淺顯的故事裡挖掘出了深刻的內涵，並通過孩子們的舞姿傳遞了出來。

　　我在這件事中得到的啟示就是：千萬不要小瞧孩子們的觀點，往往他們小腦袋瓜中看似簡單的主意，說不定何時成就了仁者眼中的山，智者眼中的水。

國外作客的禮節

德國　鄭伊雯

　　俗諺總說「禮多人不怪」，我們前往別人家中作客，總會記得帶個伴手禮，千萬不要兩串香蕉就前往，這樣才不至於失禮。於是，我們前往外國友人的家中拜訪，總是記得要帶上個小禮物，也常常為了要帶哪一種禮物才夠得上檯面，因而仔細地再三詢問。其實，應邀前往外國友人家作客，不管是哪一種形式的宴會或請客吃飯，帶上一束花、一盒巧克力、一瓶酒或是一些具有台灣風味的小禮物，其實就不會失禮了，這很像我們所說的「禮輕情意重」，朋友間應邀往來不會那麼注重貴重的禮物，真心誠意最重要。

　　在這篇文章中，我以旅居國外的媽媽身份，不免要對莘莘學子們發出聲聲懇切的叮嚀。在我身旁，總有些年輕人詢問要帶何種禮物前往德國友人家作客才有禮貌呢？其實，禮物不是重點，你們身在外國家中的行為與態度才是最重要的，這如何解釋呢？我先舉幾個例子來說說：

一、法國學姊的懇切叮嚀

　　去年在我們輔大國際校友會上，旅居法國的學姊說了個經典的故事，懇切地希望來訪的校長老師們能回到台灣後多多注意這一類的生活禮節上的教育。有一年，她曾因朋友的請託讓一位台灣最高學府畢業的大學生來巴黎家中小住，沒想到這位年輕人借住期間

絲毫沒有動手幫忙。隔年，他又寫信來請求借住一星期，因為學姊夫的善良不好意思拒絕，結果這位年輕人在人家家中不只是飯來張口、茶來伸手，還要一位七十多歲的長輩在廚房忙碌煮飯給他吃，而他就只是坐在餐桌旁等待，飯一吃完起身就走，末了回一句「你們家跟我家一樣舒服」，還說「我這次來法國好省錢唷！」。廢話，吃住都吃定人家，怎麼不會省錢，還把長輩當菲傭來對待，真是太不應該了。旅途結束，返回台灣也沒來封信或電話道謝一句。過了大半年，學姊某次問起友人這年輕人就業了嗎？據說，他從台大畢業後又順利申請進入美國長春藤名校繼續唸書，雖然讀書考試一把罩，但這樣的作客禮節實在令人不敢領教。

二、闖進臥室的錯愕

　　曾經，我也曾接待一位從小到美國讀書的台灣女孩，還是美國名牌學校的大學畢業生，為了想要遊走世界，她先申請到瑞典的實驗室短期打工，之後再申請獎學金到德國研究學院的實驗室工作一年，我們因緣際會地在我居住城市的體育協會認識了。某一天，她奈米研究過程結果不佳，實驗室夥伴的冷漠等讓她心情鬱悶，打電話來找我訴苦，我邀其留住一宿，好好舒暢情緒一番。沒想到，隔天一早，她起床後打算與我告別，在臥室外碰到我先生，問我起床了沒？我先生直指我在房內，而這位莽撞的女孩不但沒敲門詢問，還直接推門進入臥房，走到我床邊與我說話。當下那一刻，我真是錯愕驚嘆到不行，身著睡衣躺在床上是怎樣也不自在，只好悻悻然起身把她帶出房外，心裡非常地不舒服。事後，我詢問她難道不知這樣極不禮貌嗎？她回答，在美國都可以呀！她常這樣進入室友的房間，若開Party時也是讓客人隨意走動，但我不是開派對，我只是讓她借住一宿而已。況且，單身學子與國外家庭的生活空間本就不

同，熟識的單身學子們大多共同居住在一層公寓間，每間房一開當然就是臥室與書房，大家都不介意房門的開來開去；但當借住到別人家，別人既有客房給客人，那客人起床後就是到客廳或飯廳去等主人出現，絕對沒有跑進主人臥房的道理的，這種尊重主人隱私的基本禮貌絕對不可以違犯的。

三、來到家中作客的學生

因為我先生從事教職，往來過世界各國的學生，我們不用去討論來自巴西的學生比較熱情，來自美國的學生比較和善，來自台灣的學生比較靦腆等，這是民族性與學習環境的差異使然。但是，在我們家招待過的年輕學生群中，來自世界其他國家的年輕人總會親切地問候小孩，還會與小孩一起玩遊戲堆積木等，甚至吆喝一下就一起在戶外踢起足球來。但是，來自台灣的學生，常常就是坐在我家客廳聊天，不但少有幫忙，根本也不理小孩們，永遠只想找主人聊天，但主人請客很忙地，那這些少爺公主們就臥在客廳沙發上一動也不動，這種行為不但讓我搖頭，從此也不想再招待來自台灣的留學生了。我知道，這或許只是少數現象，但身在台灣的年輕人，捫心自問一下誰曾搭理過左鄰右舍的小孩呢？父母們似乎只要功課好考試佳，作客的禮節與基本的應對進度似乎太不注重了。

四、德國小孩之間的邀約

我們家有三位小男孩，朋友之間的邀約往來極多，常常就此可以看出家庭教育的重視程度。記得老大們小二的生日派對，有位土耳其裔的小女生來到我家馬上詢問是否需要幫忙呢？隔年的生日慶祝，另一位德國小女生要回去前，還特別來向我道謝說：「謝謝你

們的邀請，我玩得很愉快，再見。」我們家的小孩的慶祝會，總會邀請了二十位小孩一同歡樂，有些男生極為樂意幫忙，有些只會亂吼亂叫，不受指揮，常常我就藉機告訴小孩，你看這樣的行為到別人家作客是否受歡迎呢？絕對每位父母都很頭痛的，而這些頭痛人物十之八九常是受寵的獨生子哖！

　　有時，德國小孩來家中遊玩，進門後問好，在玄關處脫鞋放好、脫外套掛好，口渴了詢問哪裡可以拿杯子裝飲料，哪些東西可以翻動，哪些門可以開啟，以及可不可以上樓進到其他房間等種種生活上細小的禮節，卻常常是影響我們對小孩家教良好與否的來源。因為這是別人家，這是別人家的空間與玩具，不可以不詢問主人的意願就私自上樓亂闖房間，甚至打量起別人家的零食飲料打算偷偷拿來享用，這都是極不禮貌的行為。

　　在德國總有許多不成文的規定，比如身處公共空間我們會約束自己的音量，不可以打擾到別人的寧靜。中餐時間與晚餐時間打電話影響到別人的吃飯，也是不禮貌的行為；家中有小孩常常飯後七至八點是安頓小孩上床的時間，這也不宜打擾的。每天午飯後下午三點鐘是大家的安靜休息時間，這時不能大吵大鬧影響到鄰居，因此此時間小孩不適宜到花園玩耍，總會等過了三點才好吵鬧。朋友間往來與拜訪絕對先打電話，約好時間才碰面，不宜貿然前往按電鈴，這樣冒失的行為絕對容易被擋在門外的。

　　我們常開玩笑說，有些街坊鄰居相識二十餘年，永遠只站在門口或花園中聊天，沒有機會見識到別人家的屋內。或許可以這樣來說，德國民族經過戰爭與戰後困頓的年代，「家」對他們的意義極為重大，不是極為相熟與要好的朋友，不需要請你到家中作客，進入別人家我們都會識趣地待在客廳或在廚房幫忙，下午茶或是烤肉也就在庭院中舉行，即使是洗手間也是使用一樓空間的化妝室，若無主人的邀請，客人不會自己爬上二、三樓的房間，或如我們台灣

人的習慣想要去看看別人家的裝潢佈置，這都是身為客人者應有的良好禮貌。也因為，德國家庭對整潔極為重視，他們也有髒亂不想被看到，或許也想保有隱私的空間，所以當我們身為客人時總要先想到主人的感受，尊重別人的習慣與隱私，多多體諒主人的感受；當我們身為主人時，若果真一直遇到好客人，則來往互動極為融洽有禮，這往後也才有增進彼此往來的空間與機會呢。

再次叮嚀：請記住禮物不是重點，禮節才是最重要的指標。

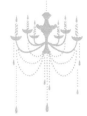

無門的大學

德國　穆紫荊

要出國的人，大概都不會忘記自己是如何在地圖上察看未來落地的情景的。當簽證拿到手裡時，那城市的名字，以及那名字在地圖上所處的位置，早已是閉了眼睛用筆去點都不會點錯了的。當年的我也是如此。總以為自己將來所到的地方是在一個人口密集的工業區裡，然而，到了以後，卻覺得似來到荒原野地一般。說是荒原野地，當然也是不確切的，只是習慣了在上海一隻腳跨出去，便跨入了人海聲濤之中，習慣了小販小攤的叫賣聲，自行車的催命鈴，以及卡車一路開過一路打擺子似的搖晃聲。而這一切到了德國，你一隻腳跨出去，變成了無人無聲。街道橫在眼前，車子像流星似的擦過地面，傳到耳朵裡的卻只是輕輕的一聲嗖——連那車尾所冒出的青煙都一絲看不見的，音還沒斷完，車子便沒了影子。

回想起來，剛落腳異地的那一刻。除了心裡空，腦子裡空，眼裡耳裡也全都似空的。這空的感覺，生生地讓你明白故鄉的遙遠以及前程的渺茫。所幸的是出國的時候，是人人必須都有一個理由的。讀書的讀書，工作的工作，探親的探親，旅遊的旅遊，這一切在簽證的時候，便都已經劃分有序了，於是你這剛在異地落腳的人兒，才不至於沒有了邁出第一步時的方向。

我的第一步方向，是落在德國的大學。還記得第一天跟著一個教授派來接駕的學生助理，開始向在心目中儲存了以久的所謂大學走去時的情景。記得在口袋裏揣了一切能夠證明自己身份和學歷的

東西。然而走著走著，那個學生助理竟然突然對我說：「這就是我們的大學了。」這就是我們的大學了？只看見我們走過了一條街，走過了咖啡館、銀行、百貨商店，甚至還走過了一個中餐館，而此時正站在一個下面走著有軌電車的天橋上，放眼向前面望去，也不過又是樓和樓，環顧四周沒有圍牆，沒有牌樓，沒有門衛，沒有銅像，更看不見一個個別著校徽在胸口的人，就這樣我已經來到了德國的一所大學裡面。我詫異地脫口而出說：「為什麼沒有大門？」得到的回答竟然是：「為什麼要有大門？」

是啊，為什麼要有大門？在上海，大學畢業的時候，學校要我們交出校徽。沒了校徽，便意味著從此不能再隨便進出這所大學。大學的門口有警衛有門房，誰再想進入，誰就要正兒八經地填一張會客單，想來如果你老實地寫上只是想進去走走看看兜一圈，恐怕是斷然不行的。我後來幾度回國，都因為沒有理由而無緣再睹母校一面。直到某日，深解鄙意的某公用私家車載了我直駛那輝煌的大學門前，按下窗紐後並沒聽見他用的是什麼理由，只見他對了門衛點了點頭，門衛便揮手放行了。真是奇哉。由此便又好奇，如果坐了計程車或是從公共汽車上下來步行到那門衛面前點點頭的，不知他是否也會如此放行？

一座高等學府，在中國是知識的殿堂，同時也是高不可攀之地。如果你沒有註冊，你便沒有資格進去。而在德國，高等學府是知識的殿堂，同時也是一個探索之地。不管你註冊與否，誰閒了沒事想到那裡去聽聽、吃吃、看看、走走，那是斷然不會有任何人會覺得這有何不妥的。

什麼是自由？這是自從那天我第一次走進這所德國的大學時，就由不得我不去領悟的一個詞。

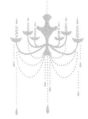

漫談德國的高校教育

德國 謝盛友

德國高等教育體系大概含括了三百四十所高等學校Hochschulen，其中大部分是公立，大約有一百六時所的大學、神學院、教育學院以及藝術學院，每年約有四分之三的大學生都是集中在這裡學習；其餘的學生則分屬於高專Fachhochschule、職業技術學校Berufsakademien，等相關領域。

高等教育的主要目的在於培養研究人才，對於新知識與學術研究的創造與發展，現今德國約有一百九十萬人在大學就讀，預計到二○一一年將會成長至二百二十至二百四十萬人。

進入高等教育體系的門檻主要是高中畢業考Abitur，而依據各學系的要求，所應具備的條件也有所差異；而攻讀學位也必須依照學習的發展與考試制度來完成。

按照德國高等教育的傳統，大學畢業時授予碩士學位，其中文科專業為文科碩士學位。如要成為教師、法律工作者、醫生或藥劑師則要通過國家考試。上大學通常至少要學習八個學期，但是實際上許多學科的學習時間要更長一些，因為在八個學期的時間內無法完成全部學業要求。高等專科學校的學生一般都在六個學期之後獲得FH碩士文憑。攻讀博士學位以及為獲取大學執教資格而進行的研究活動只能在大學進行。

到二○一○年為止，模組式的學士／碩士專業將在很大程度上替代這一傳統的一級制教育─這是歐洲國家一九九九年在波羅納聲

明中達成的共識。波羅納進程的目的，是在二〇一〇年前實現歐洲範圍內高校的統一，以加大文憑品質的可比性，促進學術交流。

目前，德國高校已經開設了四千六百多個國際碩士學位專業和三千多個國際學士專業，其中很多使用英語授課。目前國際學士碩士專業已經超過了德國所有專業數量的60%。

這一國際承認的英美模式學位的引入在德國大學引起了一場小小的革命，因為學生可以由此早日畢業儘快走向工作崗位。國際學士專業的常規求學時間只有六學期，碩士專業二到四學期。不僅如此，德國畢業生在國際勞動市場上會享有更好的機會，而留學生也會垂青德國，因為這樣的學位頭銜在本國認證時不會出現任何麻煩。

學制的轉換還有一些障礙待克服：新學制設置得非常精練緊湊，很多學生都感到要在很短的時間學習很多內容，他們普遍感到幾乎沒有課餘時間打工，而德國很多州都提高了學費。並且很多新開設的專業卻沒有實習或外國學期的機會。然而新學位制度本應使這些變得更簡單。

全世界有一百八十萬學生學者在祖國以外的大學中進行學習研究，其中十分之一選擇了德國。無論對於初上大學的新生還是已經畢業的新一代科學工作者來說，德國這個學習科研地點都能為外國客人提供一些內容。

德國的大學多種多樣，它把傳統與現代結合在一起。德國有三百四十多所大學，其中有受人尊敬的、擁有廣泛傳統學科的綜合性大學，它們是鍛造高級知識份子的場所。大學中也有許多學科互相交叉、教學與實際工作相接近的場地，即高等專科學校。德國的大學對所有符合入學條件的人敞開大門，因為「學術自由」是德國高等教育的一項基本原則。

綜合性大學建立在「科研與教學相統一」的基礎上，它是開創性質的科研工作之地，在國際上享有傑出的聲譽。德國的綜合性大學是全世界學者和大學生的起步地點。

科研與教學並非在「科學的象牙塔」中進行。現代的大學在尋求接近實際，它除了進行教育外，也進行培訓，除了從事基礎研究，也從事應用研究。與多國康采恩或科研機構合作進行學科交叉科研已非罕見，這些工作最終也加強了畢業生的競爭能力。

今天，很多大學生不再追求純學術的生涯，德國無數高等專科學校向他們提供可以比照大學的高品質職業培訓。實踐知識常常由地方企業進行傳授，這對雙方來說都有好處：德國企業有興趣與高水準的大學畢業生建立聯繫，因為這些人回到自己的國家成為領導力量後，將成為德國經濟界的聯繫人。

綜合性大學主要傳授做學問的方法和理論知識。綜合性大學傳統的專業是醫學、法學、人文科學和文化學，但常常也有自然科學、經濟學和師範等專業。按照威廉•洪堡的指導思想，綜合性大學把科研和教學緊密結合起來。其中科研應在不依附直接社會利益的情況下進行，這就是說，綜合性大學不以追求實際利益為目的，不追求用途，只是為了獲得新的知識。學生有自行安排學習的廣泛自由，他們自己決定，選修哪些課程，參加哪位教授主持的考試。然而，各大學也在一定程度上規定了這種自由學習的範圍。綜合性大學的學習不是職業培訓，但是它為今後的工作提供了科學工作的技能。

如果想把學術性的學習與接近工作實際的教育結合起來，那麼上高等專科學校是最好的選擇。近一百六十所德國高等專科學校所提供的專業是相似的，都面向實際。教學內容是針對今後工作的需要而確定的。雖然高等專科學校現在也越來越重視科研，但是學校的工作重點仍然是教學。

將近三十年前，高等專科學校剛剛設立時，它只是綜合性大學的「小妹妹」。經過發展，它現在成了綜合性大學需要認真對待的競爭對手。高等專科學校本來的目的是要在培養工程師、經濟師和社會工作者時，加入理論教學的背景，而今天這類學校成了「現代工業社會的大學」。對於學生以及學生今後的工作單位來說，這類學校的優點是：針對今後的具體工作進行學習，目標明確，有規定的教學計畫，比綜合性大學學習時間短。高等專科學校的教師通常是職業經驗豐富的工作人員，也常有管理人員，他們瞭解企業對未來工作人員的需求，靈活地按照國際慣例進行培訓。高等專科學校的畢業生從中受益匪淺，在自由經濟中具有就業的良好機遇。

學費

　　德國的私立高校也是近些年來蓬勃而出的新生事物，但不是每一所學校都會恪守他們廣告上的宣傳內容。因此，是否得到了國家的承認就成為了各學校的一項重要的品質標準。

　　在德國高校校長會議的「高校指南針」（Hochschulkompass）上不見其名的私立高校，就是沒有得到國家認可的學校。這就意味著，他們所秉承的高等教育理念與國立高校和教會高校的獨立科學或實際教研精神可能會有所偏差。

　　目前，德國的四十餘個受國家承認的私立高校分別由不同的承擔者提供資助，部分來源於經濟界或是基金會支援，部分是國家補助。而他們的共同之處就在於：學生必須繳納學費，由維藤——黑爾德克大學整個學習階段的約1萬5千歐元到萊比錫貿易學院每學期四千歐元，學費的數額各不相同。

　　出於這個原因，私立學院的學生數量與國立大學相比要小得多，教育與輔導也便在個性化的氛圍中展開。私立高校通常自行選

拔學生：良好的中學畢業成績（有時甚至是出色的准碩士成績）還不是唯一的條件，首先要具備個人的參與意識和能力，才有可能被錄取。許多私立高校為學生提供在國外姐妹學校實習的機會，同時與經濟界相關專業的企業實體展開緊密合作。

就讀於私立高校雖然還不能等同於日後的功成名就，但安排緊密的學業無疑是為了這一目標而準備的。

大學學費方面

德國國立高校的第一學位專業（例如德國碩士學位、國際本科學位、國家考試專業等）以前不徵收學費。繼聯邦憲法法院二〇〇五年一月取消了徵收學費的禁令之後，許多德國聯邦州都宣佈了引入高校學費徵收制度，其中一些在二〇〇六／二〇〇七冬季學期開始實行。學費數額大約為每學期五百歐元。

幾乎所有的德國大學都為德國和外國學生提供面向國際的國際學士和碩士專業。教學用語通常為英語，學習這些專業不一定必須具備德語知識，學習德語可以在大學學習過程中同時進行。學習這些新型專業的特點是：德國和外國學生攻讀可與國際相比照的學士和碩士兩種結業形式。學習過程中，面向國際市場進行專業培訓。大學提供的專業課從奧克斯堡大學的「高級複合材料」專業到科特布斯科技大學的「世界遺產研究」專業，各種專業應有盡有。

在這些模組式的許多專業有國際合作的組成部分，每五個專業中便有一個規定要出國留學，幾乎所有的專業都實行學分制和伴隨整個學業的考試制度。由此，新式的文憑才有利於國際比較，求學過程中在本國與外國的高校之間進行轉換才變得更簡單而更令人響往。

而且，學士碩士專業還與勞動力市場建立了聯繫。這些專業中的三分之二通過新穎的教學項目把未來潛在的雇主包容了進

來。除此之外，學生們還可以在實習和準備考試的過程中與企業建立起聯繫。

另外，許多大學還同時提供面向歐洲的專業，學習這些專業時，學生必須至少在另一個歐洲國家的校際合作大學學習兩個學期，學生可以獲取德國和外國各一所大學的畢業證書。

當然，外國人也可以在德國只學習一個或兩個學期。為此，德國大學與外國大學之間建立了一萬九千多項合作關係。雙方合作的協議中規定了雙方互相承認學習成績，這些學校的學生科研人員和教師之間的交流十分頻繁。

博士方面

法律和師範的同學通過第一次國家考試後，實習三年再考第二次國家考試，之後，你才能成為教師（律師或法官）。

獲博士學位的前提，是取得高等院校優異的畢業成績。醫學專業稍有不同：書面的博士論文（Dissertation）和口試（Rigorosum）可以在學習期間完成。但即便是對這些未來的醫生們來講，博士頭銜也要等到學業結束之後才可以掛上。

博士研究生的錄取工作由所在大學專門的讀博委員會負責。外國申請者以及致力讀博的高等技術專科學校畢業生應及時詢問畢業成績認證的相關情況。

在大部份專業裡，完成一份博士論文都需要好幾年，由一位教授專門輔導。博士學位往往是投身科學生涯的一個前提條件，例如在人文學科中，博士論文經常是在高校相關專業任教的過程中完成的。

讀博的目的大概都是相同的，但在德國，博士論文可能會建築在不同的基礎之上：一種普及的形式是由一位教授作為導師來帶博士生，從選題到研究輔導直至最後的考試，一對一悉心關照。

來自博士生院的資助

博士生院為博士研究生們提供一種特別的資助。這是一種附屬於高校的限時性機構，專為資助研究生畢業的學術新人而設。在德國，各個博士生院的財力支持均來源於德國研究協會（DFG），他們各自負責一個內容廣泛的主題，是對博士生進行單獨輔導的傳統體系的一個補充。在博士生院，博士研究生們有機會在一個科研小組裡完成論文。博士生院發放獎學金，決定獎學金生的錄取。通常情況下，一個博士生院由十到十五名高校教師和三十名以下的院成員組成，其中十二至十五名作為研究生院獎學金生，其餘各位由另外的獎學金項目或由博士生站進行資助。

研究生院

近來，幾所德國大學在被稱為「研究生院」的機構中設立了博士專業。在那裡，學生們要在三年內攻讀博士學位。與博士生院相似的是，研究生院也是跨學科設立的，博士研究生們也將得到強化輔導。不同之處在於，研究生院是大學的常設機構，不像博士生院會受到時間限制。課程多用英語，約三分之一的全額獎學金為外國學生而設，國際學者們可能會對此感興趣。

競爭

德國過去沒有什麼重點大學，從二〇〇六年開始推出「精英大學」。德國評選出首批「精英大學」：慕尼黑工業大學、慕尼黑大學、卡爾斯魯厄工業大學。

長期以來，德國一直不設重點大學。儘管德國大學之間的品質已經相差很大，但德國一直強調大學一概平等，所有大學都應提供同等品質的教育。評選出「精英大學」，標誌著德國大學已不再適用這一原則。

　　德國從二○○五年起啟動了「為德國打造一流大學」評選活動。根據計畫，從二○○七年到二○一○年，聯邦和州政府投入十九億歐元用於大學教育和科研。

競爭中的德國高校

　　與英美國家不同的是，德國高校排名的歷史還不算很長。十幾年前，一些新聞和經濟雜誌開始公佈全德「最佳」大學排行榜。這些行動沒有全部經過評估部門的認可，其考察內容及評比標準也常常是爭議良多。

　　至今內容最全面、方法最新穎的排名始於二○○二年：高校發展中心（CHE）與《明星》雜誌合作，對二百四十二所國家承認的大學及高等技術專科學校所提供的專業進行了比較。資料獲取工作涉及十萬多名大學生和一萬多位教授。評比的對象並不是整所學校，而是單項專業的三十個指標。大學生數量、畢業所需的平均時間、博士生數量、第三方經費總額等一系列資料屬評估之列；另一方面，學生對校方輔導、學校氣氛、圖書館配備、教授對教學品質等等一些主觀評價在高校排名中同樣佔據重要地位。

　　亞力山大‧馮‧洪堡基金會另外從事一項科研排名，考量德國各大學對外國頂尖科研人員的吸引力大小。由於洪堡基金會的獎學金生和獎金獲得者可以自由選擇研究機構，一所高校中洪堡客座學者的數量足以代表其研究水準和國際化程度。

要想在念書的時候就試足將來的工作環境，實習是個好辦法，只是很少有好報酬。在實踐經驗豐富的同事指導下，學到的理論知識可以首次得以實踐。有時，實習可以幫助人們確定，一直孜孜以求的職業目標是否真的適合自己。實習生的工作即便有報酬，一般也不會很高。知名公司和機構提供的實習機會很受歡迎，因此：多頭行動、及早報名！

在有些專業，特別是一些社會學領域的專業裡，實習是必修項目，或是在學習中，或是在入校前必須完成。因為實習有時是發放錄取通知的前提條件。通常，大學生要自己找實習職位。但對於必修的實習，學校會助一臂之力來安排，甚至會建立一個高校內部的實習資料庫。

即便實習沒有被寫入學生守則，考慮到將來的就業機會，實習也是很有益處的：在雇主，尤其是自由經濟中的雇主眼中，實踐經驗與考試卷上的好分數同樣重要。

想盡辦法找資助

口袋裡裝著入學許可，但是卻沒有上學的錢。申請獎學金是解決方法之一。為此，許多資助學生讀大學的德國機構可以提供幫助。「資助有才華的人讀書」的項目可以使這些人集中精力在大學學習。這裡「才華」並不等於才智和得高分的能力。人品和積極投身社會也是授予獎學金的標準。

一些發放獎學金的組織，資助的對象是大學新生，另一些則只資助博士生。一些基金會和聯合會得到國家或經濟界的支持，另一些則由教會主辦或者是純私人機構。

許多資助的專案有針對性地資助外國留學生或研究生。有意申請獎學金的人原則上都應儘早瞭解情況、提出申請，因為申請的人很多！

通常，獎學金的數額以能滿足生活費用為準。儘管從國外來看，獎學金的金額很高，但是到月底時也就所剩無幾了。如果領取獎學金的人另外打工掙錢的話，必須通知發放獎學金的組織，通常打工掙了多少錢，獎學金就要減發多少錢。

除了德國學術交流中心和各研究所及研究基金會以外，德國各政黨也為外國留學生提供資助的可能性。基金會在法律上獨立於政黨之外，但是政治上接近該某一政黨。德國各民主政黨認識到，今天科學界的年輕一代是明天作出決策的人，所以它們的政治基金會把支持特別有才華的大學生看作是自己的任務之一。

經濟上幫助外國大學生和博士生完全符合德國的政治利益。因為凡是在德國學習過的人，瞭解德國的市場和文化，畢業後就會與德國企業建立接觸。所有這些基金會都把積極投入社會工作作為申請的前提。同樣，願意把在德國學到的知識用於祖國也是前提之一。

除了經濟上給予支持外，基金會大多也促進獎學金生在思想上的發展，基金會在大學所在地安排了負責教授關照獎學金生。獎學金生有機會參加基金會教育機構的各項活動。

關於資助專案的詳細情況見德國大學生服務總部出版的下列書籍（德文版）：

Deutsche Studentenwerke（Hrsg.）：

Förderungsmöglichkeiten für Studierende

Bad Honnef 2000

德國學術交流中心DAAD還在網上提供了德國各聯邦州以及德國各高校的國際學生交流獎學金項目列表。

科研

「一切該發明的東西都已經發明了」，這是一個叫查理斯・代爾的人說的，他是美國專利局的人員。說這話的時候是一八九九年。在那一百多年後，發明的東西比以前任何時候都多。科學和研究是我們未來的基礎，這不僅僅是政治家們在星期天發言中說說而已。這對德國這樣能源貧乏的國家來說尤其適宜。現代社會是知識社會。

科學、研究和學說在德國到處都是公共生活中顯而易見的組成部分。在三百多所高等院校，在數以百計的研究機構，從諾貝爾獎的溫床馬克斯・普朗克協會，到弗勞恩霍弗爾協會，到工業界，從奈米技術到大科研，它們無所不在。

同樣不能忘記那些投身於科學使命的普通公民，他們創造了許多具有突破意義的東西，如發光的口紅，或者電動衛生間刷子。在漢堡至慕尼黑之間的土地上，大約有十萬名業餘研究者。

傑出的科學在德國有著悠久的傳統：約翰內斯・古騰柏格發明了書籍印刷術，亨利希・赫茲證明了電磁波的存在，保爾・艾爾利希發展了化學療法，阿爾貝爾特・愛因斯坦締造了相對論，一個叫卡爾海因茨勃蘭登堡的年輕人發明了網際網路空間最熱門的東西：音樂格式MP3。

德國科學在十九世紀，直到二〇世紀二〇年代，經歷了它鮮花盛開的年代。那時的國際科學語言是德語。普朗克、本森、奧托、愛因斯坦，著名科學家的名單可以排得很長很長。但接著來了國家民族主義者——納粹，他們把德國科學帶入了極度深淵。德國研究人員參與了對歐洲猶太人的大屠殺。再就是：最重要的猶太科學家被驅逐，包括諾貝爾獎獲得者艾爾文・施略丁格爾，馬克斯・波倫等。這次大放血導致德國科研在許多領域大傷元氣。因為，戰後這

些猶太科學家不再回去,不再回到被愛因斯坦稱為「大屠殺兇手」的國家。

又一次重大轉折發生在一九九〇年:隨著德國統一,出現了兩個截然不同的科學體制面對面的場面。西面是多元制的、聯邦制的體制,東面是中央集權制。兩者的匯合尤其對聯邦新州意味著一次深刻的結構轉化。這也是一次能夠帶來大機會的結構轉化。德國作家赫曼·赫塞寫過這樣的話:「每一個開端裡都蘊藏著一個魔術。」新的研究所,新的研究機構誕生了,那裡有一種大發動的氣氛至今仍呼之欲出。

德國今天對研究的投資空前之大:每年約四百五十億歐元投入研究與發展,其中大宗來自經濟界。

儘管如此,德國與領導世界科學的頂尖國家群還是脫節了。九〇年代中,研究與教育支出出現了下降。七〇年代和八〇年代初還擁有的領先地位就這樣輕率地丟失了。表現之一是德國科學家流向外國。這幾年,已有數名在德國出生的科學家被頒予諾貝爾獎,然而所有這三位都在美國工作。另一個表現是吸引外國科學家到德國來變得困難了。太少國際化,太不注重效率,太官僚,太無視跨領域,團隊集體精神太少,是各方面對德國的批評。這些不祥之音甚至導致有些人把德國稱為「有限科研社會」。德國研究界痛斥「德國的村民精神」,指出存在著在奔向未來的賽跑中落敗的危險。

這些憂慮並非沒有道理:同全球其他國家相比,德國的科研投入為國內生產總值的2.5%,表現並不出色。比如美國二〇〇四年的投入2.7%,日本二〇〇三年3.2%,瑞士二〇〇三年4.0%,以色列二〇〇五年甚至達到了4.5%。

但是這一趨勢被止住了:對科研的投資重新開始上升。二〇〇五年聯邦政府啟動了大型革新計畫。與之配套的「精英行動」著力於對精英大學和研究生文理學院進行扶持,「科研和革新條約」保證了

德國研究機構到二〇一〇年每年至少3%的增長，國家對科研經費的投入至二〇一〇年將逐年提升為國內生產總值的3%，此外聯邦政府將額外投入六十億歐元。教育部長沙萬表示，只有這樣，德國才可能在國際競爭中脫穎而出，吸引到真正富有創造力的優秀人才。

德國國際化

德國對全世界最優秀的人才越來越有吸引力，這不僅僅因為國家對科研的高度重視和投入。二〇〇五年出爐的新移民法剔出了舊有的官僚作風的藩籬，為海外科學家舉家遷往德國，來此科研和工作提供了更為寬鬆的環境。德國要成為一家創意工廠，進一步保障富裕和安逸的生活。前德國聯邦總統理查·馮·魏茨澤克不是說過嗎：「今天的技術就是明天的麵包。」

德國是個具有科學研究和發明創造傳統的國家。德國科學家在世界上享有很高的聲譽。德國的科研對世界開放，來自許多國家的客人在德國大學裡進行科研和教學。

今天，沒有國內外科學家、科研部門和研究所的積極合作，大學中進行尖端科學研究是不可想像的。所以，德國的科研也在大學以外進行。

組成德國科研景觀的重要成分之一是為數眾多的研究所和資助機構。它們與大學和經濟界緊密合作，進行國際水準的基礎研究和應用研究。

德國沒有國家科學院，都是基金會的科研協會，國家作為背景支持。在重要的科研領域，四個公共部門資助的科學組織起到了補充大學的作用，它們是：馬克斯普朗克科學促進協會，德國赫爾曼-馮-亥姆霍茲聯合會科研中心聯合會，弗勞恩霍夫爾協會和萊布尼茨科學協會。

人才

　　德國高等教育歷史悠久，學術性強，在世界上具有廣泛的影響，德國的傳統大學被許多國家視為大學發展的典範。但是，二次世界大戰後，聯邦德國能夠很快從戰爭的廢墟上建立起強大的經濟，其重要原因則是大力發展職業技術教育，大興各類短期大學（也稱高等專科學校），不拘一格培養大批實用型人才。這是他們稱之為發展經濟的「秘密武器」。

　　現代社會的發展，不僅需要理論知識廣博、學術水準高超的科學家型的人才，而且更需要實踐經驗豐富、技術應用嫻熟的工程師型人才，以解決生產和科研中所出現的各種複雜問題。另一方面，新興工業和新技術的不斷興起，使大量工人和科技人員、研究人員、管理人員面臨知識更新的問題，於是投資較少、學費低廉、教學便捷、成效顯著、最受歡迎的高等專科學校應運而生。

　　德國高等專科學校（FH）六十年代末，起源於原西德的工程師學校、經濟學校和中等專科學校，當時有十一個州的總理經過調查研究後達成了協定，創辦按照各地需要設置專業、培養第一線工程師的非學術性的高等專科學校。1976年的聯邦高等學校總法頒佈實施後，高等專科學校得到了進一步發展。該法規定：高等專科學校學習的目的是「教學應使學生能從事某些職業活動，並向學生傳授必備知識、能力和方法，使學生具有科學工作能力和責任感」。同年，聯邦教育和科學部也提出：「高等學校要進行結構改革，使其向所有國民開放，入學不受父母收入和教育程度的限制，而要根據個人的能力和願望而定。」德國統一後，原東德的工程師學校也相繼改制為高等專科學校。而今，高等專科學校數已占大學數的一半左右。

　　四年八個學期的學制分基礎學習階段（一至三），以學習專業基礎必修課程為主；主要學習階段（四至八），學習專業課程，期

中第五和第八學期為實習學期，必須在企業或公司裡進行，第八學期還要完成畢業設計，通過者將被授予高等專科學校的特許工程師學位。通過實習，一方面使學生進一步瞭解應用型工程師的工作職責，另一方面使學生把已經學到的知識、能力、技能結合實際得到深化，並明確今後在這一職業領域的努力方向。學生實習期間，一般都可以從企業那裡獲得津貼。如果有需要和可能，學生還可以去國外實習。

高等專科學校主要招收受過十二年教育的專門學校畢業生，含二年職業專門學校經歷。而對取得了上綜合性大學資格者（受過十三年教育，但無職教經歷）要上高等專科學校，則要求其補一個與申請專業相一致的二十周以上的預實習經歷。申請者必須自己去尋找企業實習，實習後要經過實習帶班師傅的鑒定方為有效。以機械製造專業為例，他們就得補習鑄造、成型技術、機械構造、焊接、流水線、工具製造、熱處理、塑膠加工、品質檢驗、表面處理、工具檢測、專門化實習等。

高等專科學校的教師必須至少有五年以上從事專業的實際工作經歷，其中三年是在企業裡度過的。另外，博士學位也是一個起碼條件。一個系往往有四五個教授。學校一般都有一支強大的兼職教授隊伍，他們大都在生產第一線工作，可以把生產實際中最新的技術發展有效地引進課程，還可以在校與企業的合作聯繫、安排實習機會、落實畢業設計專案、畢業生就業推薦等方面起著重要的紐帶作用。

接受過高等專科學校教育的人在勞動力市場中具有獨一無二的競爭力，在不同受教育程度的就業者中，就業率最高。他們以其特有的優勢在一些經濟領域發揮著重要的作用，並牢牢佔領著一些職業崗位。據統計，高等專科學校畢業生中50％的人作為專業技術人員在企業工作，而大學畢業生只有47％；另外，有17％的高等專科

學校畢業生已成為領導人員,如部門主管、代理等職,而大學畢業生只有10%的人有此機會。當然,在一些科學研究方面的崗位上,高等專科學校的畢業生要少於大學畢業生。

成人教育

在德國,你也有機會接受各式的成人教育,以擴展你的就業機會。你可以參加各類的早間或晚間學習班,但也可以直接進行遠端學習(比如電視教學講座,遠端大學)。在當地的電話簿以及黃頁上你可找到進行培訓或是進修的機構名稱。德國的業餘大學也與其它的協會或是機構在整個德國提供了教育和培訓項目,這些課程大多都是非常便宜的。也請你關注德國勞動仲介或是你所住地區的勞動仲介代理處所提供的教育培訓項目,他們在職業進修方面將會是你重要的諮詢夥伴。這些仲介為你提供的培訓項目多種多樣,幾乎涵蓋所有培訓領域,如語言學習,上崗實習培訓,殘疾人能力認證,或是成人適應能力培訓。

Otto Benecke基金會為遷居德國的高校畢業生提供了使其適應德國社會的一套就職培訓專案。通過與各類高校的合作,大學生及學者也可以在德國享受到與就業市場緊密相關的補充技能的培訓。

德國的教育,從國家所提供的角度來說,對一個孩子的成長已是很全面了,那麼接下來,我們要探討的是在德國,家長教育的作用以及如果你有一個天才孩子意味了什麼。

當兒子不願回家吃晚飯,女兒不願在家裡過夜時,我們這些做家長的該怎麼辦?當十五歲的男孩與三十六歲的女老師同居,並且生下一個男孩時,你說,家長的教育還有用嗎?現在的家庭倫理是什麼?還有標準嗎?

人類社會最先是一個農業社會，隨著商品生產和貿易的擴大，都市建設也逐漸擴大，隨著城市規模的擴大和科技的進展，都市的製造業、金融業、服務業也蓬勃發展，創造了很多的就業機會，於是，吸引了大量農業人口進入都市。都市化改變了家庭的結構。

　　在一個農業社會裏，一個家庭往往以男人為主力，日出而作，日落而息，而且工作地點就在家庭的附近，女人除了操持家務外，還擔當起教育小孩的責任。在這種環境長大的小孩，人際關係很簡單，在他們的人際關係網上，除了父母、祖父母以外，就是大大小小的親戚、鄰居們。在這種網路下成長的小孩，受到這個人際關係網的支持，也受到這個人際關係網的限制，於是，對於兒女的教育而言，就顯得簡單很多。

　　而在一個現代化、都市化的社會裡，大部分的家庭都是雙職工家庭，家長們往往都是日升而出，日落而歸。並且有些家庭的父母，其工作的地點肯定還離家很遠。家長們上下班時在路上需要花很多的時間。甚至有的時候，有的家長根本就不能回家。也由此父母們因為工作的關係，與其小孩子們相處的時間便很短。於是，保姆的出現，朋友的來往，等等的加入，在這種環境下長大的小孩，人際的關係網就大得多。也因此，過去的人際關係網對小孩子們的支持和限制，其作用便越來越小。取而代之的是學校的同學、電視電影、報紙雜誌，以及媒體中的明星偶像。在這種環境下長大的小孩子們，因為沒有享受到傳統的人際關係網的支持，同時，他們也不會受到這個關係網的限制，因此，他們的自主性較強，行為的自由度也比較大，可以這麼說，現在的小孩子們是為自己而活，而不是為別人而活。

　　美國的雷透諾（Letourneau）是一個女教師，三十六歲，她愛上了自己的學生、才十五歲的傅阿勞（Fualaau），並與該學生生了兩個小孩，華盛頓法院判決她「強姦未成年少年罪」，有期徒刑六

年。雷透諾在法庭上公開承認，他們之間不是一般的性事，而這個小男生情人就是她的生命。

到底是罪過還是愛情？前不久在法國出版了一本書，把雷透諾和傅阿勞的故事成冊出版，給這個年輕的家庭帶來了二十五萬美元的收入，也使他們成為世界級的轟動性人物。

傅阿勞是一個貧民窟裡長大的街道男孩，他十三歲時就長得與十八歲的男人一樣高大，可是，從小就沒有得到過父母的好好教育，是一個野男孩。他跟同學打賭說：「我肯定能把我們的女教師，弄到床上！」上課的時候，他給老師遞上一張紙條，上面寫著：「我要吻老師性感的肉體，吻全身，從腳趾到手指。」雷透諾看到紙條後雖然有些臉紅，但她感覺到了，那男孩是真的愛她。

雷透諾的丈夫是一個機場的行李搬運工，經常上夜班，不在家。在一個晚上，雷透諾給傅阿勞補課，他的眼睛緊緊地瞪著她說：「我從來沒睡過女人，不知道女人的味道如何？」雷透諾同意男孩的請求，並且聲稱：這時的她是第二次失去處女的貞操。

雷透諾從小就是其父親的掌上明珠，嬌生慣養，過去在家庭裡，她只要想得到的東西，父母親都會給她滿足，除了不能到天上摘星星以外，父母統統滿足她的要求。一旦環境變化了以後，也許是生活的平衡秤對她而言是失去了平衡，當她覺得不如以前那樣萬事都盡人意之時，便開始變態，她並不是真的愛那個男孩，而是只要與她心理發生矛盾的人事，她都裝作看不見。

如上所述，我們可見，進入現代化社會的家庭，其傳統人際關係網的支援和限制的作用越來越小，取而代之的是朋友圈和自己周圍的環境。其實，現代家庭有一個家庭主婦還是一個家庭主男，或者是雙職工，對於一個小孩子的教育成長來說，影響都不大。因為遺傳基因沒有給予的，就是靠環境的補充。所以，傳統的教育，父母的權威不能放棄，同時，父母也要懂得小孩的心理，對小孩除了

給予權力和責任外，更重要的是給予愛，最重要的是，要使得小孩弄明白，他們權力和責任的界限在哪裡。

很多心理學家做的統計表明，友好的家庭、可愛的父母，是將來一個小孩能健康成長的保證。否則，便結果相反。而什麼叫做對孩子的愛？並不是給他們購買很多很多的禮物，而是給予他們更多的時間，和他們一起共同做一些事情。

誰家的父母不愛自己的小孩？哪個父母不願給自己的小孩更多的時間？可憐天下父母心！

再來看我那位德國鄰居的男孩，四歲時開始學中文，一年後便掌握了三百個中國字，五歲時開始與大人一起談論時政和哲學。他出生的時候就有點怪，從來睡覺不超過兩個小時，八個月就會說話，三歲時吃早餐就問：「原子彈是怎樣造成的？原子彈起什麼作用？」他的父母為他高興，以為他將來可以破格被錄取進入大學的神童班讀書。

然而，他父母的夢想完全落空，他不但沒有成為神童，反而變成了一個怪孩子。由於這個小孩的腦子與一般的兒童不一樣，在學校裡，老師設計的作業，根本無法滿足他的求知欲，人們需要一天的時間才能讀完的一本書，他卻只要一個小時。在小學裡，他的時間比一般的小孩多，於是感覺無聊，逐漸地他的性格也越來越怪，動不動就亂發火，並經常對著同學們和老師們怒吼。在家裡時，他也會莫名其妙地胡亂砸爛家中的傢俱。「他的姐姐很正常，很好，反而不讓我們這樣操心。」我那位德國鄰居說道。

他今年九歲，鄰居帶他去進行心理測驗，智商超人，一百三十九分，屬於德國百分之二的「最有智慧」的小孩，心理學專家是這樣鑒定的。「我不是傻瓜。」那九歲的男孩得意地說道。

古人言，神童與傻瓜、偉人與庸人、天才與笨蛋，只是一步之差，說得的確有道理。德國的心理學家怎樣看待神童？所謂神童，

就是脫離標準的孩子，過分的聰明，不是天才，反而成了蠢材，說得嚴重一點，超越標準的小孩也是一種殘疾兒童。

斯圖加特專門研究天才兒童的專家愛倫・韋娜爾（Ellen Winner）教授認為，天才兒童並不是樣樣都比普通小孩聰明，往往是生理上有某種障礙，隨著年齡的長大，反而壓抑了普通人的創造能力，很多例子證明，起先被定為天才的神童，最後反而被迫到了特殊學校（Sonderschule）。

人們應該還記得馮克（Arno Funke）這個名字，他幾年前由於敲詐勒索食品行業商店而轟動整個德國，這個人你說他是聰明還是笨蛋，被警察逮捕後測試的智商為一百四十五，然而他卻是一個在學校裡學習成績最差的一位，工作了不久就被解雇，成為失業遊民，最終落成敲詐勒索罪犯。

韋娜爾教授認為，天才兒童很快就變成了「不可教育的兒童」，男孩子會越來越搗蛋，女孩子則會越來越內向，不可教也！

問題是德國社會應該怎樣去接納這樣的天才兒童，引導教育他們不至於成為蠢材甚至罪犯？可惜的是，德國在這方面還遠遠地落後於英國和美國，英美有很多相應的研究諮詢機構，並有很多相應的「天才學校」，而德國的現狀是，根據法律規定，不允許「天才學校」產生。相比之下，這無疑更令人感到可悲。

旅居德國後的小感想

德國 鄭伊雯

我很喜歡讓小孩在大自然中長大，讓小孩在庭院中玩耍，他就在那找到一些新玩意兒。如二〇〇七年晚秋時節，我在庭院中收拾大陽傘準備過冬，惟方就在大陽傘中找到幾隻小瓢蟲，玩得不易樂乎，一下子跟牠們說說話，一下子要拿樹葉給牠們吃，還想幫牠們蓋房子呢！

如此段德文所言：

Die Natur ist der beste Spielplatz:Holz zum Hüttenbauen , Blätter zum Basteln, Büsche zum Verstecken und das Toben an der Frischen Luft machen fit und gesund. Die Initiatoren von Waldkindergärten haben das längst erkannt. Ihr Konzept:Die Kinder spielen und lernen ausschlieβlich im Freien-bei Wind und Wetter. 大自然是最好的遊樂場：樹枝可蓋房子、樹葉可以做勞作、樹叢可以躲藏，而自由奔放與新鮮空氣使人健康。從野外幼稚園中早就發現到這好處，無論天氣的好壞，孩童遊樂與學習是無止盡的。

記得，我剛搬來德國的第一年，也是老大進德國公立幼稚園的唯一一年，我婆婆總是在我耳邊說起：「德國有種幼稚園，可以讓

小孩整天在森林裡遊玩，不管晴雨或寒暑，一年四季、一天到頭都在戶外玩耍唷！我很喜歡這種幼稚園，很像自己的個性，我小時候最喜歡整天在外面玩，每天都要往外跑哩！」。

我說：「我知道，就是森林幼稚園囉！我喜歡他們的理念，也認同他們的辦學目標，但我不太會選擇此類學校。假如居家附近就有此類森林幼稚園，我會讓小孩去讀讀幼稚園，若還有接送問題，絕對不會考慮。若要進入森林小學，我也不會考慮。」。我婆婆與朋友們都會問，為什麼呢？

我的理由是，森林幼稚園或是森林小學的許多理念與做法，家長們大都可以做到，比如帶小孩在森林中玩耍，我們就常常在做。我們參加協會的健行活動，也都在大自然裡進行，這一自然與戶外的活動空間，透過父母與朋友的社交圈絕對可以建立起來。但今天我若要小孩在社會中生存與長大，我就要讓他們在群體中學習，透過學校正式與正規教育的場所，讓他們學到社會化與教育體系想要達成的基本學識涵養，比如德國教育體系期望的小學生該有的德文程度、數學運算與邏輯思想、常識與基本生活智慧等這一系列的知識體系，我覺得很重要。當然，我曾碰過對這一系列知識建構理念大不認同的家長，所以他把小孩送入這一體系的自由小學就讀。而偏偏我很重視這些語言歷史等，所以我希望小孩在德國公立學校裡就讀。

朋友在電話中說：「我小孩學前教育就在森林幼稚園裡，所以他們都能獨自在庭院中玩耍，自己找到一棵大樹來說話，自己一個人就能在籬笆牆邊玩一個下午唷！」，我聽了覺得真是好，小孩子尋找到心靈的寄託，一棵大樹就是他的好朋友，他可以安適而恬靜地在庭院中玩耍。但問題來了，我說：「庭院中的『樹』畢竟不是『人』吧！」，今天小孩在幼稚園或是學校裡要學習的就是與活潑多樣的「人」相處，學習「群體」的遊戲規則，這是普遍的生存法則。

群體的遊戲規則有時是約定俗成的規矩，或是正式制定的條文規則，在個體提出爭議之前，大家都得先遵守。於是，我有時就會聽到，某某就讀森林小學的學生在中文學校的課堂上跑來跑去，無法遵守全班秩序。就讀森林小學的心態是，必須信任老師與小孩，有時到小學二、三年級還沒有基本運算與德文程度，這是很正常，因為要靠小孩的興趣與主動學習的需求，沒有一定的時間表。或是，我聽到朋友說，他們公司內有森林教育體系畢業的員工，無法配合辦公室職場團隊合作的要求等等。

當父母們去選擇另一類的教育體系時，相對地也會要求父母要參與孩子們的整體教育課程，不給時間表，但卻需要父母與師長的時常引導與「勾引」，隨時準備「發問」與「被問」，甚至要隨時在側陪同設計課程的進度表，簡單說就是「半自學」狀態，這樣才能隨時掌握孩子們主動學習的樂趣。但這很難！

或許也就是很難，才會有耳語說這類教育體系畢業的小孩，大都在天平的二極端，不是很優秀、就是學習有障礙。當然，每種學制與科目的設計都有優、缺點，沒有絕對的優劣得失，制度是死的、人是活的，小孩成長的空間大得很，我相信教育之道可是一輩子的功課，選擇了哪一種教育型態，就要針對哪一種類型的優劣得失，隨時協助與輔導小孩，那麼孩子們的未來都是人人值得期待的。只是，我是個重視歷史傳承，重視閱讀與理論的傳統讀書媽，平常帶小孩遊山玩水健行之餘，這些生活的逸樂層面我寧願是由我來陪孩子們共同度過，學校學科德文、英文、數學、物理、化學、拉丁文、法文……等各項主科，我還是交給德國公立學校來執行教學的工作，我少擔些心多些放心。

特殊教育面面觀

德國 謝盛友

在速食店裡中午很忙的時候，來了一幫十歲左右的小孩，他們說一定要找老闆。我請他們坐下後，他們拿出一張紙，說：「這是我們Schullandheim佈置的一個作業，這是一個氣球，我們憑這個氣球，希望在你這裡換得盡可能最多的食品。」

我仔細閱讀他們的作業安排，有各種各樣的能力訓練項目。請他們吃飯後，他們願意自己花錢買一個幸運餅，作為對我的「回報」。

我也不知道德國的Schullandheim（鄉間學校），中文應該叫什麼？我暫稱之為「校外教育」，倒是有點像我們中國當年的「五七幹校」，不過德國的「校外教育」是針對小孩，而中國的「五七幹校」是針對大人，中國是改造大人的思想，德國則培養小孩的獨立思想。

德國從小學開始，不同年級的學生，在老師的帶領下，可以離開學校一週至三週，在「鄉間學校」接受教育。「鄉間學校」的教學內容是分開獨立進行的，不受「母校」的支配和影響，目的是讓學生有寬鬆的環境，培養學生的社會能力。

學生可以不受「母校」的干擾，而跨學科發揮自己感興趣的主題，近距離感受大自然，小孩之間有充分的時間相互對話和溝通，遭遇一些突發情況，親歷各種各樣的社會問題，相互學習、發現和接受彼此的長處和弱點。

全德國大約有四百所「鄉間學校」，有一個聯邦「鄉間學校」協會（Verband Deutscher Schullandheime e.V.）來組織和管理，每年大約一百二十萬的學生參加「鄉間學校」的「校外教育」。

我兒子六年級的時候，也參加這種「鄉間學校」的「校外教育」，記得該學年開學的第一天，班主任就公佈了這樣的安排，好讓家長和學生充分準備。赴「鄉間學校」前一周，老師給一張單子，告訴家長和學生，什麼東西必須帶，什麼東西不許帶。我只記得，玩具肯定不能帶，尤其是Game Boy（電動玩具）絕對不能帶。

德國為什麼要進行這樣的「校外教育」？

當天下午我遇到那些小孩的領隊老師，我問他，為什麼讓小孩用氣球「討飯吃」？老師說，他的主意學校裡也有不少同事反對，但是「母校」領導最後還是通過了。他直截了當地說：「我主要想訓練小孩去思考，如何拒絕別人，如何面對別人的拒絕，肯定不是教唆小孩去要飯。一個破爛氣球，當你換不到東西吃時，你就應該想一想，為什麼？當別人當面拒絕時，我要看看那些小孩的作業紀錄，他們是哭還是笑，是氣憤還是懊喪，是責怪別人還是埋怨自己……」

我想起我們中國人的一句話「滴水成河，聚沙成塔」，人生肯定有挫折，每個人都會有各種各樣的挫折，人對挫折的承受能力不是一日就能煉成。從小從點滴細微的小事做起，讓小孩在生活實踐中經受鍛鍊考驗，可能是事半功倍的挫折教育。

有一天，當兒子小時的幼稚園老師到家裡來做客時，她自己也已是一個有兩個兒子的媽媽了。於是，我們在交談中便自然地談到了兒童的教育問題。她說，她對自己的兩個男孩的做法是，在家中設立一個「安全區域」，讓孩子獨立在那裡玩，而大人就在旁邊做其他的事情。隨便孩子們如何按照他們自己的想像力活動，只要孩子不發生危險，大人便不進行干預。

這讓我想到曾經所讀到的一段故事：（雲曉主編的《十三歲前，媽媽改變孩子的一生》（ISBN：9787505418493；2008年出版；出版社：朝華出版社）

有人曾做過這樣一個測驗：給我們的幼兒、小學生、中學生們分別看「O」這個圖形。並問：「這是什麼？」結果大多數中學生說是「零」或英文字母「O」；小學生中也有相當一部分人這麼回答，另一部分小學生則回答是個「麵包圈」、「眼睛片」；而幼稚園的小朋友卻說了許多成人、中學生、小學生根本沒有想到的東西──「眼淚」、「肚臍眼」、「圍棋」、「錶」等等，讓我們不得不驚嘆於孩子們的想像力。

難道想像力會隨著年齡遞減嗎？為什麼年齡越大的孩子，想像力會越貧乏呢？

由此可見，為人父母，不以成人的認知來扼殺孩子的想像力，在既保障孩子安全，又保證孩子娛樂的條件下，如何讓孩子的想像力達到最大的發揮是一件很難卻很值得去做的事情。

獨立的能力

賀林在這裡留學，成績優秀。畢業後在西門子工作。前段日子其妻生了個大寶貝，我太太與我去賀喜。賀林的丈母娘向我們埋怨道，賀林夫婦不把她老人家放在眼裡。說是自己特意請了假，大老遠地從中國趕來，目的就是為了照顧坐月子時的女兒呀。可是，老婦人說：「我在家裏根本沒有任何地位，外孫哭了，賀林在，賀林有權利抱小孩；賀林不在，是他老婆有權利抱小孩；只有他們都不在時，才輪到我這個當外婆的，具有這個權利。」

告別時我注意到，賀林的兩室一廳，嬰兒並沒有單獨的房間，而是孩子與父母睡在同一大床上。按照德國人的習慣，嬰兒都是單

獨一間，和父母分床睡覺的。德國的父母們並不擔心嬰兒哭鬧，他們認為，小孩哭，若不是肚子餓，便可以不理睬他，隨便他哭。嬰兒哭一會自然會停止，「平安無事」的。

由此便又想到教會的一個朋友，她以前是個中學老師，現在有三個小孩，在家裡當全職母親。老三兩歲半時，便送去上幼稚園的前期班。這位母親曾向我們描述自己如何訓練小孩繫鞋帶的故事。兩歲半的孩子，每次出門前，都必須自己繫鞋帶。第一次，孩子又哭又鬧：

「媽媽，我不行！媽媽，我時間不夠！」

「不行，就學、就練習！時間不夠，今天多給十分鐘；十分鐘不夠，明天再提前起床，再多給十分鐘；再不夠，後天再提前起床，再多給十分鐘……」如此一個月訓練下來，小小兒子終於學會自己獨立繫鞋帶。

以上這三個例子，可以看出德國人和我們中國人對待小孩獨立的態度和角度是如何的不同。

我所在大學的校長秘書，每次帶著自己的小孩到餐館用餐時，位置選定後，秘書不用說話，她八歲的兒子便主動會自己去拿刀叉和餐巾，並且為父母擺設得好好的。來自中國的跑堂看到了總覺得奇怪，說這個小孩傻瓜，替跑堂幹活。而每次用餐完後，秘書大人也是讓她八歲的寶貝兒子去與跑堂結帳、付帳。

那天，大學的校長帶著他的兒子來看我了。我問：「怎麼從來沒聽說過，您有一個兒子？」

校長回答，他兒子在德國上高級文理中學至十一年級，之後到英國讀寄宿學校，一年後考上劍橋大學，讀生物化學，明年將博士畢業。他的兒子曾經是中學樂隊的第一小提琴手，從小參與社會工作，協助管理中學的電腦教室，每年冬天參加教會的募捐活動，夏天到羅馬尼亞最貧困的地區「支邊」，劍橋錄取時都考慮這些社會活動的「成績」。

有一天我組織這裡的中國留學生們一起燒烤。家鄉人在一起，自然無所不談。合肥來的小李問：「謝老師，我們中國人的學校和家長對學生教育都抓得很嚴很緊，為什麼我們中國人到海外來，學位越讀越高，卻越來越不如西方白人？是不是我們中國人長大了，就不如人家？」

　　我說，不能說我們中國人長大了，就不如人家。我們中國人是很聰明的。不過，中國人的小孩在國內接受的教育，從小接納「是非」、「對錯」的判斷，遇到任何問題和事情都先判斷「對」還是「錯」，遇到任何問題和事情非要找到一個答案不可。而人類社會，不是任何問題和事情都有答案的，於是，在國內長大的小孩，到國外來以後，他們參與討論參與做實驗時，一旦沒找到答案時，自己也就沒有答案了。

　　一個孩子，如果從小沒有自由的空間，長大了便不可能有自由的想像力；沒有自由的想像力，便不可能有創造力；而一個人有創造力時，可能會有答案；但是，沒有創造力時，很難找到答案。

　　在德國，這種特殊的教育，還體現在公民社會的某些細節上面。比如妻子在自己任教的中學的停車場倒退停車，不慎將自己的車子撞到旁邊同事的車子，妻子把車子停好後，出來看一下，對方的車子沒有什麼損壞，停留了一會兒，她也不知道如何是好，時間到了，她先去上課，下課後她就開車回家了。按照德國法律，妻子應該等對方車主出現，或者報警。

　　第二天早上警察到我們家，要求妻子到警察局彙報事故的實況。警察說，妻子沒有及時給警察報案，而是「鄰居」（居住在學校停車場旁邊的一戶人家，看到現場。）給警察打了電話，警察才獲知這個小事故已經發生了。警察認為，妻子的這種做法，是想逃避事故責任。

一個月後，地方檢察院來信：擅自逃離肇事現場，違反德國交通法和刑法，處罰一千歐元，禁止開車一月。

　　妻子不服，提出抗訴。再過一個月後，地方法院來信：某月某日將開庭審理您的抗訴。

　　我讓妻子立刻撤回抗訴，要求法院取消開庭。如果開庭，妻子這個官司是輸定的，從而產生的費用可能要五千歐元左右，因為對方車子沒有被撞壞的事實，不能掩蓋她逃離肇事現場的犯罪事實；因為對方車子沒有被撞壞，不是妻子說了算，而是一個官方認可的鑑定機構說了算。鑑定機構經過鑑定後，車子確實沒有損壞，鑑定費用五百歐元。地方檢察院控告的是，擅自逃離肇事現場刑事罪，而不是其他。

　　這樣的事要是發生在國內，我肯定破口大罵：那「鄰居」吃飽飯撐著，多管閒事。然而，在德國我是另外一個看法。我認為，德國人的公民意識很高。

　　德意志給人的印象是很死板，我認為，德國人非常嚴謹。德意志有兩樣東西是世界任何民族無法超越的，一個是哲學，一個是音樂。德意志這個民族，遵守紀律是世界聞名的，其哲學思維非常嚴謹，但是並非死板。自由是建立在一個律的基礎上，而不是雜亂無章的自由。德國人嚴謹的哲學思維，帶來了一套「音樂般」的整體協調的秩序教育，這種教育的特點就是，讓你從小分清楚自己的權利和義務。

　　我一個朋友當全職母親，她兒子三歲，上幼稚園，她就訓練孩子繫鞋帶。上小學的小孩，德國家長都會分配一些力所能及的「家務」，比如洗碗、垃圾分類、扔垃圾等。讓小孩懂得有吃飯的權利，也有扔垃圾的義務。

　　德國小學的地理課本是從家門口開始，我兒子不像我，先學習祖國的大好河山，而他先學習本地有哪些教堂、哪些河流、多少博

物館、多少麵包店……儘量讓小孩熟悉自己的家園，熟悉了才有感情，對家園有了感情才會熱愛。

從小學開始，常識課的內容涵蓋如何做飯如何吃飯、交通安全知識等，三年級的學生都必須通過警察局規定的騎自行車考試。警察和有關部門會定時到中小學講課，比如消防課，遇到危險如何找緊急出口，等等。說來，你也許不相信，德國各個城市的消防隊，百分之九十的工作人員是義務的、自願的。當他們把居住地視為自己的家園以後，他們會熱愛自己的家園，所以成立各種各樣的互益性社團組織，比如動物保護協會、老城區保護協會，來維護自己的家園。

六年級的學生義務輪流值勤，當「替代交通警察」，早上七點至八點在主要路口指揮交通，以保障上學的小孩能夠安全到達學校，這時的學生「交通警」比真正的交通警察權力還要大。德國很多十字路口，在交通燈下面都寫著「（不要闖紅燈）給孩子作榜樣！」難怪你在德國會看到，深夜裡下大雨，哪怕沒有車輛來往，有些德國人還在那裡等到紅燈變綠，才過馬路。這就是德國人的「死板」。

德國人「死板」的教育，培育出的公民意識是，這樣的事今天發生在你身上，明天可能發生在我的身上，維護你的權益就是維護我的權益，維護權益從自己身邊最具體的事情做起。

那天，國內一位著名畫家到寒舍雅會，他說，其實，我們中國人教育小孩都很「公」呀，可是血液中又引導孩子「私」。他還說，他在家裡教自己的兒子《論語》和《道德經》，教育小孩做好人、要有承擔、要有正義感，但是，放下課本，他們父子倆走到南京路，看到有人在打架，父子倆下意識地命令自己，立刻遠離那「是非」場所。

德國人讓小孩自己繫鞋帶，中國人幫小孩繫鞋帶，甚至送小孩上大學，對小孩的事情，能包攬的儘量包攬下來。

以上這些例子，可以看出德國人和我們中國人對待公民意識教育的不同態度。

什麼叫作公民意識呢？雖然沒有一個統一的概念，但是，至少我認為，公民意識就是公民懂得作為公民的權利和義務；一個國家的公民知道，他們作為公民應該擁有哪些權利，應該盡哪些義務。人生活在這個社會上，這個社會就是一個整體。這個社會的每個成員，除了擁有社會給他的權利外，還應該維護這個社會的整體利益。人一旦只知道自己的權利，而不履行自己的義務時，整體利益就會受到破壞，而最終也會危及自己的個人利益。

西方「魔鬼在細節」（The devil is in the details）這句諺語，形容做任何事的關鍵在於做好那些可能不起眼、微不足道的細節，其實我們中國人也一樣，老子在《道德經》中寫道：「為無為，事無事，味無味。大小多少，報怨以德。圖難於其易，為大於其細。天下難事必作於易，天下大事必於細。」

我們中國人知道，天下的難事都是從容易的時候發展起來的，天下的大事都是從細小的地方一步步形成的。

公民意識是什麼？公民社會是如何建成的？就是每個具體的公民，每天面對自己的要做的事情或必須放棄的事情，不管是大事還是小事，先來一個價值判斷，然後決定做還是不做，做或者不做，是每個公民的權利，但是，做或者不做，每個公民都得對自己的後果負責。

德國把抽象的嚴謹的哲學思維，轉化成具體的公民意識，就是體現在自己身邊的事情，在於做與不做。把公民的權利和義務細化到身邊具體的事情上，所以，多年的建設和教育，已經把人帶入一個高層次的公民社會。撞車沒損壞與撞死人，程度不同、性質一樣，擅自逃離肇事現場，這樣的刑事犯罪應該受到懲罰。

中國本來是禮儀之邦，本來應該很容易建設公民社會，但是，《論語》和《道德經》是一種「指導思想」，現時的公民需要一個鏈結，那就是公民權利和義務教育的具體化。要有這個鏈結，你首先要承認，人是自私的，人性是罪惡的。然後就是權利和義務的具體化，落實到每件具體的事情上。我們年輕讀大學的時候，喊的口號是「建設四化，從我做起！」當時我認為已經很具體了，現在想起來，還是「假大空」，因為「建設四化」是一個整體概念，「從我做起」雖然具體，但是，當中需要一個鏈結，那就是我今天明天具體做什麼或不做什麼，我對自己的決定要負責。

然而，中國人對自己的孩子，在教育上採取的手段大多是一個補字。中國家長們所注重的地方還大多傾向於給孩子補習功課。

有一天，我的大姐來電，很高興的樣子，她說：「小靜參加澳大利亞數學比賽，獲得全澳洲第一名，坎培拉大學約見，之後又考上墨爾本最好的高中，再之後考大學時，總分獲得全澳洲第二名。」大姐到澳洲闖天下，走時小靜還小，寄宿在國內的所謂「貴族學校」。小靜一直讀書很用功，成績優秀。兩年前到澳大利亞後，大姐為了補償她將親生骨肉「遺棄」在國內所造成的母愛缺憾，對現在身邊的小靜除了嚴加管教外，就是送到補習學校強化訓練。大姐總覺得心裡欠小靜一大筆債，這輩子怎麼還也還不完。

剛到澳大利亞的時候，小靜英文跟不上，到英文補習學校「惡補」不到半年，小靜的英文進步巨大，口語講得很流利，而且語法詞義掌握得很好。以前在電話裡大姐經常說，她最大的願望是讓小靜讀好的學校，讀好書，哪怕再辛苦她也心甘情願。大姐在澳洲畢業後，到洋人公司任會計，為了小靜當然也為了她自己，她做兩份工作，起早摸黑，想多賺一點錢。大姐送來小靜的喜訊後，左右囑咐我，不要心痛錢，自己沒有時間，應該讓子女到強化訓練學校去多讀書。

澳洲華人眾多，僅墨爾本就有二十多萬華人。中國人個個「望子成龍」，於是澳洲各種各樣的強化補習學校應運而生，這些學校多是華人辦的，有補習英語、數理化的，應有盡有。小靜在的補習學校，英文授課老師是澳洲人，其他的數理化老師均是中國人，他們或在大學任教或在澳洲人公司任職，週六或周日到補習學校兼課。

　　大姐以為德國也應該有這類強化訓練學校，於是鼓勵我把兒子送去「惡補」。我不知道德國其他地方有否類似這樣的學校，至少我知道，在德國中小城市沒有，要開設這樣的班級也很難。華人少，基數小，在一個城市，要找到十個同一個年級的華人小孩，很難，而且並不是每個同一年級的小孩都需要補習，也並不是每一個小孩都願意補習。將來在德國的城市，若華人人數多起來，可以考慮辦這樣的學校，一定有市場，校長可以賺錢，家長也可以圓「望子成龍」之美夢。我居住在班貝克這個小鎮，所有中國人屈指可數，沒有這類補習學校，也免做「望子成龍」的美夢。

　　現在有一種時髦理論，雙螺旋文化。一個人若在兩種文化背景下成長，那麼他的智慧超出常人。研究者指出，多數在科學領域獲得諾貝爾獎的人，具有雙螺旋文化基因。比如猶太人在美國，他們既有猶太文化基因，又受到美國文化的薰陶，因此這些人的智慧比常人高。觀察一下華人諾貝爾獲獎者，比如楊振寧、李政道、崔琦等，也是攜帶雙螺旋基因。他們在中國讀了高中或大學，已經接受過中華文化的薰陶，到美國後再接受西方文化，並且由於競爭激烈，華人生來努力奮進，因而出類拔萃。再看在美國「洋生洋長」的華人第二代或第三代移民，儘管有某些優秀者，但因缺少中華文化的那根螺旋，故無法與雙螺旋者比美。

　　雙螺旋可能是魔方，也可能是迷信，但是，受過中國「填鴨」教育的中國小孩，知道讀書的味道是什麼，可以用一個字形容，那

就是「苦」。受苦的中國小孩到西方後更加奮進，因而更加出類拔萃。從這方面去理解，也許更能說服人。

英美、澳洲崇尚「精英」教育，樂於培養尖子，於是設立重點小學、重點中學、重點大學，甚至在重點學校，還增設重點班級，重點班級，又設「重點人才」，層層擠牙膏。德國過去不走「精英」路線，講求均衡發展，因此反對設立重點學校、重點中學或重點大學。精英教育出人才，美國培養很多諾貝爾獎獲得者，但均衡教育不誤人才，日爾曼文化也培育不少諾貝爾獎和優秀科學家。但是，2006年開始，德國開始時髦「精英」教育，也設立重點大學。

那麼，當中國的獨生子女到了海外以後，他們的表現是怎樣的呢？舉一個例子：

有一天我接到電話後，一下子便成了個軟蝦。

「西西被車撞了！」「在哪裡？」電話的另一端說：「H-Damm 6」。放下電話我立刻趕赴現場。如果是平時，我腦子完全清楚H-Damm在何方，而今天H-Damm好像迷宮，我怎麼努力也找不到。常言道度日如年，今天的我，一米如萬里。H-Damm離我只有約一公里，今天我卻必須用天文數字的時間才到達目的地，至少內心的感覺是這樣。「靠著主，依賴他的大能大力，作剛強的人。」我終於到達現場。

其實，只有十分鐘我就到達了肇事地點。當我在很遠的地方看到救護車還在現場，我那軟蝦慢慢地變成腿部肌肉。因為我個人感知判斷，若西西大量出血，救護車早就把她送往醫院了，還在這裡磨蹭幹嘛。

二話沒說，先到救護車裡頭看一下我那親愛的侄女再說。警察來了，紅十字會的人來了，目擊者還在現場，肇事司機原來是我的一個熟人。警察說他要錄口供，我說你住嘴，納稅人的生命就這樣

不值錢？你急著要錄口供！我吩咐救護車立刻把侄女送到醫院急救室，我留下來處理其他事情。

警察官一再跟我說，要錄當事人的口供。我有點不耐煩地發火說：

「你下週才來找我好不好？」

「我下星期一就開始度假了！」警察官說道。「好幾個目擊者均證實，是您侄女的錯，她闖紅燈而被汽車撞倒。汽車有一些損壞，你們錯誤的一方要賠償。」

我與肇事司機握手後，他說因為我們是熟人，所以他放棄索賠。他還祝願我侄女早日康復，於是，我們「分道揚鑣」，他回家，我往醫院跑。

到達醫院後，看到西西正在等待照片。照片出來後，醫生指著給我們說：「左小腿內小骨有點裂，極度輕微。」

侄女說她頭部痛，我讓醫生給頭部照片。侄女說她肚子痛，我讓醫生給驗血。折騰到深夜，醫生跟我鄭重宣佈，除了那點輕傷外一切正常。得到這個結果後，我這隻軟蝦才恢復一個整體的人。

侄女小腿帶著石膏回家，第二天因為要到外科醫生那裡報到，所以沒有到藥廠上班。藥廠人事科科長知道侄女的事故後，打電話給我說，要不要給行會申報工傷，因為侄女是實習生，在下班後回家的路上發生交通事故的。

發生事故是在星期四，星期五到外科醫生那裡報到，週末休息後，星期一開始接送侄女上下班。人家喊你叔叔二十幾年，哪怕是有怨言也不敢出聲，開車接送雖苦也甘。

那天周日與西西「靜坐」思考出事原因。她說是不遵守交通規則。我說不遵守交通規則，這是過程不是原因。我分析說，你闖紅燈根本的原因是你近視眼沒有戴眼鏡，看不見紅燈闖紅燈都是過

程，不是原因。你不戴眼鏡最直接的原因是你不愛你自己。「愛美超過愛西西。愛美打敗愛自己，所以才闖禍。」我說。

徐萌、苑源、蕭蕭、靈玲、西西等等，為什麼近年來的留學生在德國頻繁發生交通事故，而且這代留學生幾乎是清一色的獨生子女。汽車撞到我家門口，我不得不慢慢地靜靜地深思這個問題。原來中國的獨生子女與德國人有極大的相同之處，所以，容易相撞。

德國人是世界上最講究個人權利強調自我中心的民族，所以，德國是這個世界上打官司最多的國家。德國是歐洲國家中駕駛執照考試最嚴格的國家、也是交通規則最嚴格的國家，然而，根據統計資料，德國是歐洲發生交通事故最多的國家。

後來社會心理學家經過分析終於發現，德意志民族之所以有這樣的結果，最大的原因是德國人太強調個人的權利。比如開車有先駛權，若你左顧右看，證明你不會使用自己的權利，若是駕照考試你將不通過。因此，德國人養成了習慣，逢綠燈的時候他絕對「大膽往前走」。相反，在中國開車者在十字路口一般放慢速度，左右看一下，多少有點「忍讓」地駕駛，中國的駕駛者是人道主義者，在自己的本土上發揚「車道精神」。

與德國人一樣，中國的獨生子女這一代也是非常強調自己的個人權利。在中國有「忍讓」的土壤，一旦地理位置轉變，仍然需要忍讓的一代，在德國的土地上，結果，以自我為中心的中國獨生子女經常與德國人相撞、與德國車相撞、與德國事相撞。

根據統計，在德國少年兒童被汽車撞倒的交通事故越來越多，僅二〇〇五年就有一百五十九人被車撞死，而騎自行車被撞死的事故竟然以78％的比例增長。由於交通管理嚴格，歐洲其他國家的交通事故與日遞減，相反德國有增無減。根據德國聯邦統計局的資料顯示，二〇〇六年德國共有五千零九十四人在道路交通事故中喪

生。資料顯示，二〇〇六年德國共發生二百二十三萬起車禍，其中三十二萬七千起事故導致人員傷亡。

中國的獨生子女與德國相撞，噴出的不是火花，而是拉響警鐘，要人思解。德國人太講究自己的權利，有問題；中國獨生子女被「寵壞」更有問題。

由於是獨生子女，中國的家長捨不得放手讓孩子到實踐中去鍛鍊、去經受困難和挫折。其實，隨著孩子的逐漸成長，家長要培養他們的獨立勇敢精神，家長不能事事包辦代替。世界上沒有哪一對父母怕孩子摔跤而不讓他們學走路的。同樣的道理，在日常生活的捶打中，孩子才能增長才幹。所以只有讓孩子在生活或者工作中經風雨見世面，碰碰釘子，嚐嚐苦頭，經受困難和挫折，才能增長孩子的才能，培養孩子的獨立勇敢精神。

由於是獨生子女，中國家長捨不得讓孩子參加必要的勞動，所以生活不能自理，遇事反應太慢，甚至沒有反應。中國現在的家長很疼愛孩子，侍候孩子十分周到，一點活也不讓幹，結果孩子不會勞動，不願勞動。形成這種不良習慣的原因，就是家長包辦太多。從小不幹家務勞動的孩子，往往會心安理得地接受家長的照顧，他們並不體諒家長的辛苦。你把房間收拾得乾乾淨淨，他一會就給弄得亂七八糟，養成一種極不負責的態度。其實，大人不知道，包辦剝奪了孩子的勞動權利。

現在的獨生子女沒有責任感、不會關心別人。家長要教會孩子學會關心別人，心中有他人。大人不但要愛孩子，更重要的是教育孩子去愛別人。耶穌說：「你們要愛人如己。」大家都知道孔融讓梨故事，孔融能讓梨，絕不是天生就會的，而是教育的結果。

由於是獨生子女，中國有些家長培養出孩子有特殊感。這些家長愛孩子沒分寸，全家人愛他、捧他、遷就他，時間長了孩子心理就會產生一種優越感、特殊感，使他感到家裡沒有我不行，我一

不高興，全家人就都慌了。因此孩子就會用哭、用就地打滾嚇唬家長，變得固執、任性、不講理。

當地警察局關於西西交通事故登報的題目是「不幸中的大幸」，面對侄女，我說：「你確實是不幸中大幸。英國大學者阿克頓（Lord Acton 1834～1902）說『歷史的教訓就是，所有的人都不會從歷史的教訓中，真正學到教訓。』你不幸中大幸，應好好分析原因、吸取教訓，改正錯誤。不然你不會進步，甚至喪命。那哥哥就是辛辛苦苦白養了一個女兒。」

在中國的獨生子女是一個特殊的群體，他們缺什麼？從物質上應該可以說是什麼也不缺了。所缺的就是特殊教育的手段。而中國式的特殊教育手段是什麼呢？

我給另一個哥哥打電話，是嫂子接的電話，我問哥哥在幹什麼，嫂子說：「他正在打疑西。」疑西是我的親侄女，她因為沒有考上海南省重點中學，而必須接受其父親的棍棒教訓。中國人歷來望子成龍，望女成鳳，子女挨打的，往往是讀書成績不好。那天，哥哥做完了「教育」女兒的事後，接過電話，與我講了幾句。我問他為什麼打小孩，在德國打小孩是違法的。

電話裡，哥哥說，你離開中國快十年了，已經脫離了中國的「國情」，他說，如果在德國生活，他也會像德國人一樣或者像在德國生活的中國人一樣，不打小孩，但在中國，他必須像多數者一樣，對孩子採取嚴厲的手段，就是使用棍棒。哥哥還說，他對女兒疑西，是「先禮後兵」，早就跟她講好了，要好好準備，好好考試，若考不上省重點中學，將得到懲罰。哥哥打女兒的理由是，既然有約法三章在先，豈有事後不打的道理。

那天下午，我跟兒子說：「你知道我今天給伯伯打電話時，伯伯在做什麼？」兒子說：「不知道。」我告訴兒子，由於他的堂姐沒有考上省重點中學，在我打電話時，他的伯伯正在用棍棒教訓疑

西姐姐。「幸虧我不在中國，不然我就得挨打了。Kinderschlagen ist verboten in Deutschland！（在德國，打小孩是被禁止的！）」兒子跟我這麼說。

在德國，一般情況下不打小孩，似乎是大家的共識。我家兒子房間裡牆上用德中兩語掛著BGB（民法典）第一六三一條第二款：Entwuerdigende Erziehungsmassnahmen sind unzulaessig。（剝奪尊嚴的教育措施是不允許的。）

對於兒子的教育我歷來十分嚴格。兒子自出生到今天，我只打過他一次，而且，這件事令我至今耿耿於懷，揮之不去。那是兒子還未滿兩歲的時候，我們父子倆陪他媽媽到醫院墮胎，手術結束後，妻子走出醫院時，臉色蒼白，身體虛弱，渾身無力。我抱著兒子，趕快跑上去擁抱他的媽媽。然而，不懂事的兒子，這時強著一定要他媽媽抱他，我火了，啪一下給他一巴掌。兒子躲到一邊，死勁地喊：我恨死了爸爸，我恨死了爸爸。此事儘管已經過去了六年，但我每每想起，都覺得我對不起兒子。不過，我的兒子早就把我六年前打他的事忘得一乾二淨了，沒有記住這個恩怨，與我的關係非常融洽。我們父子倆之間有兩層關係：在他讀書、學習、做作業時，我是他的爸爸，因此是「父子關係」；除此以外，我們之間是「朋友關係」。在「父子關係」下，我作為爸爸，對他十分嚴厲，這時的他必須絕對地服從我，在學習和做作業方面，他沒有討價還價的餘地。在「朋友關係」下，我們之間是平等的，兩者的利益互相兼顧。在學習以外的業餘時間，或者做些什麼，或者出去玩，我儘量地兼顧我們之間的願望和利益。時間久了，我慢慢地發現，兒子對我的敬重，就是好好用功讀書。兒子之所以愛我，最主要的是因為我們之間的「朋友關係」多於「父子關係」。

一週後，我再次打電話給哥哥，他說，疑西差六分沒考上，而要進入省重點中學，必須花三至五萬人民幣的活動經費，而且還要

到處跑腿，賄賂人家，不然，進入非重點中學，師資條件不好，教育水準不高且不說，今日的大陸學校，吸毒賣淫，幹什麼的都有。我哥是擔心如此校風侵蝕他的女兒。他跟我訴苦說，棍棒未必帶來孝子，但惡劣校風會斷送你的子女。

放下電話後，我在想，原來我哥哥所說的「中國國情」，其實就是作為家長所面臨的種種壓力。若在中國大陸，說不定，我這個家長也要用棍棒來教訓兒子。可憐天下父母心！

看孩子的「金貴」

瑞士　黃世宜

有一個國內的朋友，總是為自家獨生子學業操煩；舉個例子吧，一次英文期末考名次剛掉下幾個數，作母親的就立刻採取非常動作。先是連續幾天密集調查這一次考試是誰考第一名？第一名又是在哪裡補習？然後立馬押著兒子「跳槽」換讀那一個「英文考第一名」的補習班。問題就在於，人家「跳槽」換工作，是為了讓荷包更滿而走人，但小孩子「跳槽」嘛，荷包卻是越來越扁⋯⋯

朋友不免嘆氣：「這年頭，大家誰敢再生?!光是一個寶貝，要多少錢才能疊起來！現在的孩子，金貴，金貴啊！」那個金字拉得特別長，像一根無形的棍棒，向耳膜伸來，敲得我滿腦嗡嗡亂響。

我說那就別疊錢，讓孩子自個兒摸索吧！先慢慢啟發他學習英文的興趣要緊。況且補習班的東西是死的，讓他多多接觸外國友人，或許⋯⋯

朋友連聲嚷道：「不行啦不行啦⋯⋯」

我說為什麼不行？

朋友一開始不好意思說，經不過再三探問，終於直截了當地回答我：「坦白說，我覺得你說的那套理論是西方搬來的吧？什麼尊重啦什麼興趣啦完全都是空談！在我們這裡是行不通的！」頓一頓，朋友繼續道出所有東方父母的苦水，「你想想，在東方，人口那麼多，競爭那麼激烈，有空閒讓我們家大少爺慢慢兒磨興趣交朋友學英文嗎？在這裡，要更有效率地踩過同儕的頭才能出人頭地！

我們夫妻倆疊錢成梯子，說穿了還不就是給兒子踮在腳底下，他才更有機會高過別人！就這麼個寶貝兒子，剮了身上的油皮也要給他披金衣！以後還指望他給我們二老送終呢！」

聽到這裡，我一時無言，只好訥訥接著她的話頭：「這道理我懂，東方人的社會倫理確實跟西方那一套不一樣，西方獨生子女是自由些。可是，你怎麼能保證這錢就花得值？這書還得靠自己讀，才能找出問題所在，補習班是集體填鴨，不見得找得出你家兒子英文退步的原因。」

朋友聽了彷彿恍然大悟，連聲嘆道：「哦！你的意思是不要去補習班，應該要請私人家教一對一囉？大姊，我們要是李嘉誠郭台銘，還會跟大家擠破頭蹲補習班嗎？我們也想給兒子找個老外全天候個別英文專門指導，或乾脆送到國外當小留學生直接請老外幫我們教孩子！我也喜歡西方那一套，但說到底還是得花錢呀大姊！」

說到這裡，看我傻呼呼答不上話，朋友再添幾句：「全中國多少獨生子女？誰不是家裡的寶貝心肝？個個都金貴得很！但是討生活過日子不容易啊，就像擠火車，明明知道難上，大家還不得忍著，一夥兒都恨不能把孩子削尖了頭往上硬推！」

我想了想，突然開口了：「所以你的意思是，我們東方獨生子女，其實他們並沒有被允許塑造成個人獨特性向的可能。相反地，這一些『金貴』的孩子，表面上好像受到特別的關愛和照顧，但其實他只是一個大潮流下的順應者，必須得朝著普遍社會期待和既定價值去成長，目的是成為群體中面向一致所謂典型的精英分子？」

朋友無話可說，透過無聲的電話線，我幾乎可以想像她聳聳肩的樣子，然後匆忙結束話題，「嗯嗯，對不起喔，不多聊了，得去接我兒子，等一下他還要補數學……」

掛上電話，我細細回想，我所認識的瑞士家庭，又是如何教育他們的獨生子女呢？

在瑞士，養育孩子雖也金貴得很，卻倒不是出在高昂的教育或補習費，而是出在原本就居高不下的生活物價。瑞士的國民教育，從小孩四歲起進入幼稚園一路到中學免費，就算讀大學，又全是公立，學費其實也還不算什麼。但食衣住行的日常開銷，以及醫療保險等生活支出卻相當驚人。因此，瑞士人生孩子也不是毫無顧忌的。說到這裡，我們老中會想，這孩子吃呀穿呀我們父母還捨不得省下自己的供寶貝嗎？可這老瑞偏不。瑞士人認為孩子長大畢了業開始賺錢，就該分門別戶獨立自個兒住，賴在家裡靠父母吃飯像什麼話?!

認識一對瑞士夫婦，生了四個孩子。兩人經營一家生意不錯的木工裝潢公司，景況富裕優渥。然而一次聚會上，我聽老闆娘說，他們一想到萬一四個孩子都要唸大學，那麼算算都得等到八十歲才敢退休。席上一群瑞士媽媽們開始聊起家家的算盤，對啊你們家四個萬一都唸大學確實負擔太重，我認識誰誰誰就一個孩子，那就算他們那獨生子唸高中讀大學也無所謂……

當時坐在一旁聽著瑞士媽媽七嘴八舌的我，一時間感到非常錯愕！因為她們嘴中孩子會讀書唸大學，顯然並非所樂見，這跟我們國內一致性望子成龍望女成鳳的心態完全不同！正當我被東西文化差異震撼到腦筋一片空白，不知該說什麼好的時候，接著聽到席上發出一句「總結性」嘆息，「唉！沒辦法啊，如果孩子想念大學，還是要讓他完成自己的理想啊！不管是我們生一個也好，生四個也好，不能說因為有太多兄弟姊妹，家庭本身負擔太重，就逼孩子放棄自己的志願，順應父母的願望馬上給我當學徒自己賺錢去！這應該是孩子自己做決定！他自己要上大學的話，就要自己衡量生活費哪裡來！可以想辦法自己打工嘛！這年紀也該獨立了！」

「對啊對啊！」席上一片附和讚同，而我這個台灣媽媽已經被瑞士媽媽公認的「結語」弄得目瞪口呆，尤其是那一串又一串的

「自己」，就像一顆顆炸彈向我襲來。照我們老中的想法，為了明日的孩子學費，作父母的寧可犧牲個人度假旅遊等嗜好娛樂，把錢省下來給孩子當作未來教育基金，可是這些瑞士人還是優哉游哉地每年固定上山滑雪海邊曬太陽，自己活在當下最重要，「為了孩子含辛茹苦」這種觀念，對他們簡直是天方夜譚。

瑞士人對孩子的教育，原來非常強調「自己」！

這個自己說穿了，就是回歸孩子本身的自我中心價值。沒錯，在瑞士讀書不便宜，但是孩子你得靠自己想辦法！瑞士保險做得好，爸媽老了不靠孩子養，更不興三代同堂，因為個人有個人的生活圈。又，瑞士各行各業受到基本薪資勞工保障，學徒出身不比大學文憑窮，還能更早擁有一技之長出來賺錢；當然啦，如果有興趣深造，也不是壞事，總之孩子，你自己估量清楚，決定自己要做什麼！不管你是我們的獨生寶貝也好，還是一窩兄弟姊妹之一，孩子，請別忘記，你就是你自己。在我們眼中，你永遠都是獨一無二的你自己。

在瑞士，無論老師還是父母，對待每一個孩子的態度，不管是獨生子女也好，還是來自兄弟姊妹眾多家庭的孩子，他們都盡力維護孩子本身的自主性和獨特價值；不要讓大人本身的觀念和社會成規去束縛或限制孩子的發展可能。因此，很少瑞士獨生子女一生下來就注定成為父母終生保險單。瑞士父母與師長盡可能讓每一個孩子都受到同等的尊重，並從此延伸，學習如何融入團體並尊重他人，學習如何和不同背景階級相處，而非在團體內爭勝超群，和中國家長希望孩子出類拔萃，力求成為金字塔頂端的觀念完全不同。沒有誰應該比較金貴，人人一律平等。我們家孩子今年開始接受瑞士國民教育，學校發給家長一本行事曆，第一頁除了標註一般重要行程之外，就是寫上標語鼓勵孩子，**尊重他人**。然後副標，**我欣賞每一個人的差異性，並尊重他們的文化和選擇**。我第一次讀到如此

人性化的學校標語！驚喜之際又連忙翻開接下數頁，其他的標題完全都是鼓勵孩子怎麼學習溝通和表達等等，可是諸如強調奮發向上進取成功的字眼，我竟然完全看不到，更不要說沒有印上密密麻麻的考試日期了。這和國內家家戶戶把捧在手心上的寶貝一一送到學校及職場，忍受磨練競爭甚至廝殺，強調出人頭地的現象完全是兩回事。

我在國內的一個老同學，三十來歲，獨生女，一路升學最後如父母所願當上人人欣羨的高薪醫師，目前透過仍同住的父母安排，正和幾個門當戶對的獨生子約會相親中；在國人眼中，這就是一個完美好孩子的應有人生。但是她有一次幽幽地向我嘆道：「唉，是獨生女又怎樣？什麼事都做不了主。他們都說這一生的血汗錢都投注在我身上了，才剛要回本呢！好像他們活了一輩子就為了打一副無形而金貴的枷鎖，給我套上……他們總說獨生女金貴呀金貴，但我覺得我不比一個百貨櫥窗裡的塑膠娃娃金貴啊！」

她嘆著氣，不斷一次又一次強調著「金貴」一詞。那個金字拉得特別長，像一根無形的棍棒，向耳膜伸來，敲得我滿腦嗡嗡亂響。

強調自然環境的華德福學校

德國　鄭伊雯

關於德國與台灣都享有的華德福（Waldorf）體系。一般在台灣的介紹上大多會呈現以下的文字：——華德福學校立基於魯道夫・史代納（Rudolf Steiner, 1861～1925）博士創立的人智學（Anthroposophie），著重孩子「身、心、靈」的成長發展，重視原始的、自然的學習情境，施以規律的、重覆的教育為原則等。在這些語句的說明之外，理念的引介中都少了許多基本前提的認識。

一、「華德福」這名稱翻譯得挺好的，非常有德又有福氣，但華德福的德文為「Waldorf」，德文中「Wald」一詞就是森林，「dorf」是小村莊，是取自森林自然環境中的一個小村落來建蓋學校之意，所以標榜為華德福體系的學校絕對是以森林等綠意盎然的戶外環境為主（但是Waldorf Schule不等於Waldschule，華德福學校不等於森林學校，但華德福體系傳承了許多森林學校的作法與理念）。那麼台灣的華德福體系是否有這樣的環境呢？首先的校區環境就是取自自然，這我真的有些疑惑台灣華德福學校的環境為何種設計與設施。

二、史代納博士於一九一九年首先於斯圖加特（Stuttgart）創立了世界上第一所十二年制的「自由華德福學校」，當時的社會背景是第一次世界大戰之後，德國戰敗，經濟蕭條，社會現狀百廢待舉，人民不滿示威罷工等亂象一一浮現。因為社會亂源，所以要思索如何來教育下一代，如何來引導下一代的學習與思考，在日爾曼

大一統的神聖威權意識之下，人民服從普魯士王的統治與參與戰事，最終結局是戰敗與民生凋敝，那麼身為知識份子者如何思考自身的責任與工作，如何去教育下一代的德國人民呢？當史代納博士強調「人智學」的教育理念時，幸好遇到伯樂，由德國工業重鎮斯圖加特工業家首先請史代納博士依其理念，為其工廠員工的孩童們設立一所12年制的另類學校。所以華德福體系創建時的社會背景不能忘記，教育對象是當時不太被注重的勞工者的孩童們，於是更加容易另起爐灶地演練其教育理念。

三、強調重視身、心、靈發展並重的人智學，其實有著濃厚的神學思想，在基督教思想中強調聖靈、聖父、聖子的三位一體的理念結合，在神的祝福下誕生，那麼人的角色為何呢？由人所組成的社會又該如何去運轉呢？這種思考的出發點與我們儒家中強調「君君、臣臣、父父、子子」與「修身齊家治國平天下」的社會責任與強調學習的態度是有差異的。再者，熟悉尼采學說的史代納博士，常到德國各處演講尼采學說，可以說宗教觀的神學思想是他極為重要的思想。晚年發展人智學甚至轉向神智學，還轉到神秘主義的思想面向，這一點是台灣推廣者很少論及的部份。

四、史坦納博士本身就是博學強識之人，他對數學幾何、文學歷史，具有廣而深的接觸。更是哲學思想家康德與尼采學說的服膺者，更重要的，他是德國文豪歌德的大粉絲，不但主編過歌德的文學創作研究集，更於巴塞爾（Basel）附近創建歌德紀念館。就因為史坦納博士本身文史哲樣樣精通，所以他能融貫德國諸多思想家的教育理念，推出這一強調人智學的新名詞。然而在當時，卻有被社會譏評為江湖術士之類的言談，聽其演講者眾，但執行其言者少，直到最近幾年華德福體系一躍成為擴展極為快速的另類教育體系，歷史的轉折也的確值得玩味。而既然史坦納博士如此優秀，如此期待兒童們的潛能開發工作，是否華德福學校的老師群能作得到呢？

既要顧到兒童身體心理各階段的需求，還要滿足心中的渴望與興趣，從手工與經驗出發，這在幼兒階段還容易些，進入小學與中學後的師資養成，也就成了一個值得關切的重點，華德福的老師養成不易，執行面很活，學生學習良莠參差的差距也就頗大。

五、從盧梭《愛彌兒》一書中推崇自然環境的養成，重視實際經驗與感受（另一方面也是輕視語文的給予），認為兒童應以直接感官去認識這個繽紛世界，而非由書本的知識的填鴨灌漑。再到福祿貝爾的幼教說，也同樣強調在自然的天地裡，兒童以遊戲的本能來發展感官經驗，強調唱歌與手工勞作的活動，開發幼兒視聽觸碰摸跑跳遊戲等各種身體的本能。而到史坦納博士同樣傳承重視感官的直接經驗，直接在幼兒感官開發階段定義〇～七歲為身體的成熟期，七至十四歲是情感的成熟期，十四至二十一歲是精神的成熟期。所以在幼兒階段重視身體知覺的各樣開發工作，往後好進入情感的成熟培養活動。

六、正如上述第五點的說明，重視自然、重視感官經驗，這沒什麼不好。但我有過一個親身的訪談，詢問就讀柏林附近華德福自由學校的家長，其兒子在學校內的情形。他明白地表示兒子不喜歡坐在教室裡，不喜歡上課。那我問怎麼辦呢？他說兒子可以自由選擇去華德福的農場內接手他有意願的工作，如清掃整理與照顧動物等。也就是十二歲了，他沒好好地在學校教室內坐過幾堂課，那家長能接受嗎？這小孩的德國媽媽因為認同此理念，所以把小孩送來自由學校就讀，但也因關心教育的發展，所以親身住進校舍來，成為學校家長會的主要推動者，幫忙設立課程，帶領小孩學習新知，她幾乎是母親兼伴讀兼治學地參與學校的事務了。在德國的華德福體系，有許多希望家長一起參與配合，因應小孩的興趣而設計課程的主題，常常是整天的課程都有半天的家長參與，那與台灣學校把小孩放入學校環境就可輕鬆納涼的角色差很多唷，所以德國的華德

福體系甚至是一般公立學校，都頗為強調父母參與的角色，這與台灣希望學校全面接手家長好安心工作的期待差距是很大的。

　　七、即使是在德國各地，所謂的華德福學校也有辦學好壞的差異，如在華德福創校體系的源頭斯圖加特一帶，因為發展經年累月，他們的學校結合村莊、農場、森林等，許多體系跨足現今最熱門的有機產業市場，成為穩定的供給與需求臍帶，許多學生畢業後投入有機產業的發展，倒也精采可期。但距離較遠的各邦，是否學校的辦學與治學能否有統一的衡量標準，那就很難說了。據朋友的口述，她就住在斯圖加特附近，兒女們就讀的華德福幼稚園，就比友人姐姐住在北萊茵邦的華德福幼稚園，活動設計得眾多與生動，可見華德福學校也是得看區看校看人才知真正的好與壞。

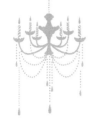

「你不拿把槍在後面頂著怎麼行？」

德國 穆紫荊

1

　　不太清楚現在一個十五歲的孩子，在家裡的日子究竟如何。回頭看看自己，四顧一下親友，得出的結論似乎只有學習學習學習。十五歲，那正是面臨初三考高中的時候。曾記得自己當時便從來不看電視。一天到晚，除了學校就是家裡，除了吃飯睡覺就是做作業。小小年紀，便開始接觸「神經衰弱」這四個字。晚上在夢裡，還不斷地解公式，背單詞。課外的活動呢？有嗎？有的。是聽講座和參加補習。這就是我的十五歲。後來當自己有了孩子以後，回國時發現親友中有不少和自己的孩子年齡相仿的孩子，可是呢？卻永遠無法約到時間讓他們可以在一起玩。為什麼？因為他們都和我當時一樣，在忙著做功課，聽講座和參加補習。有一位父親向我說了這樣的一句話，他說：「現在的孩子，你不拿把槍在後面頂著怎麼行？」他的意思是，青春期的孩子，做父母的必須得在後面管著督著。

　　當我在德國的一個仲夏夜裡參加兒子十五歲的交際舞結業典禮時，坐在我對面的兒子舞伴的母親向我提出了一個問題，她問：「在中國，男女青少年們有沒有這樣的活動？」她所說的這樣的活動，就是十四歲時孩子們便開始接受一至兩年的交際舞培訓。學校

甚至鼓勵和推薦年滿十四歲的孩子們去參加。而去跳交際舞，必定要有舞伴才行。於是班級裡，學校裡，便出現了一對對的由舞伴轉化出來的小鴛鴦。他們在十四到十五歲這整個一年裡，每個禮拜一次去舞蹈學校學跳舞，每個週六的下午，便去舞校參加全舞校的舞蹈派對。於是，穿著開始講究了。兒子本來只穿Ｔ恤的，到了學舞的時候，要穿熨燙整齊的絲綢襯衫了。本來只穿運動鞋的，到了學舞的時候，要穿皮鞋了。甚至這皮鞋也只是從馬路上穿到舞池邊的。入池時還要專門換一雙不是橡膠模壓底，而是真正麂皮底做的舞鞋。髮型原本是隨便的披頭式的，到了學舞的時候，竟然也開始用橡皮筋紮個小尾巴了。牛仔褲變成了西褲。小小少年，變成了羽毛未豐的翩翩君子。

我們做家長的有阻止過嗎？沒有。我們兩家的家長，全力以赴一週兩次地輪流接送這一對小鴛鴦去跳舞。孩子們興致高昂，我們做家長的也跟在後面樂顛顛的。因此，當對方的母親向我提出了這樣一個問題後，我不得不搖著頭說：「沒有。」沒想到對方接著問：「那麼中國的孩子在這個時候他們玩什麼呢？」我想來想去，難道是遊戲機？上網？不是網上曾流行過一個帖子叫「某某某，你媽媽叫你回家吃飯！」那是一個母親，在尋找自己留戀網吧的孩子時所想出來的辦法。不過，也更有父母帶了傢伙到網吧去抄自己的孩子，並且砸網吧的。所以說，這算不得是一種好的活動。最後我只能搖搖頭說：「像這樣的跳舞活動肯定是沒有的。」我之所以能夠說得那麼肯定，就是因為我的腦海裡浮出了那位父親所說過的話：「現在的孩子，你不拿把槍在後面頂著怎麼行？」

中國的孩子，凡是有條件能讀書的都是被家長拿把槍在後面頂著學習的。跳舞，那是想都不要去想！兒子的學校，在州裡是數一數二的好學校。好在什麼地方？好在教學很嚴，好在成績很好。嚴到什麼程度？嚴到有的家長在孩子小學畢業時便打定了主意說不送

自己的孩子去那裡，因為教學太嚴了。很多小學裡面好好的考一分二分的孩子，一進那所中學便吃三分五分。孩子頭一年的心理壓力太大。以後跟上去又太苦。就是這樣的一所學校，校長對我們這些把自己的孩子送進去的家長說什麼？他說：「你們的孩子，在我的學校從十一歲過渡到十八歲。這將是一個從孩子過渡到成人的複雜過程。學校裡為他們的順利過渡做了充分的準備。」相信這跳舞，也便是準備中的一種。

我們的孩子列隊進場了。男孩的手臂挽著手持一束鮮花的女伴，西裝領帶，露背長裙地款款而入。他們向我們展示了各種標準的國際交際舞後，還向我們展示了一支標準的古典型凡爾賽宮廷舞。只見男男女女，個個彬彬有禮，舉止有度。哪裡還認得出那是我們自己的孩子？

怪不得，德國的學校鼓勵和推薦孩子們去學習跳舞。這從學校和社會的眼光看來，同時也是一種禮儀的訓練。有一個女孩的舞伴家裏有事要提前退場。當他對女孩說：「等車子來時，我再進來和你吻別好嗎？」那個女孩卻體諒男孩說：「不必了！不必了！你去吧！」結果當女孩事後描述給她和我同桌的父母親聽時，只聽其父母立馬雙雙責怪起自己的女兒來說：「人家要和你吻別，你應該答應才對啊！你怎麼可以這樣回答對方呢？顯得一點禮貌都沒有！」當我聽明白事情的原委後，不禁啞然失笑。若是換了中國的父母，肯定會讚揚女兒說：「有立場！小小的孩子不學好樣，學什麼吻別！」我有一個中國朋友，她的女兒十二歲了，她還不給她女兒買胸罩戴。我問：「為什麼呀？」她說：「我想叫她藏好，不要那麼早讓男孩子看見。」

原來對她來說，是青春的模樣要藏起來，藏得越晚露出來越好。真心感嘆間，只聽得那位問我問題的母親又在問我了。她問：「中國的孩子沒有這些活動，他們受得了嗎？」我笑了。說：

「怎麼會受不了呢？因為，在他們的背後有父母的槍頂著呢。」只是，回答過後，我又問自己：「難道青春真的是用槍能夠給頂住的嗎？」

2

在夏日德國的一個傍晚，明雅去參加孩子班級裡的家長自助會。

在德國的學校裡，除了一年至少兩次由班主任召開的家長會外，每個班級還都成立有家長自助會。通過投票選舉的方式，產生自助會的會長、副會長。任期兩年。這種家長自助會，是用來協調學生和學校之間的關係的。比如孩子在學習上所遇到的問題，學生們和某個老師的問題，包括上學的公車的狀況等，都可以通過自助會來解決。甚至每個班的家長們還自己決定為班級設立小金庫，用小金庫的錢來支持班級搞活動。自助會按照一定的週期舉辦聚會，一般都是在晚上，找一個餐館，訂一個房間，家長們邊吃邊交流。

舉個例子：當明雅的孩子還在小學時，為了配合公車班次的時間，學校的上課時間便在家長們和老師們的溝通下，改成了提前二十分鐘。以避免學生在學校等候上課的時間過長。這也是因為在德國的中小城市裡，公車一般只有每小時一班的緣故。後來，家長們還和公共運輸公司交涉，讓公車在上學和下學的這兩個時間段裡，在二十分鐘內密集增設到三個班次。以便所有的學生都可以不必在車內擁擠。

也因此，每一次有家長聚會，明雅都不想錯過。因為每一次去了回來，她都覺得很有收穫。比如這一個夏日裡的聚會，坐下之後發現所討論的問題是和校內的暴力有關。

說是班裡的某個男孩子，在連日內受到學校裡來自其他年級的另外兩個男孩的威脅。此事不要說那男孩的家長為此憂心忡忡，

連明雅在邊上聽了都覺得毛骨悚然。威脅在開始時是口頭式的，比如：「你給我小心點，否則便讓你吃不了兜著走！」和「小心我的刀子！」然而卻讓那個受威脅的男孩從此失去了自由和安全。上學下學不敢再單獨坐公車，而是由父母接送，在學校裡沒有同學的陪同一個人不敢去任何地方。每天在學校裡都處在擔驚受怕之中。雖然全班的孩子們都十分團結地自動組成了一個他的保護隊，尤其是女孩子們，個個都如龐德女郎般的，左左右右地陪在那個男孩身邊，可是長期以往這畢竟不是一個解決的辦法。對此，男孩的父親還比較鎮靜，男孩的母親說著說著，卻開始忍不住哭了起來。

明雅覺得想不通了，事情如此明擺著，換了中國家長就到學校去找那兩個小混蛋狠狠地也威脅敲打一番呀。讓他們從此對自己的孩子畢恭畢敬的。然而，她的提議一說出來，所有在座的德國家長們都說：「這不行！」甚至連那個剛才還在哭著的男孩的母親，竟然也表示說：「我去找他們？不！我不能去！」其中一個母親說：「我怎麼沒聽見我的兒子對我說起此事呢？」那個男孩的母親告訴對方說：「你知道你兒子對我的兒子有多麼好嗎？他告訴我的兒子說，當對方把刀子拿出來時，你一定要把腹部的肌肉收緊。」全桌轟然大笑。明雅深感奇怪，這麼急人的事情，怎麼他們還笑得出來。

於是她問：「為什麼作為家長就不能去找對方呢？」回答是：「因為事情是在學校裡發生的，因此首先必須彙報給學校。由學校彙報給青少年管理局。然後由青少年管理局安排專家調查此事。如果此事屬實，專家會找那兩個學生和學生的家長談話。」

說到此時，有人看見那個男孩的母親還在抽鼻子，便建議她喝一小杯烈酒來緩解情緒。於是在一小杯烈酒的作用下，男孩的母親終於轉啼為笑。話題便繼續下去。有位家長提醒大家說不要把事情擴大，因為那個威脅人的學生如果覺得事情都公開了，最後可能為

了面子，即便是他並不想動刀的，卻因為想做英雄不想做狗熊而被逼得去兌現自己所說過的話。也就是說，在制止犯錯的同時，還要防止導致他犯錯。一句話提醒了大家，在此問題的處理當中，那兩個威脅人的壞男孩也是需要被小心呵護的。由此看來，事情還真的不是如明雅所想像的那麼簡單了。專家，看來是非青少年局所安排的專家來負此責任不可了。

不久，大家便一致同意和明確了針對此事的做法，即由會長書面彙報學校，由學校調查後彙報青少年管理局，再由青少年管理局去管理和處理此事。同時，會長又號召各位家長，回家後鼓勵自己的孩子繼續積極保護那個受威脅的男孩。直到——事情被解決！男孩的父母在告別時微笑著謝謝各位家長們所給予的支持。

德國的夏日，晚上十點了天空還是亮的。家長會結束了，然而沒有結束的卻還有明雅的思考，想來想去，面對這麼棘手的一件事情，她感到自己所能夠為這個男孩和這個男孩的父母甚至那兩個壞男孩所去做的還可以有一件事，那便是禱告。

罪惡感不是一種情操

德國　謝盛友

20多年前，當我們到歐洲留學時，不僅平時要一邊打工一邊讀書，逢年過節時還要寄錢給國內的父母的，因為國內的父母親收入低微。而現在的留學生們，其情況與我們當年完全相反。

當年在德國，我所認識的一位從臺灣來的李同學是假期裡不用打工的。他說：「我在花自己父母的養老金（其實是防老金），因為我是獨子，父母親反正有多少給我多少。」。那時的李同學已經28歲，由臺灣大學畢業後，工作了幾年，才到德國留學，攻讀碩士學位。

而今天，這種情形發生在來自大陸的留學生們的身上了。這些同學在學業上大多跟我們當年的情況一樣，即在國內已經是學士畢業；而跟我們不一樣的是在經濟上，他們不需要一邊打工一邊讀書。這些同學是花父母的錢讀書，而這筆錢據我觀察，其來源有如下幾種：父母本身就很富有；父母幾十年省吃儉用的儲蓄；留學專用貸款；或父母的養老金。

在一次留學生的聚會上，與會者大約有40人。來德國留學的家庭大多是屬於平民百姓，頂多是國內小款或縣處級。瞭解下來，凡是父母掙辛苦錢的學生，表現得比較懂事、知報恩。而父母掙錢容易的學生，則會玩會花，不但平時不打工，假期反而出去旅遊。

我問這些22歲以上的學生：「你們花父母親的錢讀書，有沒有罪惡感？」有一半的同學回答：「有罪惡感，所以要趕快讀完。」而另有一半的同學回答：「沒有任何罪惡感。」

根據我的觀察，承認有罪惡感的同學年齡偏高，認為沒有罪惡感的同學年齡偏低，均為22或23歲。還有，認為有罪惡感的同學，他們比較善於處理讀書和生活的關係，比較超前思考讀學位與未來的事情，比如今後如何找工作、如何成家立業等問題。沒有任何罪惡感的同學，其生活態度比較無所謂，甚有當「留學校漂族」的嫌疑。

　　按照法律概念，一個年滿21歲的人，已經是成年人。作為一個成年人，花父母的錢應該有罪惡感。因為罪惡感讓你分清楚自己的權利和義務，促使你去認真的規劃自己的人生，並且懂得將來應該報答父母、應該回報社會。

　　罪惡感這個被人冷落的東西，其實它是中性的。你可以把罪惡感看成是你人生旅途中所背的一個包袱、一個沙袋；也可以視之為人生旅途中的一個自帶馬達、視之為一種前進的動力。若為後者，我們實在是應該感激它，因為罪惡感具有強大的力量，推動著我們在人生旅途中健康地前進。

　　為了準備這篇文章，我曾在網路的論壇裡進行了廣泛的諮詢，所獲得的資訊歸納如下：小孩讀大學第一階段（即本科、學士）時，父母資助，不應該有罪惡感，因為這一階段是就業前的必需台階；成年人（尤其是花父母親養老金）讀書，不論輕重，都應該有罪惡感。

　　罪惡感像生理上的痛覺一樣，是需要被醫治的。身體用痛覺的語言來告訴我們那裡受傷，靈魂也用罪惡感的語言告訴我們，要採取必要的步驟以得醫治。兩者的目的都是為了健康。30歲左右的成年人留學讀書，若毫無罪惡感地花費父母的養老金，就是一種病，需要醫治。

　　罪惡感不是一種能培養出來的情操，罪惡感是帶有動力的有方向的一種行動，首先指向過去的罪，然後指向前面的改正。成年人留學，花父母親養老金，就是一種罪惡。並不是說有罪惡感就不

花錢，關鍵是你花錢時和將來還錢（報答）的心態。罪惡感只是一種症狀，你注意到它，你就有指導醫治的方向。每個人生在不同階段，都或多或少有罪惡感，你不能被罪惡感打倒，應該認真對待它，不能一輩子生活在罪惡感的陰影下。

醫治的最好方法是，把罪惡感轉化為動力，一步一個腳印地完成自己的人生目標，以報答父母、回報社會。報答父母各種各樣，一是等值報答，父母給多少將來還多少；二是超值報答，父母給一千將來還一萬；三是無價報答，將來比父母更有前途、更富有。無價報答，可能是天下父母最願意看到的。

第四輯
作者簡介

老木

　　旅居捷克共和國華僑。曾做過汽車裝配工、服兵役、學習電子、哲學、農學、法學。在中國農業科學院任職期間，主持人參、西洋參儲存保鮮研究，獲得成果，發表論文。參與其他果蔬研究，發表論文和科普文章。後出國到捷克共和國經商。開農場、飯店、諮詢、仲介服務。主持創辦捷克華文刊物《商會通訊》、《捷華通訊》。任捷克金橋有限公司總經理至今。任捷克旅德華人聯誼會會長、歐洲華文作協副會長。

俊雅

　　祖籍廣東，一九七五年出生，應用心理學碩士畢業。曾擔任過十年的電臺及電視節目主持工作，現隨夫旅居倫敦。英倫寧靜閒暇的生活氛圍激發著文思，二〇〇七年以來陸續在《海外文摘》、《科技合作論壇》、《英中時報》和《華人文摘》等報刊雜誌，發表了《一些人，一些事》、《一個人遊希臘》系列、《虎頭虎腦的這一年》、《昨夜曾飄雪》、《軼事就在身邊》、《母親》、《倫敦奧運聖火傳遞》、《傷逝》、《我見到了總理》、《望月》、《隨夫隨任隨筆》、《人來人往的Maida Vale 42》等十幾篇文章。

張琴

　　自由撰稿人。曾獲世界華人作家西班牙賽區微文首獎。法國《歐洲時報》微文三等獎；西班牙《華新報》微文比賽二等獎。出版紀實文學《地中海的夢》、《異情綺夢》。散文集《浪跡塵寰》、《田園牧歌》、《琴心散文集》、《秋，長鳴的悲歌》、詩集《天籟琴瑟》。現為西班牙作家藝術家協會華人會員。歐洲華文作家協會會員，世界華文小小說總會會員。

謝盛友

一九五八年出生於海南島文昌縣。中山大學德國語言文學專業學士（一九八三），德國班貝格大學新聞學碩士（一九九三），一九九三～一九九六在德國埃爾蘭根大學進行西方法制史研究。著有：《微言德國》、《人在德國》、《感受德國》、《老闆心得》、《故鄉明月》。一九九四年榮獲臺灣中央日報徵文首獎（《中國人的代價》）。曾任德國班貝格大學經濟系客座教授、巴伐利亞工商會顧問。現任歐洲《European Chinese News》出版人，華友集團董事長，歐洲華文作家協會副會長。謝盛友先後被西方主流媒體德新社（Deutsche Presse Agentur）、美國聯合通訊社（Associated Press）、《華爾街日報》（The Wall Street Journal）、《南德意志報》（Süddeutsche Zeitung）、《法蘭克福彙報》（Frankfurter Allgemeine Zeitung）、柏林《日報》（Die Tageszeitung）、《德國之聲》（Deutsche Welle）、以及RTL、BR、n-tv、Sat1、NDR等電視臺專題人物採訪並報導。入選2010年度百位華人公共知識分子。

丘彥明

原籍福建上杭，生於台灣，現居荷蘭。台灣政治大學新聞研究所碩士、曾任台灣中國時報記者、編輯，聯合報副刊編輯，聯合文學雜誌總編輯等。一九八七年獲台灣新聞局金鼎獎最佳雜誌編輯獎。著作《人情之美》、《浮生悠悠》、《家住聖安哈塔村》、《荷蘭牧歌》等書。主編《在歐洲天空下——歐洲華文作家文選》。《浮生悠悠》，二〇〇〇年獲聯合報十大好書獎及中國時報十大好書獎。繪畫作品曾在荷蘭、比利時、臺北舉辦個展並參加聯展。

白嗣宏

一九三七年生，河南省開封市人。一九六一年畢業於蘇聯國立列寧格勒大學語言文學系。中國作家協會會員、中國戲劇家協會會員。主要從事俄國文學、俄國戲劇、俄國國情和文化研究、寫作。歷任中國社會科學院外國文學研究所特約研究員、中國藝術研究院外國文藝研究所特約研究員、中國國際文化書院院務委員、蘇聯外交大學教授、蘇聯新聞社編審、

莫斯科國際工商科學院教授等。發表有文藝研究和評論、外國文學翻譯作品、國際時事評論、散文、隨筆、小說等。

鄭伊雯

臺灣屏東人，輔大中文系與輔大大眾傳播研究所畢業，自助旅遊記者，目前隨夫旅居德國。專事歐洲生活雜記與旅遊採訪寫作工作，文章散見各雜誌與報紙，著有《尼泊爾》、《北臺灣森林獨家情報》、《德國──萊茵河》、《德瑞奧阿爾卑斯山之旅》、《德國玩全指南》等書。

黃雨欣

旅德女作家，一九六六年出生。畢業於吉林大學醫學院，曾就職於吉林大學經濟管理學院，自一九九二年末遊歷歐洲，現定居德國柏林。一九九四年開始發表作品，至今已在國內外各大中文報刊雜誌發表文章幾百篇，題材內容涉獵廣泛，一些文章曾被國內知名媒體和網站廣泛轉載。現為歐洲華文作家協會理事、中國微型小說家協會、海外華文女作家協會會員。閒暇喜歡寄情山水、博覽雜書、觀摩大片以及看肥皂劇。

麥勝梅

國立台灣師範大學教育學士，德國阿亨理工大學社會學碩士。威茲拉市成人教育中文講師，海外華文女作家協會秘書，威茲拉市立博物館解說員。德國聯邦政府翻譯員，歐洲華文作家協會副秘書，海外華文女作家協會會員，歐洲華文作家協會副秘書。著有《千山萬水話德國」》，主編《歐洲華文作家文選》。

秦大平

一九五七年出生，一九八四年赴芬蘭西貝柳斯音樂學院作曲系留學，師從E.海曼涅米（Eero Hämmäniemmi）、M.林柏格（Magnus Lindberg）和P.赫尼寧（Paavo Heininen）。一九九二年畢業於西貝柳斯音樂學院理論作曲系，獲碩士學位。一九九七年和二〇〇三年他成功地在赫爾辛基舉辦了個人作品音樂會。其作品包括交響樂、室內樂、聲樂和電腦音樂。業餘時

間寫作發表遊記和雜文，分別發表在中國、美國、法國、德國、挪威、香港、臺灣等報刊雜誌。秦大平現為歐洲華文作家協會會員。

楊翠屏

政大外交系畢業，法國巴黎第七大學文學博士。海外華文女作家協會會員，歐洲華文作家協會會員。具有想認識世界的好奇心，喜愛讀萬卷書行萬里路。熱愛參觀作家、音樂家、歷史人物、偉人故居。酷愛涉獵文學、歷史、社會學、心理學、醫學、傳記、宗教、玄學等方面的書。曾在《婦女雜誌》、《中央日報海外書簡》、《民生報》、《逍遙》雜誌發表過文章，也為中國時報開卷版世界書房撰寫法國書評三年。自一九七四年十月始旅居法國，專事寫作。

譯有《見證》（八位二十世紀法國文學巨擘評論）、《西蒙波娃回憶錄》、《第二性：正當的主張與邁向解放》（獲得聯合報讀書人一九九二年非文學類最佳書獎）。著作有《看婚姻如何影響女人》（方智）、《活得更快樂》（遠流，一九九八年臺北市政府新聞處推介為優良讀物）、《名女作家的背後》（文經閣）、《誰說法國只有浪漫」（高寶）、《忘了我是誰：阿茲海默症的世紀危機》（印刻）。

林奇梅

出生於台灣嘉義水上，住倫敦，在彰化銀行倫敦分行工作，倫敦國際語言教學中心的華語教師，歐洲華文作家協會理事，海外華文女作家協會會員。

著作：《倫敦寄語》、《金黃耀眼》、《晨曦》、《老田巷》、《紅女巫，風箏，小溪》、《稻草人迪克》等，獲獎的作品：《厝鳥仔遠飛》、《美的饗宴》獲得華文著述散文獎，《青草地》、《紅女巫，風箏，小溪》獲得華文著述散文獎，《稻草人迪克》、《稻草人貝克》獲得華文著述小說獎。

林凱瑜

曾在日本的文化古城京都念過兩年的大學，學的是日本文學，後來，遇見波蘭來的先生，一時對東歐起了好奇之心，就棄學當波婦去了。

沒想到在波蘭華沙一待就又是另一個二十二年過去了，其實，在這些年裡，也沒白過，一九九九年在華沙經濟大學任教至今，二〇〇二年成立自己的漢語學校，二〇〇三年加入歐華作協，二〇〇四年在私立企管大學任教至今，二〇〇七年加入德國中文學校聯合會，二〇〇九年出版中波教科書。

高蓓明

一九五九年生於上海。一九八二年畢業於華東理工大學藥物專業，後再上海油脂研究所工作。一九八九年前往日本研修日語，一九九零年底轉往德國。在德期間攻讀了外貿專業，並在一些企業短期工作。業餘時間完成了臺灣中華函授學校的文學課程和海外學人培訓網的神學課程。閒來喜歡旅遊，舞文弄墨。目前定居於德國R市。

黃鶴昇

天涯海角淪落人，德國巴伐利亞國王領域居民。文壇三無人員：無學歷、無專業、無所稱謂的打雜寫作者。著有短篇小說集《圈圈怪誕》，香港新聞出版社出版；哲學論著《通往天人合一之路》、《黃花崗》，雜誌社出版。作品散見港臺／海外中文報刊。

穆紫荊

原名李晶。一九六二年生於上海。一九八四年於上海復旦大學中文系畢業後就職於中國作家協會上海分會。一九八七年到德國在波鴻大學東亞系任教授助理三年。現為德國黑森州君子中文學校教師。自九〇年代中期開始寫作，作品見諸於上海文學報、上海新民晚報、上海海上文壇、美國星島日報、歐洲歐華導報和歐洲本月刊等華文報刊。微型小說《無聲的日子》被《香港文學》收入2010年世界華文微型小說大展。散文《又回伊甸》獲2010年江蘇省太倉市首屆「月季杯」文學微文榮譽獎。筆觸專注於海外華人的生活與心境。現為歐洲華文作家協會會員和世界華文小小說協會會員。

黃世宜

一九七七年生，台灣高雄人。高雄師範大學英語系學士，瑞士日內瓦大學比較文學碩士。任職瑞士汝拉州社區大學華語教師，專事語言教學和華文寫作，曾獲明報世界華文旅遊文學獎第三名。

郭鳳西

出生在溫馨開明的眷村家庭。父親郭岐是抗日將領。初中讀北一女，高中北商，大學是文大商學系，鳳西性情活潑開朗，興趣廣泛，經營了一個井井有條、溫暖可愛的家。多年來在勤於閱讀之餘，也興之所至地寫作，著作《旅比書簡》、《黃金年代的震撼歲月》、《歐洲剪影》並曾得中央日報創作獎。現任歐洲華文作家協會秘書長、比利時比京長青會會長、比利時中山學校校長。

方麗娜

祖籍河南商丘。一九九八年赴奧地利多瑙大學攻讀MBA工商管理碩士。二〇〇三年開始定居奧地利維也納，系歐洲華文作家協會會員和《歐洲聯合週報》特約撰稿人。作品曾多次獲得華人報刊網站大小獎項。曾任《地球村》雜誌副主編和《中國人》報主編。

俞力工

男，一九四七年生於上海，祖籍浙江諸暨。一九四九年隨父母遷居臺灣。一九六四年初中畢業即前往歐美留學。先後在三藩市州立大學、維也納大學、西柏林自由大學、海德堡大學、法蘭克福大學政治系、社會學系學習與研究。著作：《後冷戰時期國際縱橫談》，一九九四；《反恐戰爭與文明衝突》，二〇〇八。國際政治學教授，歐洲華文作家協會會長。現居奧地利，維也納。

王雙秀

臺灣出生。文化大學德文系畢業，曾任德文系助教，漢堡大學藝術史博士班。現任顧問諮詢，觸及產業有奈米科技、風能、數位遊戲等。

一九九六至二〇〇二年曾任《歐洲華文作家協會》秘書長，著有《漢堡散記》。網路世紀以來（一九九九到二〇一〇年），開啟了「網際書寫」。在下一個十年，期盼重新哨鹿起身，拔地千里完成新作。

歐華作協文庫　PF0064

新銳文創
INDEPEDENT & UNIQUE
東張西望看歐洲家庭教育

作　　者	歐洲華文作家協會
顧　　問	俞力工
主　　編	謝盛友、穆紫荊
責任編輯	蔡曉雯
圖文排版	鄭佳雯
封面設計	陳佩蓉

出版策劃	新銳文創
發 行 人	宋政坤
法律顧問	毛國樑　律師
製作發行	秀威資訊科技股份有限公司
	114 台北市內湖區瑞光路76巷65號1樓
	電話：+886-2-2796-3638　傳真：+886-2-2796-1377
	服務信箱：service@showwe.com.tw
	http://www.showwe.com.tw
郵政劃撥	19563868　戶名：秀威資訊科技股份有限公司
展售門市	國家書店【松江門市】
	104 台北市中山區松江路209號1樓
	電話：+886-2-2518-0207　傳真：+886-2-2518-0778
網路訂購	秀威網路書店：http://www.bodbooks.com.tw
	國家網路書店：http://www.govbooks.com.tw

| 出版日期 | 2011年6月　初版 |
| 定　　價 | 400元 |

版權所有·翻印必究（本書如有缺頁、破損或裝訂錯誤，請寄回更換）
Copyright © 2010 by Showwe Information Co., Ltd.
All Rights Reserved

Printed in Taiwan

國家圖書館出版品預行編目

東張西望看歐洲家庭教育 / 歐洲華文作家協會著. -- 初版.
-- 臺北市：新銳文創, 2011.06
　面；　公分.
ISBN　978-986-6094-05-7（平裝）

1.家庭教育

528.2　　　　　　　　　　　　　　　　100007556

讀 者 回 函 卡

感謝您購買本書,為提升服務品質,請填妥以下資料,將讀者回函卡直接寄回或傳真本公司,收到您的寶貴意見後,我們會收藏記錄及檢討,謝謝!如您需要了解本公司最新出版書目、購書優惠或企劃活動,歡迎您上網查詢或下載相關資料:http:// www.showwe.com.tw

您購買的書名:＿＿＿＿＿＿＿＿＿＿＿＿＿＿＿＿＿＿＿＿＿＿

出生日期:＿＿＿＿年＿＿＿＿月＿＿＿＿日

學歷:□高中 (含) 以下　　□大專　　□研究所 (含) 以上

職業:□製造業　□金融業　□資訊業　□軍警　□傳播業　□自由業
　　　□服務業　□公務員　□教職　　□學生　□家管　　□其它＿＿＿

購書地點:□網路書店　□實體書店　□書展　□郵購　□贈閱　□其他

您從何得知本書的消息?

　□網路書店　□實體書店　□網路搜尋　□電子報　□書訊　□雜誌
　□傳播媒體　□親友推薦　□網站推薦　□部落格　□其他＿＿＿＿＿

您對本書的評價:(請填代號　1.非常滿意　2.滿意　3.尚可　4.再改進)

　封面設計＿＿　版面編排＿＿　內容＿＿　文／譯筆＿＿　價格＿＿

讀完書後您覺得:

　□很有收穫　□有收穫　□收穫不多　□沒收穫

對我們的建議:＿＿＿＿＿＿＿＿＿＿＿＿＿＿＿＿＿＿＿＿＿＿＿＿

＿＿＿＿＿＿＿＿＿＿＿＿＿＿＿＿＿＿＿＿＿＿＿＿＿＿＿＿＿＿＿

＿＿＿＿＿＿＿＿＿＿＿＿＿＿＿＿＿＿＿＿＿＿＿＿＿＿＿＿＿＿＿

＿＿＿＿＿＿＿＿＿＿＿＿＿＿＿＿＿＿＿＿＿＿＿＿＿＿＿＿＿＿＿

請貼
郵票

11466
台北市內湖區瑞光路 76 巷 65 號 1 樓

秀威資訊科技股份有限公司　　　收

BOD 數位出版事業部

....

（請沿線對折寄回，謝謝！）

姓　　名：＿＿＿＿＿＿＿＿＿　年齡：＿＿＿＿　性別：□女　□男

郵遞區號：□□□□□

地　　址：＿＿＿＿＿＿＿＿＿＿＿＿＿＿＿＿＿＿＿＿＿

聯絡電話：(日) ＿＿＿＿＿＿＿＿＿　(夜) ＿＿＿＿＿＿＿＿＿

E-mail：＿＿＿＿＿＿＿＿＿＿＿＿＿＿＿＿＿＿＿＿＿